U0919316

西方社会文化生活丛书

陈晓律/主编

市民的世界

城市生活

陈日华/著

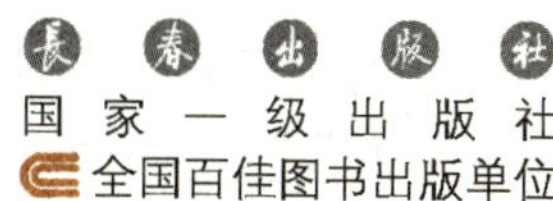

国家一级出版社
全国百佳图书出版单位

图书在版编目(CIP)数据

市民的世界 : 城市生活 / 陈日华著. — 长春 : 长春出版社, 2016.1

(西方社会文化生活丛书 / 陈晓律主编)

ISBN 978-7-5445-3850-3

Ⅰ.①市… Ⅱ.①陈… Ⅲ.①城市－社会生活－生活史－西方国家 Ⅳ.①C913.3

中国版本图书馆 CIP 数据核字(2015)第 233379 号

市民的世界:城市生活

SHIMIN DE SHIJIE:CHENGSHI SHENGHUO

著　　者:陈日华

责任编辑:程秀梅

封面设计:尹小光

出版发行:长春出版社　　总编室电话:0431-88563443

发行部电话:0431-88561180

地　　址:吉林省长春市建设街 1377 号

邮　　编:130061

网　　址:http://www.cccbs.net

制　　版:长春市大航图文制作有限公司

印　　刷:长春第二新华印刷有限责任公司

经　　销:新华书店

开　　本:787 毫米×1092 毫米　1/16

字　　数:218 千字

印　　张:16.25

版　　次:2016 年 1 月第 1 版

印　　次:2016 年 1 月第 1 次印刷

定　　价:38.00 元

总 序

中国国力在改革开放后的变化，使中国在最近几十年开始真正走向了世界。这并不是指在此之前国人与世界的接触不多，而是大规模的、普通民众与外部世界的“亲密接触”的机会是从近期才开始拥有的。由于这个原因，对西方世界的了解，也就不限于学者的兴趣，而逐渐地成为我国普通民众也十分关注的“日常事务”了。

相对于西方而言，这种关注已经晚了500多年。在中世纪晚期与近代早期，西欧的国王们对遥远的中国总是充满了好奇心。1508年，葡萄牙国王给其派往马六甲的使臣塞凯拉的命令中有这样一段话：“汝须问中国人何时来马六甲或其贸易之地，来自何方，其来远否，贸易何物，每年到此有若干艘船，其船有何模样，是否于本年内回国，有无商行在马六甲？彼等为懦夫，抑或战士，有无武器或炮兵及所穿何种衣服，其身躯是否伟大？遵守何种习惯，国境伸张至何处，与何国人邻近。”[1] 当时中国的皇帝若知道这种事，一定会感到非常奇怪。因为坐等万方来朝，已经是“中国”人的习惯。从我国历史来看，以中国为世界中心的历史观一直在史学领域占主导地位。因此，在1840年前，中国甚至没有真正意义上的世界史，有的只是《镜花缘》一类的异域风情书，严肃的史书则只有中国史。在鸦片战争之后，中国才被迫接受中国之外还存在一个世界这一事实。但对西方的研究主要是以急功近利的原则为出发点，缺少系统的基础研究。直到新中国成立前夕，在我国的高校中，世界史都还不能算是能与中国史相提并论的学科，一些十分有名望的老先生，也必须有中国史的论文和教中国史的课程才会得到承认。美国的历史学者对我们这样划分世界史和中国史十分不理解，他们最大的疑问是，

1　王加丰. 500年前西欧人的海洋意识和实践［N］. 光明日报，2013－02－21（11）.

中国为何不将自己的历史列入世界整体的发展中？他们认为，人类的历史就是世界的历史，在世界历史的版图上细分才是国别史，很难理解在中国还有一个与世界史相对应的中国史。从这一点看，中国人要真正了解外部的世界，尤其是当代的西方世界，不仅需要各种信息的沟通，还需要从根基上调整自己的心态。

当然，时代的潮流迫使国人的观念迅速地做出改变。在中国经济发展与外部世界联系逐渐密切之后，每个普通中国人的生活也随之发生了一些重要的变化。从20世纪90年代以来，出国留学对一般民众而言已经不再是一个遥远的梦。一旦获得出国留学的机会，第一件要办的事情，就是去申领自己的护照。或许你会问：出国为什么要护照，我国通行的身份证难道不可以证明自己的身份？与此同时，你还必须将自己的出国费用从人民币兑换成相应的外汇。所以你会再次发问：为什么人民币与外汇不能通用？于是，在一些极为现实的事情中，人们开始逐步地与“外部”世界的知识亲密接触了。

因为在这样一些再正常不过的常识性问题后面，隐藏着十分复杂的世界政治、经济和社会原理，如果仔细地加以探询，你还会发现更多有趣的问题，比如：为什么这个世界要有国家？国家是怎样组成的，它又是如何运转的？国家有哪些不同的种类？这些不同国家护照有一些什么共同的功能？这些国家使用的货币有哪些？为什么有些坚挺，有些疲软？实际上，回答这些问题已经涉及国家、政府、国际事务、国际政治和世界经济等多方面的当今重大问题，也就是说，我们即便要办好一件只是属于私人的小事，也必须认真地了解外部世界。而这些问题，已经不能依靠我们原有的知识结构进行解答，我们必须拓展自己的知识领域，尤其是关于外部世界的知识领域。

为了增进国人对这些问题的了解，国内出版界已经出版了很多相关的著作。

大体上看，这些著作分为这样几大类：第一类是关于西方国家、政府等有关政治机构的常识性问题。这些现象我们虽然十分熟悉，但并不等于我们已经从理论上了解了它们。因此很多国内的著作对一些概念性的东西进行了提纲挈领的解析，有深有浅，大致可以满足不同人群的要求。第二类是关于各种国家的地理旅游的书籍，这类书籍种类繁多，且多数图文并茂，对渴望了解国外情况的人群，读读这些书显然不无裨益。第三类是各国的历史著作，这些著作大多具有厚实的学术根基，信息量大，但由于篇幅原因，或许精读的读者不会太多。最后一类则是对各种国际组织和机构的介绍，包括各国概况一类的手册，写作的格式往往是一条一款，分门别类，脉络清晰，这类知识对于我们了解外部世界，尤其是西方世界应该也很有帮助。

实际上，所有这些种类的书籍，都会直接或间接地涉及西方的历史，甚至有些知识就是直接构筑在历史基石上的，因为当今世界的很多国际组织、交往原则乃至外交礼仪等，主要出自1500年以后的西方世界。当然，我们不会奢望每一位读者自此成为历史研究的拥趸，但至少还是希望读者们通过上述几类书籍的阅读，能大致了解西方国家产生的原因、现代国家的强制性以及社会服务功能的多重交织性质，西方君主立宪制与共和制的特点，西方国家两党制或多党制产生的过程，政党与利益集团在其中的作用，议会制度的由来与发展，各种主要选举方式的形式与内容，法治与法制的联系与区别，各种国际组织及其机构的特点以及它们在当代国际社会中的作用，尤其是了解它们与中国的关系，等等；此外，还应该了解与西方社会相关的各种社会科学观念，因为正是这些知识结晶改变着人类社会的组织和结构，并引导着现代社会沿着理性的轨道前进。

然而，即便掌握了这些知识，我们是否就真正了解西方了呢？问题显然没有如此简单。

在海外长期生活的华人或是经常出国的人员常常会有一个共同的感受：在各种聚会或是宴请的活动中，只要有“老外”在，哪怕是一个人，气氛就很难避免那种浓厚的“正式”味道；而一旦没有“老外”，都是华人，气氛会一下轻松起来，无论是吃喝还是交谈，人们的心态转瞬之间就已经完全不同。我与一些朋友在经常讨论这一现象时，大家的基本看法是，中外之间，的确有一种文化上的隔膜。这种隔膜十分微妙，甚至并非是相互不能沟通的问题，而只是一种“心态”。

这种心态往往是只可意会，却难以言传。其难以言传的根源在于，人生活在一个由文化构筑起来的历史环境中，这种长期浸润，会不知不觉地对一个人的行为方式、心态产生巨大的、具有强烈惯性的影响，这种影响往往也不是通过学术著作而能轻易加以归纳的东西。因此，要体验这种微妙的文化隔膜，最好的方式就是对西方的文化有一种“生活式的”了解，读一些带一点趣闻轶事色彩的学术书籍，并在掩卷沉思中默默地体验西方人那种日常的生活方式。基于此，我们选择撰写了这套《西方社会文化生活丛书》。共分九册：《市民的世界：城市生活》《生命的解码：墓志铭》《绅士与淑女：西方社会的待人接物之道》《彼岸世界的幻化：西方人信仰的嬗变》《高贵的象征：纹章制度》《自由之翼：演讲术》《学者的伊甸园：西方的大学生活》《性与平等：一部简明的西方性伦理发展史》《守护正义：西方司法之路》。从题目上不难看出，我们力图给大家已经有一定了解的西方世界增加一些斑斓的色彩，使我们的读者能够在某种程度上“触摸”到外部的世界。很自然地，我们也会努力将趣味性与学术性融为一体，让读者们能够在轻松地阅读中获取应有的知识。无论如何，西方文化对中国人而言总归是一种“异文化”，而异文化间的相互尊重、相互吸收、相互学习，是世界发展的趋势。顺应这种趋势的第一步工作，当然是了解对方。但愿我们的这套丛书，能够为读者们了解西方，并进一步加强中外的文化交流做一些有益的事情。

如果你是一个依然保持着好奇心、对问题喜欢打破砂锅问到底的人，那么，请阅读这套有趣的丛书吧！它既能增加你的知识，又能丰富你的生活，或许还能在紧张的工作和生活之余给你带来一丝和煦的清风。同时，我也希望愿意睁眼看世界的同胞，阅读这套丛书后，能更深入和立体地了解外面的世界，从而为自己在处理各种公事和私事时有一个厚实的基础。当然，也希望方家和同好不吝赐教，以使此丛书在再版时的色彩能更加绚丽。

陈晓律

2015年11月27日

于南京阳光广场1号1505室

前　　言

什么是城市，这是一个既简单又复杂的问题，不同的人、不同的时代以及不同的地区，对它有着不同的认识与理解。这是因为城市的发展是一个动态的过程，它经历了远古城市、古代城市、中世纪城市、近代城市以及现代大都市的演变，它的形态、功能不断地更新与改变着。

通常认为，人类最早的城市出现在公元前 3000 年的两河流域，美索不达米亚地区的苏美尔文明形成了以土砖城墙围绕的城市，在这里出现了人类文明的第一缕曙光。根据考古发掘发现，这时候两河流域已经出现了许多城市国家，如著名的乌鲁克城，占地 445 公顷，人口约 5 万。两河流域的城市具有鲜明的特征：城墙保护着城市的居民；占有相当的土地面积；拥有众多的人口；城市内有宫殿、神庙和市场；城市外面是大片的农田；已经出现了文字，记载着城市所发生的故事。

假如把公元前 1000 年前的城市称为远古城市的话，那么公元前 1000 年至公元 500 年的城市则是古代城市，在西方古代城市的典型代表是希腊城市与罗马城市。希腊城市的特点是民主政体。第一，希腊的城市规模较小，自成一体。第二，希腊城市产生了自由市民，他们是城市的主人，拥有自然的权利。第三，城市内部结构的开放性。第四，体现出古希腊文明的精神——自由、平等、和谐。[1] 到罗马时期，罗马人则赋予了城市一个新的特征，城市制度是罗马帝国重要的行政制度。在罗马帝国最辉煌的时期，罗马人建立了近 6000 座城市，这些城市的面积大小不一，所处的地位也不平等，如自由城市、殖民城市、纳贡城市等，但是这些城市却有着相似的形制，时人称罗马帝国就是“一座版图辽阔的城市”。在众多的罗马城市中，最为著名、

1　王颖. 城市社会学［M］. 上海：上海三联书店，2005：20－21.

最有代表性的是罗马城，它体现了古罗马文明的精髓。

中世纪的城市在罗马帝国的废墟上逐渐兴起。罗马帝国灭亡之后，西方城市的发展几乎停滞。公元10世纪之后，城市重新出现，从封建庄园脱离出来的农民与手工业者，聚居在交通方便的地方，获得国王与领主的特许状之后，逐渐地建立了新的城市。伯尔曼指出："这些城市和城镇当然不是世界历史上的第一批城市，但与它们完全相像的城市在从前却不曾有过。……与古希腊、古罗马形成对照，11世纪、12世纪在欧洲出现的这些城市和城镇既不是中央权力的行政中心，也不是自治的共和政体，它们介乎两者之间。"[1] 关于中世纪城市兴起的意义，西方历史学家有着高度的评价。首先是新阶层的形成。城市的兴起意味着：在传统的教士、骑士、农民这三个等级之外，由手工业者和商人组成的市民阶层茁壮成长，他们以金钱和财富作为成功的标准，这截然不同于传统的观念。新兴的市民阶层借助于强大的金钱与经济后盾，积极地表达自己的政治诉求，并由此产生出新的生活方式。其次是新共同体意识的产生。美国著名历史学家汤普逊指出，在11世纪、12世纪，西欧社会中已经表现出各种关于新集体主义的意识。他写道："尽管这些运动在历史进程中是很重要的，但没有哪个运动比城市的兴起具有更持久的意义。城市运动，比任何其他中世纪运动更明显地标志着中世纪的消逝和近代的开端。"[2] 他说："作为一个自由的、自治的市民社会的城市，是中世纪欧洲的一个新的政治和社会有机体，而在封建时代早期未曾有过这样的先例。"[3] "近代城市是中世纪城市的后裔，或许在中世纪文明中，对于人类来说，没有什么比城市具有更大的社会意义了。城市不仅需要解决大批混乱的垂死的残余成分，而且必须发展新生事物，并进行大量无结果的实验。"[4]

近代城市的兴起伴随着工业革命的进程，工业革命创造了前所未有的社

1 哈罗德·J. 伯尔曼. 法律与革命［M］. 贺卫方，等译. 北京：中国大百科全书出版社，1993：434.

2 汤普逊. 中世纪经济社会史：下册［M］. 耿淡如，译. 北京：商务印书馆，1963：407.

3 汤普逊. 中世纪经济社会史：下册［M］. 耿淡如，译. 北京：商务印书馆，1963：427.

4 汤普逊. 中世纪经济社会史：下册［M］. 耿淡如，译. 北京：商务印书馆，1963：429.

会财富，城市的规模更加扩大，越来越多的农民从农村来到了城市，寻找新的工作机会，获得更多的工资收入，由此逐渐地产生了城市化现象。英国是世界上最早进行工业革命的国家，同时也是最早实现城市化的国度。工业化和城市化彻底改变了世界的面貌，改变了人类历史发展的进程。同时，它造就了一个新的阶级——无产阶级，造就了资产阶级与无产阶级的对立和冲突。19 世纪之后，西方社会的主要社会矛盾不再是城乡对立，而是城市中资本与劳动的对立，劳动除了满足基本的生活需要之外，具有了强迫性与剥削性。

现代社会的一个重要特征是城市变成了大都市，它的经济功能突出，综合能力强大。特别是二战之后大都市成为一个普遍的现象，它聚合了越来越多的资源和财富，引领时代的风尚，城市变得更加动感。高大雄伟的建筑、炫目的灯光和色彩，无不给人以极强的视觉冲击，个人在大都市中显得微不足道。另一方面，在经历了物欲的满足之后，人类又开始了郊区化的发展趋势，希望回归纯正的年代和简单的生活。这两者既冲突又融合，构成了时代发展的新篇章。

那么，城市是什么呢？简而言之，城市是聚合异质要素并具有创造力的空间。刘易斯·芒福德认为："城市从其起源时代开始便是一种特殊的构造，它专门用来贮存并流传人类文明的成果；这种构造致密而紧凑，足以用最小的空间容纳最多的设施；同时又能扩大自身的结构，以适应不断变化的需求和社会发展更加繁复的形式，从而保存不断积累起来的社会遗产。"[1] 通俗地讲，相对于乡村，城市具有不同的社会元素。首先，城市拥有更为复杂的人群，他们背景不同，职业各异，由此组成复杂的社会群体。其次，城市是先进生产力的集中体，是孕育先进生产力的摇篮，西方社会的历次工业革命都是发生在城市。聚集生产要素是城市特征的一个体现，更为重要的是，城市融合了这些要素，产生出新的事物。

在西方的城市中，第一次产生了新的等级，即中世纪的第三等级。他们

1　刘易斯·芒福德. 城市发展史［M］. 宋俊岭，倪文彦，译. 北京：中国建筑工业出版社，2005：33.

是最初的资产阶级。亨利·皮雷纳指出："城市的诞生标志着西部欧洲内部历史的一个新时期的开始。在此之前，社会只有两个占据统治地位的等级：教士和贵族。市民阶级经过斗争取得了自己的位置，从而使社会更臻于完善。从此直到旧制度结束，社会的成分再无变化：社会具备了它的一切构成元素，几个世纪以来社会所经历的变化，只不过是由这些元素组成的合金的各种不同化合方式而已。"[1] 在西方的城市中，第一次出现了无产阶级，出现了资产阶级和无产阶级的对立，并引发了两种社会制度的长期对立。第一次产生了新的生活方式，人们不再日出而作，日落而息，而是按照工作的安排进行劳动。新的休闲方式也逐渐出现，从最初的电灯、电视、电影到现代的电脑，从茶馆、酒馆到咖啡馆，等等，无不是现代性的体现。城市也是新思想产生的地方，这里有众多的大学与研究所，有杰出的科学家和思想家，是新的科学思想和社会思潮的诞生地，它们改变了人们的生活，也改变了人们的思维方式，它们成为西方文化的本质要素。因此，城市生活是西方文化的基础。

---

1 亨利·皮雷纳．中世纪的城市［M］．陈国樑，译．北京：商务印书馆，2006：134．

目 录

第一章 希腊人的城邦生活

希腊的城市生活大致可以分为城邦之前的城市和城邦时代的市民生活，其中的重要看点是城邦时代的城市生活。按照亚里士多德的观点，人是天生的政治动物，就应该过城邦生活，这是市民生活的政治世界。希腊是神话的故乡，市民的日常生活又与宗教生活密切相关，各种体育活动和赛会等都是体现。总体来看，希腊的市民生活简朴且积极向上。

第一节　城邦时代之前的城市

希腊是欧洲古代文明的摇篮，但是古希腊文明的发源地并不是希腊本土，而是在希腊大陆之外的一个岛屿——克里特岛。因此在介绍古希腊人的城邦生活之前，简要地介绍一下古克里特文明。这一古老而神秘的文明存在的时间约为公元前3000年至公元前1400年，它对后世的古典文明具有一定的影响，他们的城市类型与城市生活间接地影响着希腊古典城邦的成长与发展。

克里特岛是希腊的第一大岛，克里特人的居所面临大海，亲近自然，他们表现出一种自然、乐观以及生机勃勃的精神风貌。从公元前2600年到公元前1400年是克里特岛的米洛斯文明时期。米洛斯文明在经济、社会、艺术、城市建筑等方面都非常繁荣。这是一个享受生活、日子安逸的传统社会。1900年，英国的埃文斯爵士发现了米洛斯文明的克洛索斯王宫遗迹，并公之于世。人们在宫殿遗址中发现了大量的华丽壁画以及精美的工艺品。克里特岛的手工产品以精巧著称，铜器等日常用品以及工艺品非常精美，特别是陶器的制作最为发达。克里特人生产的陶器彩绘精致，外形可爱，被认为是古代世界最为精美的彩陶。在考古发现的遗迹中，人们还发现了许多陶制水管，这隐含了当时城市居民住宅以及卫生设施的某些信息。再有就是米洛斯文明中的民居存在许多的窗户，这些安装了窗户的克里特住宅超过了两河流域苏美尔人幽暗无光的住宅。在日常生活中，克里特人热衷于游戏与体育运动,赛跑、拳击以及舞蹈都是他们的至爱。为

图1－1 希腊英雄提修斯

图1－2 米洛斯人的陶壶

了满足统治者以及民众对音乐的喜好，克里特人用石料修建了露天剧场，在此进行音乐表演。在克里特城市遗址中，人们发现克里特的社会等级的差异并不明显，即使贫穷的城市市民居住的房屋也挺宽敞，通常有七间左右。在家庭中，妇女与男子的地位似乎是平等的。在米洛斯文明中，不论什么地位与等级的城市民众都可以参加城市的公共活动。由于生活安逸以及其他民族的入侵，这一文明在公元前1400年左右逐渐走向了衰落，并最终湮没于历史的长河之中。

在克里特岛的米洛斯文明衰亡之后，爱琴海文明的中心便转移到希腊本土的迈锡尼地区。至于迈锡尼文明与克里特文明之间是否有联系，现代考古研究并没有给出一个明确的解释，但是有一点可以明确：“在克里特的成就的基础上，欧洲主要城市最早的建设者迈锡尼人展现了将代表下一个千年里希腊城市文明特征的诸多基本模式。”[1] 历史学家认为，后世的希腊人或许从迈锡尼文明中继承了对体育的爱好，这一特征是希腊市民生活的一个重要特征。

---

1 乔尔·科特金. 全球城市史［M］. 修订版. 王旭，等译. 北京：社会科学文献出版社，2010：28.

图 1－3　迈锡尼遗址（熊莹　摄）

迈锡尼人是一个强悍的充满活力的尚武部落，他们英勇好战，不仅内部相互征伐，而且频繁对外扩张，他们曾经对东地中海地区进行过殖民战争。战争成为迈锡尼人生活中的一个重要组成部分，因此他们建立的城市通常位于山丘顶部，如雅典卫城，希腊语的意思是“山顶之城”。在山丘的斜坡上与山脚下是民众的定居点。

迈锡尼文明在公元前 1200 年左右开始衰落，关于衰落的原因说法众多。一说是由于其他好战的游牧民族的入侵，一说是由于迈锡尼本地区人口增长过快，导致内部之间的征战，还有人认为是气候的变化，导致农作物的减产和社会发生饥荒，从而使得社会瓦解。不管什么原因，从公元前 1200 年开始，希腊进入了一个长达 400 年的黑暗的时期，直到公元前 800 年左右，希腊的城市文明才再度兴起。希腊历史进入了古风时代，即通常所说的城邦时代。

第二节　城邦时代的市民世界

“黑暗时代”经历了约400年，终于在公元前800年左右，古希腊城邦逐渐出现，这是古代希腊人发展出来的最为著名的政治与社会实体，它取代了原来建立在氏族基础之上的公社共同体。

我们首先对希腊的地理环境做一简要的介绍，这样对古典希腊的城市生活会有更为直观的了解。

阿德金斯在《探寻古希腊文明》一书中写道：“遍布希腊的石灰石山脉把色萨利、彼奥提亚、阿提卡分割成肥沃的大平原及若干小平原。所有平原几乎均被群山环绕或一面向海。山脉构成了希腊领土的大部，形成天然屏障，只有为数不多的关口和狭窄的山谷，陆路运输极为不便。此种地形促使各独立城邦得以发展。……希腊的海岸线犬牙交错，延伸至爱琴海的山脉形成了无数的岛屿。……希腊大陆并无适于航行的河流。冬季，河流湍流急促；夏季，河道干涸。希腊大陆拥有诸多的良港与泊地，尽管在色萨利或西海岸并不多见。……希腊大陆实际上被萨罗尼克湾和科林斯湾分为两个部分，一条狭窄的地峡——现为科林斯运河，横亘其间。”[1]

古代希腊的地理环境决定了其国家形态由诸多的城邦组成，而这些城邦都是些规模不大的城市；这些城市主要以城邑为主，周围是分散的村庄。城邦的出现是经济发展的结果。随着希腊社会的稳定，贸易开始繁荣，为了保护贸易市场，希腊人于是在市场的周围以及军事要地修建起古代的城市。

1　莱斯莉·阿德金斯，罗伊·阿德金斯．探寻古希腊文明［M］．张强，译．北京：商务印书馆，2010：233．

古希腊哲人亚里士多德说，人是天生的政治动物，就应该过城邦生活；一个人如果离开了城邦还可以生存的话，他要么是神，要么是野兽。人的向善本性使得人不断地追求善的生活，每个人生活在共同体中的目的是为了实现自己对至善生活的理想，城邦生活就是追求至善生活的最高共同体。既然城邦是实现至善的有效载体，那么什么类型的城邦才是最好的政体呢？亚里士多德指出，最好的国家（城邦）既不是君主制度、贵族制度，也不是民主制度，而是介于寡头政体与民主政体之间的一种中间国家形态，只有这种国家形态才可以有效地维护国家的安宁。那么一个理想的城邦应该有多大的面积呢？亚里士多德告诉我们，大的城邦永远治理不好，因为人数过多就不能够有秩序。一个城邦最好小得足以使公民能够熟悉彼此的性格，否则的话，选举以及其他的政治生活就无法做到公正；城邦最适合面积是从山顶上就可以把城市的全貌一览无余。他的这一论述，与我国古代思想家老子的“小国寡民”主张，有其相似之处。

公元前 800 年出现的希腊各城邦，人口与面积均属于中小范畴。如大陆上的雅典、伯罗奔尼撒半岛的斯巴达与科林斯以及小亚细亚沿岸的米利都等。在这些城邦中，以斯巴达的面积最大，约 7770 平方千米，人口 40 万；雅典次之，面积约为 2590 平方千米，人口也是 40 万；其他城邦平均不足 260 平方千米，人口 10 万左右。

刘易斯·芒福德指出：“要充分了解希腊城邦的成就，我们须把眼光从建筑物上移开，而是更密切地观察一下它的市民。虽然希腊城市的环境直至公元前 5 世纪时仍十分简陋，但希腊市民却早就掌握了爱默生的大秘密：低标准的节省，高标准的花销。我们过于轻率地认为是一种不幸的缺陷的东西，其实也许在一定意义上正是雅典的伟大之处。希腊市民在物质享受方面是贫穷的，但他们在经验的广阔与丰富方面却是富有的，原因正在于他们超脱了文明方式所具有的那许许多多败坏生活的清规戒律和实利主义的名缰利锁。”[1]

1　刘易斯·芒福德. 城市发展史［M］. 宋俊岭，倪文彦，译. 北京：中国建筑工业出版社，2005：176－177.

下面让我们从宗教精神生活、公共政治生活以及私人家庭生活等角度介绍城邦时代希腊民众的生活。

与人类早期的其他文明一样，古代希腊人也崇拜神灵，神在城邦生活中无处不在。从某种意义上讲，宗教是一种城邦制度。城邦社会政治生活中的所有大事情均与宗教形影相随，人们以询问神灵开始自己以及城邦的重大事务，结局也是以献祭结束。古希腊人信仰多神教，除了崇拜代表旧神界的诸位巨人之神之外，古希腊人最崇拜的是以宙斯为首的新一代神灵。古典时期，希腊的每个地区、每一条河流都有其保护神。这种宗教崇拜是古希腊人希望用神灵来消除他们对不明事物的恐惧，使得他们在面对陌生事物时消除距离感，从而获得安全感。狄金森写道："这样来看世界，这个世界因为更熟悉的缘故，当然减少许多可怕的成分。以前一切不可了解的东西，一切暧昧不明的东西，现在已被形成一定的形式，所以无论什么地方，人再也遇不到盲目的和不可了解的力量，只有以自己情感为转移的精神。当然，这些神也是反复无常的，并非经常不利于他，但至少他们有和它相同的性质；他们怒了，他们是可以调和的；他们嫉妒，他们是可以理解的；一个人的愤怒可以为朋友的友谊所补偿，即以德报怨。总之，对待他们和对待人是没有区别的，至少是一种给予勇敢、忍耐和智慧的机会。"[1]

古希腊人的宗教观是世俗的。希腊人崇拜的神与东方国家崇拜的神具有明显的区别。东方国家的神是遥远的、无所不能的，人们对他的感觉是恐惧的。古希腊人崇拜的神不过是大写的人而已，古希腊人的神在本领上是力量非凡的神，同时也是可以与之在平等条件下面对的神。因此在宗教生活中，神具有人类的属性：喜怒哀乐、爱恨情仇，具有人类一样的弱点与缺点。古希腊的神居住的地方并不是在遥远的天宫或者虚无缥缈的仙界，他们生活在古希腊人的现实生活中，生活在希腊北部奥林匹克山的顶峰之上。这就是古希腊宗教的"神人同形同性论"。这一理论认为，神就是人的最完美体现，宙斯、雅典娜等都与人的形象与性格相同。这样一来，古希腊宗教中神的形象与神话故事都显得丰富多彩。我们可以看到，古希腊的文艺作品虽然带有

1 狄金森. 希腊的生活观［M］. 彭基相，译. 上海：华东师范大学出版社，2006：3－4.

图1-4 欧罗巴与宙斯

宗教色彩，但兼具日常生活色彩。阿德金斯指出："古希腊语中并无宗教一词。神无处不在，宗教是日常生活中的一部分：宗教从未脱离世俗活动，故而并无予以分类的词汇。故希腊人认为，诸神能够看到人类的所有活动，能够满足人类的所有需求，能够保护人类抵御危险、治愈疾病。人类会根据神的职能与影响范围崇拜他们，献祭、还愿并照看神的圣地。"[1]

古希腊旧神谱记载了天地的起源。宇宙中最古老的神是卡俄斯，即"混沌"。卡俄斯生出了大地女神盖亚、厄洛斯与塔耳塔洛斯（深渊与地狱）。接着在大地底层出现了黑暗、夜等诸神。随后，盖亚生出了天神乌拉诺斯、蓬托斯（海洋）与乌瑞亚（山脉）。盖亚与其子乌拉诺斯结合，生下了12个泰坦巨神与3个独眼巨人和3个百臂巨人。12个泰坦巨神中的瑞亚（时光）和克罗诺斯（空间）结合生下了得墨忒耳、赫拉、哈迪斯、赫斯提亚、

1 莱斯莉·阿德金斯，罗伊·阿德金斯. 探寻古希腊文明［M］. 张强，译. 北京：商务印书馆，2010：509.

图 1－5　希腊谷物女神德墨忒耳大理石像

波塞冬与宙斯。此为旧神谱中的诸神。后来宙斯发动了一场叛乱，推翻了父亲克罗诺斯的统治，建立了神界新的秩序。新神谱的诸神生活在奥林匹斯山上，以宙斯为首。奥林匹斯共有 12 个主神，分别是宙斯、赫拉（婚姻）、波塞冬（海洋）、雅典娜（女战神）、阿波罗（光明之神）、阿尔忒弥斯（月亮）、阿芙洛狄忒（爱与美）、阿瑞斯（战争）、赫菲斯托斯（火焰、铸造）、狄俄尼索斯（酒神）、赫斯提亚（炉灶）、得墨忒耳（谷物）。仔细研究古希腊神话，可以窥见远古时代希腊社会生活的一些面貌。如神话中大地之神盖亚与其子结合，以及瑞亚和克罗诺斯的结合，反映了远古时代婚姻的一些特点，这也是世界上许多民族所共有的特点，它反映了母系社会的基本情况。

在这里介绍古希腊神话的一些基本情况，不是为了讲述古希腊神话故事，而是因为城邦的节日与宗教和宗教人物联系在一起。

纳撒尼尔·哈里斯指出："古希腊的体育、戏剧等文化艺术活动就是因宗教的目的而产生的。宗教节庆成了人与神相互沟通，进而达到一种契约的良好时机。在这些喜庆的日子里，人们通过各种手段，竭力讨好和奉承神灵，博取神灵的欢心，以便从神灵那里讨得自己所需要的各种庇护。在与神灵沟通的过程中，人们获得了一种精神上的慰藉。因此，节日与庆典体现着古希腊人深刻而丰富的宗教信念。不仅如此，希腊人的节庆活动还体现在泛希腊的节日里，来自不同城邦的人们相聚在一起，同场歌舞或竞技，进行有意义的思想文化交流。通过这一系列固定的宗教节日与庆典，古希腊人的社会生活节奏得到了适当的调节。”[1]

在古希腊，与宗教有关的节庆分为泛希腊的节庆以及城邦的节庆。泛希腊的节庆是城邦与城邦之间的娱乐盛事，来自古希腊不同地区的民众，包括海外的殖民地。通过泛希腊节庆，人们加强了彼此之间的情感交流与认同感。城邦的节庆是城市内部之间的娱乐活动，其影响力与活动范围小于泛希腊节庆。现在我们了解比较多的是雅典的城邦节庆情况，斯巴达属于军事色彩浓厚的城邦，娱乐活动与节庆很少。

古代希腊的节庆都有着独特的内容与仪式，由于属于相同的文化圈，它们之间有许多相同的特征。例如节庆期间民众举行游行活动，游行的目的地是某个神庙。在游行的队伍中，人们会举着某位神灵的雕像，同时进行诗歌朗诵或者戏剧比赛。游行活动结束之后，人们会把牺牲献给城邦的保护神。

游行活动逐渐地形成了人们所公认的泛希腊节庆，也称为泛希腊赛会。这些赛会不仅成为希腊各个城邦民众欢乐的源泉，也对后世的历史产生了影响，一些节庆习俗至今仍为现代的人们所沿袭。重要的泛希腊节庆主要有四个：奥林匹亚赛会、内美亚赛会、地峡赛会以及皮提亚赛会。分别在每四年当中的不同时间举行，目的是纪念希腊神界不同的神灵。四年一个周期即一个奥林匹亚年，这四个赛会被称为“大满贯赛事”，赢得四项赛事的运动员被称为“大满贯得主”。时至今日，在现代体育运动中还有这一提法，其渊源就是古代泛希腊的赛会。

奥林匹亚村位于伯罗奔尼撒半岛西部，公元前776年创办了奥林匹亚赛会，最初只是一个地方性的赛会，不久扩大到伯罗奔尼撒半岛，最终成为泛希腊最重要的赛会。奥林匹亚赛会是为了纪念奥林匹斯山上的众神而举行

1　纳撒尼尔·哈里斯．古希腊生活［M］．李广琴，译．太原：希望出版社，2006：64.

的。根据古希腊神话，奥林匹亚赛会的创始人是宙斯，最初赛会只有一天时间，比赛项目为赛跑与摔跤。参加比赛的运动员必须符合以下的条件：男性、希腊人、自由人、婚生子、无犯罪记录等。后来比赛的内容增添了赛马等项目，赛会的时间长达五天。第一天是宗教仪式，为献祭与庆典，运动员与裁判员需要进行宣誓，保证比赛过程的公平。第二天的比赛项目是赛马、战车以及男子五项全能。第三天为少年组比赛。第四天是成人组比赛，包括赛跑、跳高、摔跤、拳击等。赛会的最后一天是祭祀和颁奖庆功会。在比赛的现场，小商贩们在人群中高声吆喝，杂耍艺人们在卖力地表演，使得具有宗教色彩的体育赛事与普通市民的日常生活密切相关，成为城邦市民休闲娱乐的好去处，丰富了他们的生活内容。优胜者的奖品是野生的橄榄树花环，这象征着和平与富裕。简单而有意义的奖品表现了古希腊人对于荣誉的态度。当胜利者从奥林匹亚返回自己的城邦后，城邦将举行盛大的宴会，歌手们翩翩起舞。从公元前 6 世纪开始，诗人们谱写了无数的赞歌，以示对优胜者的尊重，还有一些城邦把优胜者的名字及事迹刻写在石壁上。

内美亚赛会是为了纪念宙斯，创始于公元前 573 年，两年举行一届，分别是在奥林匹亚年的第二年与第四年举办。比赛内容是竞技项目，奖品是野生新芹编成的花冠。

纪念海神波塞冬的地峡赛会，举办地是科林斯地峡，这一赛会原来是地峡地区的地方性节庆。从公元前 582 年开始，成为泛希腊节庆，每两年一届，分别在奥林匹亚年的第一年与第三年举行。最初的奖品是松冠，后来是干芹。

在德尔菲举行的皮提亚赛会，是为纪念光明之神阿波罗设立的。最初皮提亚赛会每八年一届，从公元前 582 年开始，赛事每四年一届，在奥林匹亚年的第三年举行。皮提亚赛会与其他三项赛会略有不同，不仅有竞技项目，还有音乐等内容。皮提亚赛会的竞技项目与奥林匹亚赛会的设置基本相同，音乐方面有歌唱、器乐、戏剧以及诗歌散文朗诵。赛会的奖品是月桂叶子编成的花环。

由于文献资料所限，现在我们只对阿提卡地区的雅典城邦节庆有所了解。

在雅典，一年中约有 60 个节日，公众节假期约 140 天，这些节日的设立都出于宗教祭祀目的。在雅典众多的节庆当中，最重要的当属“泛雅典娜节”与“酒神节”。

泛雅典娜节是为纪念雅典城邦的守护神雅典娜设立的，同时也是庆祝新年及丰收的节日，泛雅典娜节在雅典历的元月（公历 7 月）举行。最初，庆典持续两天，竞技项目主要为赛跑。从公元前 566 年开始，每四年举行一次泛雅典娜节，持续 6 天时间。此时节日的内容也增多了，不仅有竞技运动，还包括朗诵、舞蹈、音乐比赛以及游行活动。泛雅典娜节成为一项综合性的市民娱乐盛典。为了提高市民的参与度，泛雅典娜节开始举行火种的传递活动。在雅典城的火种采集地，清晨太阳刚刚升起的时候，主祭女祭司首先向雅典娜献祭，然后采集火种，然后在民众的簇拥下，进行火种的传递。人们在穿越了雅典的大街小巷之后，最终把火种送到雅典娜神庙。庆典的最高潮是市民们迎接从阿提卡迎奉回来的雅典娜神像。浩浩荡荡的人群簇拥在神庙的周围，或者手拿象征和平的橄榄枝，或者牵着用于献祭的牛羊，现场的气氛异常热烈。通过这一活动，雅典的市民加强了对城邦的认同感以及对城邦生活的热爱。

酒神节，是雅典城邦另一个重要的节庆。在古希腊神话中，酒神狄俄尼索斯是宙斯之子，也是奥林匹斯山十二主神之一，酒神节是为了祭祀狄俄尼索斯。雅典的酒神节分为两种，即乡村酒神节与规模较大的城市酒神节（或称为大酒神节）。城市酒神节开始于公元前 534 年，在雅典历（或者阿提卡历）每年的 9 月（公历 3 月）的第 10 日至第 17 日举行。城市酒神节不仅包括本城邦的市民，还包括商贾、旅行者以及其他外邦人，甚至连罪犯也可以获假释参加。在浓郁的宗教气氛之中，市民们举行盛大的游行，表示对酒神的崇敬。

在古希腊各城邦，祭祀游行是一种常见的庆祝形式。民众在城市宗教圣地周围进行游行，并由此带动城市中心之外的市民参与游行的队伍之中。在涌动的人流中，城邦的市民们逐渐形成了命运共同体意识。民众游行之后，通常举行献祭仪式，祭祀用的牺牲一般是牛羊或者水果。献祭仪式之后，参加游行的市民共享祭祀献品，大饱口福。事实上，祭祀之后的餐食就是城邦

图 1-6　酒神节的游行

民众的一次聚餐。在节庆期间，城邦还举行戏剧比赛，如酒神节的戏剧表演，持续有 6 天时间。每年在酒神节戏剧演出的仪式上，雅典人会把同盟诸邦所贡献的物品摆放在大剧场的舞台上，向城邦的全体公民展示。与此同时，为凝聚城邦的认同感，雅典人让为了城邦利益而牺牲的公民的儿子走上舞台，表达城邦对为公众利益牺牲的人的崇敬，并让他们的后代获得城邦公民的关爱。事实上，城邦对牺牲的公民的子女会尽到抚养的职责，免费培养他们直至 18 岁获得公民资格。这种借助宗教祭祀举行的大众节庆是古希腊市民生活中一个重要的组成部分。正如纳撒尼尔·哈里斯所言："雅典举行的各种庆典在政治和文化上都促进了城邦的发展和城邦之间的联系。"[1]

与城邦市民宗教生活密切相关的还有神庙与祭坛，这是城邦举行宗教活动的场所，也是市民的精神空间。欧文斯指出："城市也是宗教共同体。神庙、圣殿以及其他的神圣之地也是城市结构不可分割的组成部分。"[2]

神庙与祭坛属于"圣地"，最初的记载，出现在《荷马史诗》之中，意思是王或者神的领地。大约在古风时代后期，圣地专指诸神的领地，其宗教

1　纳撒尼尔·哈里斯．古希腊生活［M］．李广琴，译．太原：希望出版社，2006：66.

2　E. J. Owens. The City in the Greek and Roman World［M］. Taylor & Francis Group，1992：3-4.

含义是“献给神的并供神使用的一块土地”，即一块与不圣洁物相隔绝、专门划分出来供奉给神的土地。圣地是被宗教信徒奉为神圣的地方，也是教徒朝圣的目的地和举行重要祭仪的地方。从狭义上说，圣地主要指神庙和祭坛等宗教祭仪活动的场所。广义而言，圣地包括与神的祭仪相关的一切土地。[1]

神庙是最为常见的圣地，它最初作为众神的居所以及圣像的安置处。祭祀仪式通常在神庙外面举行，少许的活动在神庙内部举行的活动很少。对普通的城邦市民而言，神庙是神圣的，也是神秘的。神庙的内殿是存放神灵圣像的地方，古希腊大部分神庙都朝向东方。之所以这样设计，主要是源于先民的光明崇拜，同时，早晨的阳光可以第一时间照进神庙。

古希腊神庙最早出现于公元前 8 世纪，神庙的结构也比较简单。公元前 7 世纪后期，多利亚式的神庙开始出现，现存最早的多利亚式神庙是奥林匹亚的赫拉神庙，约修建于公元前 590 年。修建神庙的材料也从木质向石质转变，建筑材质的改变有利于神庙的保存。“多利亚式风格的范例便是奥林匹亚的宙斯神庙，它有柱廊、后厢房和周柱列，内殿中有两排立柱。山形墙和柱间壁上饰有许多大理石雕像，现今有大量的残片留存。多利亚柱式神庙的另一范例是阿克拉伽斯的宙斯神庙，它有一个内殿以及狭窄的后厢房，只是没有柱廊。内殿中有两排立柱，周柱列占据了立柱的位置，把连续的墙面围在中间。”[2]

古典希腊鼎盛时期以雅典人修建的神庙为典范，最为著名的是帕特农神庙。帕特农神庙是雅典卫城的主体建筑，它是为了纪念雅典战胜波斯人入侵而修建的。帕特农神庙供奉的是雅典保护神雅典娜。帕特农的意思为“贞女”，这是战神雅典娜的别称。帕特农神庙坐落在雅典卫城中央最高处，规模宏伟。帕特农神庙从公元前 447 年开始修建，公元前 438 年建成，此后又用了 6 年时间进行雕刻。它采用八柱的多利亚风格，东西两面是 8 根柱子，南北两侧是 17 根柱子（由于柱子的重叠，总共有 46 根柱子）。神庙东西宽 31 米，南北长 70 米。东西两面立山墙顶部距离地面 19 米。帕特农神庙立面

---

1 解光云. 古典时期的雅典城市研究［M］. 北京：中国社会科学出版社，2006：102 – 103.

2 莱斯莉·阿德金斯，罗伊·阿德金斯. 探寻古希腊文明［M］. 张强，译. 北京：商务印书馆，2010：625.

图1－7　帕特农神庙人头马像

高与宽的比例是19∶31，这种比例使得神庙看起来非常协调与优美。帕特农神庙的朝向与希腊其他的神庙相似，也是背西朝东。神庙有两个主殿，分别是祭殿与女神殿，从神庙的前门可以进入祭殿，从神庙的后门则可以进入女神殿。圣殿内雕刻着精美的浮雕，表现了从雅典娜女神诞生到她与海神波塞冬较量的场景。整体雕塑惟妙惟肖，生动地表现了神话故事的内容。

古希腊市民的宗教生活还包括戏剧方面，这也是人们日常的休闲娱乐方式。古希腊人最高的文学成就是悲剧，悲剧的渊源是宗教仪轨，为了祭奠酒神狄俄尼索斯。当春天葡萄树长出新的叶子，或者秋天收获葡萄果实的时候，人们就向酒神祈祷，举行祭祀活动。男人们组成合唱队，身穿森林之神或者半人半羊的服饰，在祭坛周围载歌载舞，唱起酒神的颂歌或者抒情诗的一些篇章。据说，由于游吟诗人身披山羊皮，因此悲剧的原来含义是“山羊之歌”，源于希腊文tragos，即“山羊”。公元前534年，在歌咏队员之外增加了一个演员，扮演一些角色，这是戏剧表演的基础。此后走上舞台的演员逐渐增多。在表演的时候，所有演员与歌咏者都要佩戴面具，这种面具与酒神节庆上所戴的面具相似。面具材料简单，但是具有鲜明的特点，适合表现不同人物的性格特征，还具有夸张的成分。后来，一些诗人与作家创作了相关的戏剧作品，这些都使得悲剧最终成为一种集宗教和文学于一体的娱乐形式。与现代的悲剧形式不同，古代希腊悲剧舞台上表演者动作较少，主要是背诵市民们熟悉的宗教故事与传说。悲剧很少涉及现实生活，这使得观看的市民们可以超越悲剧的具体内容，更好地思考人生与宗教的问题。

城邦节庆是一项重要的活动，因此悲剧的选择与编排就由城邦执政官负责。执政官们选出三名悲剧诗人，指派他们创作三出戏剧，最初是与主题相关联的三部曲，后来演变为三个不同的主题。此外，诗人们还要编排一出羊人剧，这四出戏剧统称为“四部曲”。城邦会对表演的戏剧进行评判，获胜的诗人会获得一顶桂冠，以示对他的褒奖，后来参与表演的演员也会获得奖励。

最著名的悲剧作家是埃斯库罗斯，他一生一共创作了 80 余部戏剧，但是流传下来的仅有几部。公元前 472 年上演的悲剧《波斯人》中，埃斯库罗斯生动地描述了希腊城邦战士在反抗波斯人侵略中表现出来的爱国情感。他写道：“前进啊！希腊的男儿，快去拯救你们的祖国，拯救你们的妻儿，保卫你们祖先的神殿与墓地！你们现在是在为自己的一切而战斗！”悲剧《被束缚的普罗米修斯》描绘的是普罗米修斯盗取天火给人类而触怒宙斯的故事。宙斯惩罚他在高加索山的悬崖上受尽各种苦难。该剧塑造了一个为了人类的幸福不畏强暴、不怕牺牲的英雄形象。普罗米修斯成为人类文学作品中不朽的形象，埃斯库罗斯也被后人尊称为“悲剧之父”。

索福克勒斯是雅典奴隶制民主政治全盛时期的悲剧作家。他的创作风格更为精致，作品所蕴含的哲学意蕴更为深奥。索福克勒斯热爱和平，尊重民主，同情人类的缺点，最著名的悲剧是《俄狄浦斯王》。俄狄浦斯原是底比斯国王的儿子，由于神灵预言他将会弑父娶母，因此出生后他就被遗弃。幸运的是他为科林斯王所领养，成为科林斯王的养子。当俄狄浦斯长大成人之后，知道了神灵的预言。为了避免悲剧的发生，俄狄浦斯离家出走。但是在前往底比斯的路上，他杀死了自己的亲生父亲底比斯国王，又依据当时惯例娶了自己的生母为妻。最终他得知了事情的真相，悲愤欲绝。为了赎罪，他

图 1－8　希腊悲剧作家索福克勒斯

刺瞎了自己的眼睛，自愿被流放。这一悲剧展现了人类自己在命运面前的无助。

欧里庇得斯是古希腊最后一位伟大的悲剧作家。由于他曾经受到过迫害，所以他的作品喜欢贬低高贵者，并提高地位卑贱者。在他的作品中有着对普通人——甚至乞丐与农民——的描述。他对奴隶抱以同情之心，对战争加以谴责，对把妇女排除出社会生活表示不满。最著名的作品有《美狄亚》《阿尔克斯提斯》等。《美狄亚》讲述的是科尔喀斯城邦的公主美狄亚与伊阿宋的爱情故事。美狄亚与伊阿宋相恋相爱，但是伊阿宋为了个人前途与荣华富贵抛弃了她，娶了科林斯王的公主为妻。美狄亚一怒之下毒杀了伊阿宋的妻子与自己的孩子，作为对伊阿宋的报复。

公元前 4 世纪末，雅典城邦要求埃斯库罗斯、索福克勒斯、欧里庇得斯的每一部悲剧的抄本都必须存档，以示对他们的尊敬。这一决定使得后来的研究者可以看到他们的作品。当然，还有许多的悲剧作品随着时间的流逝逐渐湮灭而不为后人知晓。

古希腊的喜剧比悲剧发展得要晚一些。公元前 5 世纪初，雅典城邦开始出现喜剧比赛。喜剧源于“komoidia”一词，而“komoidia”又源于

“komos”一词，意思是“且歌且舞的狂欢者队伍”。在酒神节祭祀酒宴之后，会举行城邦的游行，游行的队伍载歌载舞。后来他们又与民间流行的滑稽戏融合，发展成为活泼生动的戏剧形式。喜剧的内容与悲剧不同，喜剧大多数取材于社会现实生活，人们用这种戏剧形式针砭时弊，讽刺社会中的不良现象。因此喜剧的形式与内容都与市民生活贴近，创作更加自由，夹杂着市井生活的要素，某些喜剧显得放荡不羁，夹杂着下流色情的成分。

喜剧最早可以追溯到公元前 6 世纪。它源于男声合唱，在雅典酒神节游行队伍中，人们举着象征繁殖的男性生殖器官模型，同时合唱队员们一起歌唱，举行城邦的节庆。在欧里庇得斯之后，悲剧实质上已经趋于消亡，喜剧却得到发展繁荣。阿里斯多芬是古代希腊最著名的喜剧作家。在他的喜剧作品中，有爱财如命的守财奴、碎嘴子的厨师、爱吹牛的士兵，还有无赖市井混混。阿里斯多芬的《阿卡亚人》以伯罗奔尼撒战争为背景，讨论了和平与战争的问题，讽刺了主战派的冲动与鲁莽。《鸟》以神话幻想为题材，描绘了两个雅典人和一群鸟建立了一个乌托邦。在乌托邦内，没有贫富差距，没有阶级压迫，劳动是最光荣的事情。这部喜剧讽刺了城邦中的寄生阶层。

观看喜剧演出是希腊城邦市民生活的重要组成部分。在宗教庆典举行期间，每天上演三部联剧。演出从早晨持续到晚上，面对这样的演出，城市市民们要么带够食品与水，要么中途回家吃饭。因此在戏剧演出的时候，城邦就像一个热闹的集市，人们熙熙攘攘，高声喧哗者不在少数。当遇到自己不喜欢的表演时，饥渴的市民会吃喝起来，毫不顾忌演出的内容。当他们遇到演技差的演员时，会喝倒彩或者吹口哨。有些演员为了博得名声，不惜雇佣托儿来捧场，这一点倒是古今同理并无差异。

在雅典，剧场的门票价格比较便宜，相当于穷人一天的薪水。这样的门票使得大多数的市民把观看戏剧演出作为一种日常的休闲活动。著名的狄俄尼索斯剧院可以容纳 2 万名左右的观众，但是剧场经常爆满。在雅典城邦发展的黄金时期，伯里克利给每个雅典市民发放戏剧津贴，以确保每一个公民不会因为贫穷而看不起戏剧。这一措施促使雅典的戏剧创作达到了全盛时期，每年都有大量的戏剧创作出来，城邦的市民也踊跃观看。可以想见，在古代希腊城邦中，节庆上演出的戏剧受到城邦市民的青睐，这些戏剧作品熏陶着一代代的城邦市民，使得他们对于神灵、对于生命的意义进行着深刻的思考，成为市民精神世界的一个重要组成部分。

参与政治活动是城邦市民另一项重要的生活内容。公民是城邦的一员，享有属于自己的权利，就应该在城邦生活中发挥自己的作用。城邦中的个体是政治性的个体，他们是国家的主人——这是著名改革家梭伦所言。他们的理想是积极地参与到城邦的生活之中，捍卫公民团体的权利，这是他们在面对外族入侵时，自然而然地迸发出爱国热情的根源。伯里克利在纪念阵亡将士的葬礼上阐述了雅典人的理想，他说：我们热爱美好的事物，但并不因此而奢靡；我们热爱智慧，却并不因此意志薄弱。富有，我们并不以此夸耀私己，而以之服务公益；贫穷，我们并不以之为耻，尽管我们认为不去克服贫穷是可耻的。我们相信一个人应像关心个人事务一样关心公共事务，因为我们认为一个不关心政治的人不但是无趣的，也是没用的。

古希腊城邦的政治发展是一个历史的过程，各个城邦基本上经历了相似的政治演变道路。最早是君主制度，在公元前 8 世纪时，君主制度演变成为寡头制度。经过了近百年的时间，寡头制度被独裁者所推翻，建立了僭主制度。僭主制度之下，人们对统治者的作为毁誉参半。公元前 6 世纪至公元前 5 世纪为城邦民主制度所取代，城邦市民基于财产行使政治权利。与世界其他民族文明演变不同，古希腊文明的特点是保持城邦小国林立局面的时间非常长，并在城邦制度下达到文明发展顶峰的。亚里士多德在《政治学》一书中总结了城邦政治的几点要素：一是凡是有权参加议事或者审判的人就是城邦的公民；二是城邦是为了维持自给生活而具有足够人数的公民集团；三是不论何种类型的城邦，它的最高统治权一定要委托给公民团体，公民团体实际上就是城邦制度；四是凡是享有政治权利的公民的多数决议是最终的裁判，具有最高的权威。

雅典是古希腊城邦民主政治最为杰出的代表，它所取得的成就前无古人，也后无来者。雅典城邦何时建城，文献无记载，后人将之附会于传说中的英雄人物提修斯身上，史称“提修斯改革”。他联合城邦内的村社建立了中央议事会与国家行政机构。提修斯还把城邦公民分为贵族、农民与手工业者三个等级，三个等级具有各自的职能。此时雅典的国家首脑是国王，以后王权逐渐衰弱，贵族掌握了国家的政权，中央议事会变成了贵族会议，执政官从贵族会议中选出。雅典的执政官有九名：首席执政官主管内政；王者执政官主持节日庆典与宗教仪式；军事执政官负责军队事务；其他执政官负责司法等事务。在贵族寡头统治之下，城邦的市民依靠租种富人的土地为生，如果年成不好，他们交不起地租，将沦落为债务奴隶。在富人与穷人之间产生了日益尖锐的矛盾，社会处于不稳定之中。公元前 594 年梭伦担任首席执行官后，针对雅典城邦的现状进行了改革。

首先，颁布了《解除债务令》。根据这一法令废除了平民所欠的公私债务，雅典公民沦为债务奴隶者一律解放，同时禁止放债时以债务人的人身作为担保。对于那些由于债务而被卖到城邦之外的市民，国家将负责赎回他们，让他们重新回国成为城邦的市民。靠租种土地生活的市民将获得所耕种土地的所有权，成为土地的主人。此外，限制公民占有土地的最高额度，防止土地的集中，进而保护城邦的小农经济。在身份上，梭伦改革取消了贵族、农民与手工业者的划分，按照土地收入的财产资格划分公民的等级。第一等级为五百麦斗者；第二等级为三百麦斗者，称为“骑士级”；第三等级为二百麦斗者；不足二百麦斗且主要依靠打工生活的人，称为“日佣者”。为了限制贵族大会的权力，梭伦设立新的政权机构，最为重要的就是四百人会议，由四个部落各选举一百人，除了“日佣者”无资格当选外，其余的城邦市民皆可以当选。四百人会议成为城邦的常设机构，贵族会议不再是国家政治的中心。

梭伦改革稳定了城邦的基础，符合了市民们的现实需求，使得雅典城邦走上了正确的发展道路，为后世的改革提供了蓝本。

梭伦改革之后，雅典公民内部派别斗争加剧，出现了三个主要的政治派别，分别是代表贵族的平原派；代表农民的山地派；代表工商业者的海岸派。斗争的结果导致雅典出现了僭主统治，在僭主统治期间，雅典社会保持了繁荣，但是最终仍然没有摆脱被推翻的命运。

公元前 508 年至公元前 502 年，克利斯提尼改革把雅典的民主政治继续向前推进。克利斯提尼对雅典选举体制和血缘团体进行了重大改革。废除了以前的四个血缘部落，取而代之的是十个新的地区部落。作为新的城邦的选举区，消除了传统贵族通过血缘关系影响国家政治生活的基础。在新的选举基础之上，克利斯提尼组成了新的五百人会议，取代了梭伦的四百人会议。在五百人会议中，凡是三十岁以上的城邦公民都有资格进入议事会，议事会的成员通过抽签选举产生。这样一来，所有身体健康、关心城邦政治的雅典公民均有机会成为五百人会议的成员。五百人会议是城邦最重要的行政机关，负责处理城邦的日常事务。

克利斯提尼改革把雅典民主政治推向了高潮。此后，雅典在一百年左右的时间内经济、商业与文化等方面势力大增，成为古希腊各个城邦的领导者。以雅典城邦为核心，古希腊城邦联盟成功地抵御了波斯帝国的入侵。

随着希波战争的结束，雅典的民主政治进一步向前发展，特别是伯里克利时代，雅典民主政治达到了鼎盛期。伯里克利曾说：我们的制度是别人的典范。它之所以称为民主政治，是由于权利在所有公民的手中，而不是在少数人的手中。在法律面前人人平等。一个人担任公职是由于他的才能，而不是因为他是特殊阶级的成员。在城邦中，只要他对国家有贡献，就绝不会因为贫穷而无法获得施展才华的机会。在伯里克利时代，所有官职向一切公民开放，并采用抽签的方式产生。在国家政治生活之中，公民大会、五百人会议等国家机构掌握充分的权力，特别是公民大会是国家名副其实的最高机关，所有城邦成员都是公民大会的一员。这种民主制度是奴隶制民主政治制度的典型。在城邦市民掌握国家权力的同时，传统的贵族势力消失殆尽，贵族会议只处理与宗教有关的事情。至此雅典城邦民主政治发展到顶峰，它是市民政治生活的空间。

除了制度上的保障之外，城邦还为市民的政治活动提供了足够的场所与空间：市民广场、公民大会会场、议事厅、圣殿、剧院、体育场。

市民广场也称市政广场或者阿果拉（Agora）。市民广场是古希腊城邦的象征，是城邦公共生活的中心。欧文斯指出："广场是城市政治与行政角色的载体。广场是古希腊罗马城市的心脏，经由街道与城市的其他地区相连。广场是政治与行政独立性的表现，它也是市民社交活动的中心。"[1] 所有的

---

1 E. J. Owens. The City in the Greek and Roman World [M]. [S. l.]: 153 – 154.

图 1-9　雅典法庭陪审员的票（Ticket）

古希腊城邦都有市民广场，甚至斯巴达这样的军事寡头城邦也有广场。

有学者认为，公元前 3000 年前就已存在广场。米洛斯文明时期，城市广场成为公共活动的中心。《荷马史诗》中记载了广场的情况。最初的市民广场可能有一个自然形成的过程，因为原来是市区空旷的场地，主要在圣殿周围或者在重要的十字路口。如雅典，几条街道的交叉点便自然地有个三角形的城市空间，广场就在这里。在广场的周围先后建立了城邦行政与议事机构建筑，如公民大会会场、城市法庭等等。后来，这些地方周围又有了商业建筑。到了古典时代，广场便集政治、商业、宗教于一身了。刘易斯·芒福德认为："广场首先是一处开阔空间，由公众共有并用于公共目的，但并不一定是封闭的。广场周围的建筑物往往并无一定排列规则，这里一座神庙，那里一尊英雄雕像，或一眼泉水；也许一顺溜儿都是手艺人的作坊，面向路人开放；而市场中央那些临时搭起的小棚小摊则表明当时正逢集日，农民把自家出产的蒜、青菜或橄榄带进城里来，再在这里选购只锅子或去补补鞋子之类。"[1]

广场是各种消息传播的源头，大到城邦政治大事，小到某人的生活问题。有关西西里灾难的最新消息首先就是在广场传开的。宣称西西里出事消

1　刘易斯·芒福德. 城市发展史［M］. 宋俊岭，倪文彦，译. 北京：中国建筑工业出版社，2005：160. 这里的市场指的就是市民广场。

息的人好像一个外邦人，他到了理发馆后就大谈西西里发生的事情，好像这时候雅典已经知道这件事情。理发师听了这个人的谈话之后，飞快地去找执政官告知了情况。他又按捺不住冲动的心情，在广场上散布了这则消息，引起了市民们的恐慌。于是执政官召开了公民大会，他让理发师讲述了自己所知道的情况，最终又来了一些人证实了这一传闻的真实性。

古希腊演说家利西亚斯说道："你们都有出门闲逛的习惯，有人去了美容院，有人去了理发馆，有人去了修鞋铺，总之，每个人都去了各自喜欢去的地方；往往是去市场附近的商店，极少去相隔遥远的商店。"[1] 古希腊城邦一般都较小，因此在广场闲逛很有可能遇到自己的亲戚或者朋友，他们也借此机会相互寒暄一番。

随着商品贸易的繁荣以及城邦生活的稳定，广场周围更为热闹了。有个诗人曾经说：在雅典的广场，你可以买到任何的东西。无花果、葡萄、萝卜、梨子、苹果等应有尽有。在广场中，你也可以进行占卜，找人代理诉讼，或者找人帮忙。广场鱼龙混杂，神庙与摊铺并存。来自乡村的农民会与思考人生问题的哲学家站在一起。苏格拉底、柏拉图等也会在广场消磨自己的时间，站在城市广场的某一处地方好奇地看着手工艺者展示拿手绝技。广场中的交易充满着斤斤计较与缺斤少两，小偷也时常光顾这里。在市场里，有来自各处的商人与手工业者，还有许多的游客。他们不属于城邦的市民，多数人是匆匆的过客，那些想在城邦定居的商人很难达到目的。总之，城邦的广场形形色色，光怪陆离。

广场还具有重要的政治功能。克琳娜·库蕾指出："有两个特征非常鲜明地将阿果拉（agora）与罗马广场或现代的公共广场区别开来。与现代广场相反，古希腊广场在成为市场前首先是宗教和政治中心，因此它是社团的核心。此外，每位公民都可以走进这些公共建筑，不仅是为了咨询或解决私事，而且为了参与共同的决定，在寡头政治的城邦作为普通观察者，或在民主政体的国家作为名副其实的参与者。"[2] 在公元前 4 世纪，公民大会召开

1 克琳娜·库蕾. 古希腊的交流［M］. 邓丽丹，译. 桂林：广西师范大学出版社，2005：40.

2 克琳娜·库蕾. 古希腊的交流［M］. 邓丽丹，译. 桂林：广西师范大学出版社，2005：38 -39.

的前后，市民们通常会在广场进行集会活动，这表现了市民参与政治活动的积极性。

在公民大会召开之前，市民们需要了解会议的具体议程与议题，希望涉及他们切身利益的议题能够讨论通过。他们也会对出席公民大会的人员组成表示关注，对讨厌的官员表达不满。当大会结束后，市民们觉得自己的利益没有得到满足，就会在广场集会抗议。有些时候，由于时局不稳定，城邦的市民们也会在广场聚集，探听来自各地的小道消息。包括各个阶层、各个等级的人，流传着各式各样的言论与流言。许多政治家对于市民广场是爱恨交加，一方面广场具有实现民主政治不可取代的作用；另一方面各种流言蜚语与诽谤的言论充斥。阿里斯托芬与柏拉图对这些现象都进行过猛烈的批判。阿里斯托芬写道：年轻人，放心地选择我吧，我是强有力的推理：你将学会厌恶广场、不去公共浴室、对一切可耻的东西感到脸红。你如花儿般光彩夺目、容光焕发，你将把时间花在锻炼健壮体魄，而不是在广场上说那些缺头少尾的闲话，或为一件完全是无理取闹、争吵不休、阴险狡诈的事情东奔西跑，就像现在有些人那样。柏拉图曾说：哲人们不知道哪一条路通向广场，法庭、参政院大厅和所有共同议事的大厅都在城邦的什么地方。法律、决议，对它们的辩论或将它们草拟成政令，人们对此一概不闻不问。对法官进行攻击的政治团体的阴谋诡计、会议、宴会、有女子演奏笛子助兴的聚会，他们连做梦也不想参与其中。[1]

即使在军事寡头主宰的城邦中，城市广场同样扮演着重要的政治角色。如斯巴达，公元前700年左右帕尔泰尼人就是在广场发动的暴动。当然斯巴达城邦广场的政治功能单一，与民主政治的参与度距离很远。

广场是政治家演讲与辩论的场所。一个成功的演说家必须具备在城邦广场发表演说并取得市民认可的能力，这是对演讲者能力的极大考验。广场演说不同于其他的政治演说，他所面对的对象是流动的、松散的，也没有目的性。面对着嘈杂的人群、无所事事的观众，可能还有许多的城市混混，要在这种环境中让听众们领会并赞同自己的演讲，确实是一件困难的事情。

1　克琳娜·库蕾. 古希腊的交流［M］. 邓丽丹，译. 桂林：广西师范大学出版社，2005：42－43.

广场也是展示或者警示的地方。在一些城邦，为了警示与教育市民，执法者会把犯罪的人在广场示众。在底比斯，城邦会把铁圈套在债务人的脖子上。如果有逃兵被抓获，人们会让他们在广场示众多日。或者把战利品及其他城邦敬献的礼品在广场展示，以宣示城邦的荣耀与胜利。像斯巴达，在战争中获得的战利品很多，斯巴达城市广场的波斯柱廊就是用战争中获得的战利品修建的。又如雅典，在古希腊城邦中具有重要的影响力，经常有其他城邦敬献贡品。为了展示城邦的荣耀，提升市民们的自豪感与荣誉感，执政官们会定期在广场展示这些贡品，此时雅典广场成为欢呼与欢乐的海洋。

在广场的附近是城邦公民大会会场与议事会大厅。公民大会是城邦最高的行政权力机关，只在固定时间开会。因此对于普通市民来讲，进入议事会大厅更为容易。议事厅一般为结构简单的长方形建筑，内有一个议事的会议室或礼堂，三面为阶梯座位。早期的议事厅建筑外观简洁，结构上并无特色，座位为木质。公元前5世纪晚期，雅典新建的议事厅有供500人坐的木座位。后来被围成半圆形的大理石座位所取代，另增建了一门廊。米利都时期的议事厅更为精致，有1200余个座位，议事厅为带有门廊的长方形大厅，阶梯座位呈半圆形，末排座位后的两个角落为楼梯。屋顶由石柱或木柱支撑。[1]

以城邦广场为核心，公民大会会场、议事会大厅等建筑物组成了城邦公共政治空间。充分体现了古希腊城邦的小国寡民特性，使得城邦的市民能够有效地、方便地参与城邦的政治生活。在这些政治空间里，有宗教集会与政治辩论，有事关城邦政体的国家大事，也有体现城邦荣耀的游行与节庆。在城邦广场中交织着普通市民的生活琐事、家长里短、流言蜚语及滔滔雄辩：既有外邦小贩吆喝，也有哲学家的雄辩；既可以从理发店或者修鞋铺里听到城邦胜利的消息，也有市井小人散布的诽谤之言。正如克琳娜·库蕾所言："因此，在我们的社会里，广场所扮演的角色十分明确：商谈的地点、散步的公园、举行宗教仪式的场所、国家博物馆、政治集会场所，总之，是汇聚

1　莱斯莉·阿德金斯，罗伊·阿德金斯．探寻古希腊文明［M］．张强，译．北京：商务印书馆，2010：378－379．

社团大部分活动的中心点。”[1]

古希腊人的日常生活非常简单与贫乏，缘于其地理位置与气候特征。希腊大陆地山脉的阻隔作用，盛行西风，造成西部强降雨，东部则相对干旱。希腊境内80%的面积是山地，农业耕种只有在平原与山间小片低地进行，农业作物的产量不高。这一时期，以家庭为单位的农民在自己的小块土地上种植大麦，大麦的播种通常在秋季，土地实行休耕，这样才可以提高粮食的产量，并保持土壤的含水量。由于小麦的耕种面积与产量都较低，需要从国外进口小麦，以满足城邦居民的生活需要。在谷类作物之外，古希腊人还种植橄榄树，这是他们最为重要也是最为有名的经济作物。希腊特别适合种植橄榄树，通过嫁接或者插条就可以种植橄榄树。橄榄树的寿命通常很长，一旦成活了，后期的护理就非常简单，每年都会硕果累累。橄榄树果实的采摘可以从秋季一直延续到来年的初春。橄榄树为古希腊人提供了果实以及由果实压榨而来的橄榄油，它哺育了生活简朴的古希腊人，因此古希腊人对橄榄树有着特殊的情感。由于山地众多，从迈锡尼时代开始，古希腊人就开始种植葡萄树，葡萄主要用于酿酒，也有一些食用。在葡萄树的空隙处，古希腊人种植大麦以及豆类作物，在一定程度上提高了粮食的产量。此外，诸如苹果、梨等水果作物也有种植，但并不是主要的食品。蔬菜主要是洋葱、胡萝卜、卷心菜等。

在古希腊的英雄故事之中，经常会出现大型的烧烤宴会的场景，这给后来的读者一种错误的印象，即普通的希腊居民经常吃肉。实际上，由于适合饲养家禽与牲畜的地区比较少，普通的希腊民众食肉较少。在古希腊，马是奢侈品，主要用于战争与赛马，牛、驴与骡子主要用于运输。相对而言，山羊与绵羊倒是更多地摆上人们的餐桌。由于希腊临海，鱼成为一种比较容易获得的食品。但是地中海的鱼群出没不定，当时人们的捕鱼技术也不是那么先进，因此普通的城市居民无法经常吃到新鲜的鱼类，更多的是腌制或者晒干的鱼。

总体来讲，古代希腊民众的饮食清淡。日常主食是大麦与小麦，辅以橄

1　克琳娜·库蕾．古希腊的交流［M］．邓丽丹，译．桂林：广西师范大学出版社，2005：45.

榄油、洋葱与稀释的淡酒，经常吃一些鱼类，偶尔开荤吃大肉。还有一点值得注意的是：在古希腊社会中，民众认为饮用未经稀释的酒是野蛮的行为，为大众所不齿，因此他们喝经过稀释的淡酒。这或许与城邦制度有关，他们要保证民众的精神处于清醒状态，才可以使得政治生活民主与规范，而不是让民众处于狂热与无聊之中。菲利普·李·拉尔夫写道："但是，奢华和贫乏对雅典公民来说是无足轻重的。相反，他们的目的是尽可能地生活得有趣和满足，而不必终日碌碌，为家庭谋取些微的舒适，或为了获得权力或特权而积累财富。每个公民真正向往的是一小块农田或小商店，为他提供合理的收入，同时允许他拥有大量的闲暇，能从事政治活动，能在市集闲聊，假如他拥有享受文学或艺术的才能的话，能从事这些方面的活动。"[1]

而在古希腊城邦的一些殖民地，作为殖民者，他们的生活非常安逸奢靡。塔兰托湾附近锡巴里斯的居民就以奢侈生活而闻名。这里盛产葡萄酒，据说市民们为了随时饮用葡萄酒，把输酒的管道铺设到了建有酒窖的海港，然后再接到各家各户。锡巴里斯的居民喜欢睡懒觉，为了晚起，市民们把公鸡赶到城边，这样在黎明时分它们就不会吵醒他们的美梦了。那些干活发出嘈杂声音的工人，也被居民驱逐出生活区。市民们甚至在街上搭起帐篷，以免遭受日晒雨淋。锡巴里斯的市民们甚至把娱乐引进了军队，军队的士兵会教自己的战马伴着音乐跳舞。附近的敌人得知了这个情报，于是派人潜入锡巴里斯城，记录下这些乐曲。当双方开战时，敌人的乐师演奏起锡巴里斯人的音乐，使得锡巴里斯士兵的坐骑踏着舞步离开了战场。[2] 当然这则故事的真伪还值得考证，在此引用，主要是反映城邦生活的差异性。

婚姻是人类生活的重要组成部分，它反映了人对于爱情和繁衍的希望。在古希腊城邦中，不同城邦的婚姻有相似的地方，也有相异之处。一般而言，古希腊城邦的婚姻形式是一夫一妻制。在法律上，一夫多妻是违法的行为，但实际生活中，这种情况时有发生。这似乎是人类社会的共同特点。婚姻的首要目的是传宗接代，同时具有政治与私利的目的。至于结婚的年龄，

1　菲利普·李·拉尔夫. 世界文明史：上卷［M］. 赵丰，等译. 北京：商务印书馆，2001：259.

2　纳撒尼尔·哈里斯. 古希腊生活［M］. 李广琴，译. 太原：希望出版社，2006：59.

当时并无明确的规定，相对而言，在斯巴达，男女双方结婚的年龄稍晚一些。婚姻的一般程序是从求婚开始，主要是男方看上年轻的姑娘，他会表达爱慕的意向。当双方表示满意之后——主要指双方的父母表示满意之后，便进入了订婚的程序。这时候男方应该向女方的父母送一份聘礼，女方则需要到神庙进行祭祀，将自己的一束头发献给童贞女神，以示自己少女时代的结束。接下来双方敲定良辰吉日，通常选在月圆之时举行婚礼。女子在自己的家中沐浴并进行宗教仪式，以示对神灵的尊敬与虔诚。在结婚典礼上，需要拜见双方的父母，以感谢他们的养育之恩，同时宣布一个新的家庭正式诞生，这是家族生命的延续。这一时期，男女婚姻多以近亲为主。

在古典希腊，妇女处于从属的地位。演讲家德谟斯提尼说：我们认为，妇女是男人的享受，结婚是为了生子。柏拉图的观点更为偏激，他主张城邦共妻共子。在柏拉图看来，组成家庭没有必要，一个妇女可以同时与多个男人结婚，她生下的孩子也是城邦共同的财产。

对于家庭而言，婚姻是必要的，生儿育女也是家庭的职责。由于政治生活以及公众活动的广泛举行，古希腊城市中的家庭生活经常处于次要的地位。希腊浪漫主义的主旋律是歌颂朋友之间的友谊，以及男人之间的同性恋情谊。古希腊的男人们追逐讨好未婚的女子，把更多的时间花在了家庭之外，妻子成为某种点缀。在这种情况之下，大多数的妻子无法与丈夫共同出现在公众的场合，甚至像奥林匹克这样的庆典，妇女也无法参加。在古代希腊，奥林匹克运动主要展现男性的力量与技巧美，观看与参与这一盛会是男人的特权。在运动员报名时，必须验明正身。外族、妇女、奴隶以及有犯罪前科的人都不准许参加。

在城邦政治生活中，妇女没有投票权。通过有关雅典娜的两则传说可以折射出人类社会进程中的阶段性特征。传说之一，主神宙斯由于得了严重的头痛病，只好让火神赫菲斯托斯打开他的头颅治疗头痛。这时，一位体态婀娜、披坚执锐的美丽女神从宙斯裂开的头颅中跳出来，她就是宙斯的女儿雅典娜。不过，之后宙斯的头痛病神奇地痊愈了。战神雅典娜拥有宙斯一样的力量，她是智慧与力量的完美结合体。当雅典建城之后，海神波塞冬与雅典娜都希望以自己的名字命名该城。最后在宙斯的调解下，他们达成协议：能

图 1－10　希腊女性头像

够为雅典市民提供最有用东西的人将成为该城的守护神。海神波塞冬用三叉戟敲击地面变出了一匹战马，而雅典娜则变出了一棵橄榄树，它象征着和平与富裕。于是由 12 位神灵组成的陪审团把票投给了雅典娜。这就是雅典得名的由来。还有另一个故事，给出了不同的解释。传说当时城邦的所有公民（包括男人与妇女）组成公民大会开会，投票决定该以谁的名字命名城市。于是在公民大会上，男人们选择了海神波塞冬，女人们则倾向于雅典娜。由于城市中女人恰好比男人多一个，结果，雅典娜获胜，成为城市的守护神。这个结果让海神波塞冬非常生气，他一怒之下令海水暴涨，淹没了雅典的土地，使得雅典城邦损失惨重。为了平息海神波塞冬的怒气，女人们受到了惩罚，被剥夺了投票权，她们的孩子们也不得随母亲的姓。这则故事说明在民族社会早期，妇女同样拥有政治权利，只是随着社会的发展，当父系民族社会占据了主导地位后，她们逐渐丧失了这一重要的权利，成为男性的附庸。

斯巴达城邦的妇女属于例外。在斯巴达城邦，妇女的地位最为自由。其他的古希腊城邦的妇女都要在家料理家务，而斯巴达妇女却可以自主地决定自己的行动，相对独立于其丈夫，这与斯巴达的军事制度有着密切的关联。

此外，斯巴达城邦的妇女可以接受教育，并进行体能训练，以适应比较残酷的斗争环境。

在古希腊城邦中，妇女也有属于自己的空间与节日。塞斯谟弗利亚节，就是妇女们的节日，在每年秋天播种的时候举行，为了纪念得墨忒耳与珀尔塞弗涅，持续三天时间。在节日里，女人们离开家庭，住进一个圣殿里进行祭祀，牺牲是一只小猪。通过这一系列的活动，祈祷农业丰收，人丁兴旺。

古希腊妇女非常注重梳妆。普通妇女的情况文献记载不多，更多的是反映贵族妇女的梳妆打扮情况。贵妇人沐浴时一般都有五六个仆人服侍，沐浴时要涂抹香精油，进行面部按摩，颈肩部“涂油按摩”，在身体上洒“玫瑰水”也是必要的环节。浴后，贵妇们还喜欢使用一种按摩精油——马郁兰，它被称为“来自山上的喜悦”。当人们漫步山谷中，微风拂过长满马郁兰的山坡，便会传来阵阵温暖而清新的芳香。在希腊神话中，马郁兰是爱、荣耀与富饶的象征，它是阿波罗创造出来献给美神维纳斯的，所以古希腊妇女喜欢用它作为沐浴后的按摩精油就不足为奇了。[1]

性爱方面，古希腊人崇尚同性之爱。当时，在公共社交场合，有地位的男子身边总会有一两个英俊的少年陪同，陪同者越英俊，主角就越有面子。甚至在军队之中，也鼓励同性恋，他们认为这有助于士兵士气的提高。古希腊人把理智、英勇等品德与同性恋联系在一起，因此人们将同性恋亦称为“希腊之恋”。

古代希腊人喜欢沐浴，对他们而言，这是生活的一种方式。希腊属于地中海气候，夏天炎热干燥，经常洗浴是保持身体干净的一种方式，也有利于自身的健康。为了使城市市民享受洗浴的乐趣，首先要修建供水管道将山上的泉水引入城市，再通过供水调节机制分配水源。浴缸用赤土或者石头制成，并在外面涂一层防渗漏的材料。浴缸底部分为不同的高度，使得浴缸中的水具有梯度。到公元前 3 世纪左右，一些城邦建筑房屋时开始建有浴室并配有便池，反映了市民卫生观念的进步。

公共浴室出现在公元前 5 世纪，在公共浴室内，浴缸通常并排摆列，或

1　纳撒尼尔·哈里斯. 古希腊生活［M］. 李广琴，译. 太原：希望出版社，2006：107.

者在一间圆形的房屋内沿墙摆放。洗浴者坐在浴缸之内，源源不断的泉水从管道中流出来供市民沐浴。在古希腊城邦，重视公民集体观念与公共意识的培养，公共浴室很好地体现了这一点。在浴室内，大家边洗浴边谈论城邦的事务，浴室成为“流动的政治论坛”。公共浴室的出现体现了古希腊人的审美观念。人们对人体自然美非常欣赏，认为人类的最大的善是“身心皆美”。人们在沐浴时赤身裸体，并注重皮肤的保养。他们用比较钝的金属刮刀刮去身上的死皮，再在身上涂抹橄榄油，使橄榄油渗入皮肤之中。由于市民们钟爱洗浴，因此邀请客人洗浴成为待客之道。主人会准备好洗浴热水，当客人到来之后进行宴请。酒足饭饱再洗浴，这时候会有未婚的女子侍候客人。她们会用木勺舀起热水浇在客人的身上，并为客人涂抹橄榄油或者其他的洗浴用品，如果客人需要的话，她们会为客人进行按摩。

古希腊人热爱自由，热爱旅行与探险。人们希望到其他的城邦看看，到希腊以外的地方瞧瞧，但远行是一件困难的事情。有一则故事足以说明希腊的地理环境和交通的不便。从雅典到奥林匹亚相距 324 千米，有人对此感到畏惧，苏格拉底劝说他：你为什么要害怕这次旅行？在这里你难道不是整天都在走路吗？你去那里，你走路，然后你用午餐，再走路，再用晚餐，然后休息。你难道不知道，走上五六天，你就很容易走完从雅典到奥林匹亚的路程？事实上，相比于到希腊以外的地方探险，城邦之间的旅行要简单得多。

公元前 8 世纪古希腊城邦开始向海外殖民。由于自身的国土狭小，多山，缺乏土地，使得他们渴望开疆拓土，建立海外殖民地。为此他们必须做好面对一切艰难险阻与困难的准备，必须自己解决一切，要么生存，要么死亡。他们通常是成群结队地出去，一支队伍约 100 人，有一位远征的首领，他将是新城邦的创立者。新城邦的建立是一个艰苦的过程，面临着失败甚至死亡的威胁。公元前 6 世纪中叶，向海外殖民的浪潮停止了。这时他们走向海外，更多的是出于旅游以及开阔视野的目的。改革者梭伦执政期满后，拒绝了城邦的挽留而去周游海外，成就了一段佳话。数学家毕达哥拉斯、哲学家德谟克利特周游了埃及。随着哲学的发展，要想成为一名哲学家必须要有国外访学的经历。公元前 4 世纪，海外游历成为传记作品的主题。历史学家希罗多德为了写作《历史》，跑遍了那个时代为人所知的地方，采集了其他民族的各种资料。古希腊流传下来最早的游记是公元前 6 世纪赫克特斯写的《环球游记》。出于对希腊以外世界的好奇，赫克特斯怀揣一幅地图，只身走遍了埃及与近东地区。后来他返回希腊的家乡，把自己的经历写成书，详细地记录了旅行中的所见所闻。

除了奥林匹克运动会展示竞技运动之外，古希腊人还喜欢那些非竞技性的娱乐活动。在那个时代，最流行的是五颗石子游戏，游戏的玩法世代传承，即把一颗石子抛向空中，在石子下落的过程中再抛起另一颗石子，然后用手接住前一颗石子。此外掰手腕等古老的传统体育活动也大受欢迎。在喝酒之后，男人们用这种方式表现自己的力量，从而博得别人的喝彩。

古希腊人喜爱斗鸡这种带有博彩性质的游戏。斗鸡的传统来源于一个古老的传说。在很早以前，古希腊有位将军率领士兵开赴前线与波斯人作战。在行进的途中，将军看到两只公鸡在争斗，心想如果我的士兵都像公鸡这样顽强，何愁战争不能取胜！于是他灵机一动，命令队伍暂时休息，让士兵们观看这两只公鸡的争斗。士兵们看后士气大振，在与波斯人的战斗中非常英勇，大败波斯军队。为了纪念这次战役，国王决定以后每年在雅典举行一次斗鸡大会，由此斗鸡游戏传遍各个城邦。

随着希腊古典时代的结束，希腊进入了马其顿帝国时期。但是帝国的存在时间不长，随后就是希腊化时代。统治希腊的是安提柯王朝，城市获得了较大的发展，但是城市生活与城邦时代相比已不可同日而语。公元前 168 年，罗马军队首先攻占了马其顿，随后开始进攻希腊本土。公元前 146 年，新的罗马文明登上了欧洲历史的舞台。

第二章　罗马的城市生活

罗马文明一个重要的特征就是城市文明。罗马的历史经历了王政时代、共和时代以及帝国时代，从共和时代后期开始，罗马的城市逐渐地发展，特别到了帝国时代，达到鼎盛期。这一时期有关城市的物质文明，如神殿、浴室、市场、剧院、斗兽场等都非常多，且与市民的日常生活密切相关。总体来看，罗马的市民生活丰富多彩且极尽奢华。

第一节　从“七丘联盟”到世界帝国

当光辉灿烂的古希腊文明衰落的时候，意大利台伯河边的罗马开始兴起。

意大利东临亚得里亚海（也称上海），南临爱奥尼亚海，西面是第勒尼安海（也称下海），北部是阿尔卑斯山。亚平宁山脉自北而南贯穿意大利全境，把意大利分为几个主要的自然区域。北部波河流域是富饶的冲积平原；东部适宜畜牧业；西部的平原适宜农耕；南部沿海土地肥沃，特别是西西里岛，是盛产谷物的粮仓。意大利的气候是典型的地中海气候，夏季炎热多雨，冬季温暖湿润。古代意大利的气候与现在的气候有所不同，当时亚平宁半岛上覆盖着浓密的森林，现在这些森林已经被砍伐殆尽。意大利境内的河流主要是波河、台伯河与阿尔诺河，古时候这些河流的水量也比现在丰富，这些河流孕育了古代灿烂的罗马文明。

古代罗马的历史经历了王政时代、共和时代以及帝国时代，罗马国家也从最初的“七丘联盟”发展成为世界性帝国。

从公元前753年到公元前510年，先后有七个王统治罗马，这是罗马的“王政时代”。“王政时代”最后一位伊达拉里亚王——“高傲者”塔克文是一个暴君，塔克文家族对罗马人犯下了诸多的罪行，激起了罗马人的仇恨，他们奋起反抗，最终推翻了伊达拉里亚人的统治。

随着王政时代的结束，罗马进入了共和时代。罗马共和国建立后的200多年历史就是一部波澜壮阔的战争史，罗马的疆域开始扩展。在抵御了伊达拉里亚人的盟友的进攻后，罗马人为了满足迅速增长的人口需要，获得更多的土地，开始积极地对外扩张。他们逐步征服了伊达拉里亚全境，随后吞并了意大利最南部的所有希腊城市。由于与希腊文明发生了直接的接触，罗马人成功地融合了希腊文明的要素。公元前265年，除了高卢人占据的波河流域以外，意大利半岛的其余地区都落入了罗马人的手中。

在征服意大利之后，罗马人开始了海外扩张，与西地中海的强国迦太基发生了激烈冲突。通过三次布匿战争（前264—前146年），罗马人在西地中海确立了霸权，迦太基成为罗马的阿非利加行省。随后他们又开始对东地中海进行征服，在不到一个世纪内控制了东地中海地区，从而建立了横跨欧、亚、非三大洲的世界性帝国。

随着对外的扩张兼并，罗马进入了帝国时代。公元前27年，屋大维被罗马元老院授予"奥古斯都"的称号。在屋大维的治理之下，罗马经济达到了空前的繁荣。特别是公元1世纪前后，罗马帝国出现了安定的局面，进入史称"罗马和平"时期。拉尔夫写道："驰名的'罗马和平'（Pax Romana）是史无前例的。地中海现在处于它一手控制之下，而且在好几个世纪内没有发生过一次海战。在陆地上，它在没有遇到竞争对手的情况下，统治着自苏格兰边境到波斯边境的大片地区。当时一位演说家得意扬扬地炫耀道：'整个文明世界都放下了自古以来紧执手中的武器，就像在节日那样……体育馆、喷泉、蔚为壮观的大道、神庙、作坊和学校遍布各地；人们可以说，从一开始就染病在身的文明世界……在正确知识的引导下恢复了健康。"[1]

从3世纪开始，罗马帝国发生了危机并走向衰落，城市以及市民生活的式微是帝国走向没落的象征。菲利普·李·拉尔夫认为："最重要的衰落是作为帝国基础的城市生活萎缩了。在罗马帝国开始受到种种严重的压力之时，城市畏缩在欧洲的西北部表现得最为明显，因为城市文明在这里根基最浅，这里离地中海这一帝国主要的贸易和生命线最为遥远。帝国西部的一些地区也开始城市萎缩，因为西部的城市对处于衰落过程中的农业生产的依赖性比东部的城市大得多，而后者更多地依赖着奢侈品贸易和工业。"[2] 在政治上，帝国更加混乱不堪，统治集团内部为了争夺帝位长期混战，即使建立

---

1 菲利普·李·拉尔夫. 世界文明史：上卷［M］. 赵丰，等译. 北京：商务印书馆，2001：340.

2 菲利普·李·拉尔夫. 世界文明史：上卷［M］. 赵丰，等译. 北京：商务印书馆，2001：364.

起来的政权也没有一个稳固的基础。公元 395 年，罗马帝国分裂为以君士坦丁堡为都城的东罗马帝国和以罗马为都城的西罗马帝国。分裂之后的西罗马帝国，在农民起义打击下以及蛮族入侵的浪潮中最终走向了灭亡。公元 476 年，日耳曼人废黜了西罗马帝国的末代皇帝罗慕罗斯。西罗马帝国的灭亡，标志着欧洲进入了中世纪。

第二节　罗马的城市

罗马帝国是城市的联邦。随着帝国的形成，罗马人建立了西方世界的新秩序与新文明，这种新秩序与新文明集中体现在罗马的城市生活之中。有些罗马城市的建立是由于贸易利益以及军事战略；有些罗马城市的建立是为了纪念胜利，显示罗马的权力与武力；有些城市原来就存在，在罗马人的统治下更为繁荣。美国著名中世纪学家詹姆斯·汤普逊写道："罗马帝国是由各城市或各城邦有机地汇合而成的一个大联合体。各城市宛如人体里的细胞，是最小的，却是最有活力的有机体。在罗马世界里乡土观念远远强于我们的时代，但民族情绪却不存在，种族差别也不显著。帝国除了散布各地的分支机构以外，几乎是一个抽象的东西。罗马人的爱国心，只是在对自己的城市或乡土的爱护和忠诚方面表达出来。"[1]

帝国境内各地城市的繁荣与发展归因于帝国空前的安宁与稳定。从北非荒凉的撒哈拉沙漠到北部寒冷的苏格兰边境，遍布着性质各异的、发达程度参差不齐的罗马城市。下面我们以庞贝城、雅典为例加以说明。

庞贝城距离罗马约 300 千米，西接西西里岛，南通希腊与北非，地理条件优越。它在罗马帝国形成之前就是一座重要的商贸中心。公元前 8 世纪时，它还是一个拥有天然良港的渔村，到了公元前 6 世纪，已发展成为城市，并修建了坚固的城墙。希腊人、伊达拉里亚人都曾经在庞贝城生活过。公元前 80 年，罗马人在同盟者战争中取得胜利之后，独裁者苏拉为解决老兵的移民问题，在此地建立了殖民地，城市被命名为"庞贝"。罗马人的到

1　汤普逊. 中世纪经济社会史：上册［M］. 北京：商务印书馆，1997：54.

图 2-1 庞贝城遗址（熊莹 摄）

来迫使原住民纷纷出走，罗马人控制了该城的统治权。随着罗马人的不断增加，在庞贝城开始了大规模的基础设施建设，城市逐渐繁荣起来，加之优越的地理位置，庞贝城成为古代罗马早期第二大繁华的城市，人口超过了 2 万人。屋大维统治时期，庞贝城已经具有了一个真正罗马城市的所有标志。庞贝城有宗教中心，如朱庇特神庙、维纳斯神庙以及阿波罗神庙；有行政中心与商业中心；此外还有浴场与剧场、体育馆、斗兽场等休闲娱乐场所。

如果从海路进入庞贝城，就会看到维纳斯神庙。维纳斯神庙是典型的意大利建筑样式，修建在开阔地带的高台之上，手执青铜船舵的大理石维纳斯雕像立在神庙的台阶之上。阿波罗神庙位于广场的西面，供奉着阿波罗神。罗马众神之父朱庇特神庙位于广场的内部，占据着最好的地理位置。此外，这个广场中还有其他神庙，如雅典娜神庙等，由此可见，罗马人继承了希腊人的宗教崇拜。在广场之中，有一座神庙是献给罗马皇帝的，以表达城市市民对罗马皇帝的尊敬，提醒市民们铭记皇帝对他们以及城市的恩惠。

行政中心与商业中心也是城市广场的重要组成部分。从河边到入口的右侧，穿过维纳斯神庙，是城市的会堂建筑，在这里城市的管理者以及市民们进行政治活动以及城市庆典等。在庞贝城广场的南端，有三个规模较小的建筑，分别是城市官员行使司法权的地方、城市档案馆以及元老院议员集会的场所。紧靠广场东面的一栋建筑是进行选举的地方，即城市议事会大楼。其他的建筑，大部分是商业中心。庞贝城的主要产品是羊毛，在广场中设有羊毛市场。在城市广场的东北角是肉类与鱼类市场，有专门的供水管道，以方便商人们在此做买卖。城市街道的两侧是鳞次栉比的小商店、小作坊、酒馆以及妓院。

在庞贝城，有五座不同的浴场供市民使用。最大的浴场是斯塔比亚浴场，最初建于公元前 4 世纪末，屋大维时代曾占地 4000 多平方米。斯塔比亚浴场成为罗马建筑风格的典型。庞贝城的其他四个浴场均建于罗马时期，是逐渐修建起来的。浴场分为冷水浴、温水浴以及热水浴等类型。这些浴场空间别致，环境幽雅，虽然离城市广场仅几步之遥，但浴场内却听不到外面的喧嚣。市民们在这里可以安心地休息，解除身体的疲乏。

圆形剧场是庞贝城最为有名的公共建筑，它是罗马城市建筑的骄傲。庞贝城的圆形剧场修建于公元前 1 世纪初，可以容纳近 2 万名市民，位于城市的东南角。圆形剧场是市民们观看斗兽比赛和角斗的场所，特别受到城市市民的钟爱。

罗马人统治下的雅典城，随着帝国的形成与发展而逐渐地罗马化，它承载着人们无尽的思绪。由于雅典所具有的独特地位，来自罗马帝国各地的旅游者与研究者纷纷来到雅典，罗马的统治者也对雅典城非常重视，修建纪念碑或者建筑物来称颂雅典。公元前 86 年，雅典被苏拉洗劫，城市的基础设施遭到严重的破坏，雅典开始衰落。屋大维统治时期，罗马人重新建设雅典城，使得雅典罗马化。雅典的城市广场最终完工后，举行了落成典礼，由于雅典广场是希腊民主政治的中心，所以屋大维对此非常重视。哈德良皇帝统治时期，罗马人对雅典社会、宗教、商业以及政治生活介入得很深了。哈德良皇帝对希腊文化很感兴趣，因此对雅典表现出特别的好感。当哈德良皇帝第一次视察雅典时，下令修建宙斯神庙。宙斯神庙始建于公元前 6 世纪晚期，但随后停工了。在哈德良皇帝的干预下，神庙在公元 132 年建成。在这一时期，罗马人还修建了一座新高架引水渠，极大地改善了雅典城的供水问

图 2-2　庞贝城的壁画

题。此外，哈德良皇帝还修建了一座凯旋门，在凯旋门上雕刻着哈德良和雅典的传说人物提修斯的雕像。在哈德良之后，罗马人继续影响着雅典，他们改造了原来的体育场，用于决斗比赛。公元 3 世纪中叶，罗马皇帝为雅典城修建了防御城墙，但城墙并没能阻止蛮族人对雅典的蹂躏。雅典城的发展一直延续到西罗马帝国灭亡。公元 6 世纪，东罗马帝国皇帝查士丁尼关闭柏拉图学院之前，雅典一直是文化与学术的中心。

罗马帝国全盛时期，境内遍布着经济繁荣、文化发达的大中小城市。从公元 2 世纪开始，罗马帝国境内各城市之间的差异逐步消失，雄伟高大的罗马式建筑在帝国城市中占据主导的地位。

第三节　“万城之城”：罗马城

在罗马帝国众多的城市中，罗马城的地位最为独特与重要。从“七丘之城”到“万城之城”，罗马城走进了富有传奇色彩的历程。

罗马城的建立是由一个传说开始的。特洛伊城被摧毁后，一个名叫埃涅阿斯的人幸免于难。经过漫长的漂泊，他来到了拉丁姆的海岸，统治这里的拉提努斯国王对埃涅阿斯很友好，并且把女儿拉维尼亚嫁给了他。埃涅阿斯与拉维尼亚生下优努斯并建立了阿尔巴城，从优努斯起经过了几代人，努米托尔国王被胞弟阿姆利乌斯篡位后遭到流放。阿姆利乌斯为了断绝后患，把努米托尔的女儿西尔维娅送到神庙当了女祭司，并逼迫她立下终身不嫁的誓言。战神马尔斯倾慕西尔维娅的美貌，爱上了她。之后西尔维娅生下一对双胞胎兄弟罗慕路斯与勒慕斯。阿姆利乌斯得知消息后，担心这对双胞胎兄弟长大后会替他们的外祖父报仇，于是下令把他们扔到台伯河中。奉命行事的奴隶看到这对可爱的小孩后，没有忍心直接把他们扔到河里，而是把孩子装在篮子里放在浅水的地方。装着罗慕路斯与勒慕斯的篮子沿着台伯河一路漂流，来到了“七丘之地”。孩子的哭声引来了一只母狼，它把孩子叼到山洞，并用自己的乳汁哺育他们。不久，一个牧人看到了这一情形，于是悄悄潜入狼穴，把这对兄弟带回家中哺育。长大之后，这对兄弟最终知道了自己的身世，历经千辛万苦回到了阿尔巴城，杀死了自己的仇人，迎回了外公努米托尔国王。努米托尔国王为了表彰他们的功劳，把两兄弟获救的“七丘之地”作为他们的领地。在建立新城市的时候，兄弟俩让天神来决定新城以谁的名字命名以及由谁来统治。勒慕斯在自己的占卜地看到 6 只秃鹫飞过，便宣布神选择了他；罗慕路斯此时看到了 12 只秃鹫飞过自己的占卜地。弟弟勒慕斯坚持说自己先见到了秃鹫，哥哥罗慕路斯则坚持说飞过自己占卜地的秃鹫多，两人争执不下，继而发生格斗，罗慕路斯杀死了勒慕斯，用自己的名字命名新城。“罗马（Rome）”即是“罗慕路斯（Romulus）”这个读音演化而来的，时间是公元前754年。据说，罗马城的修建只花了一个晚上。俗语Rome was not built in a day，but in a night（罗马不是一天建成的）后来演变成另一个含义了。

事实上，罗马人是拉丁人的一支。公元前8世纪，罗马人已经开始使用铁器。他们的村庄散布在罗马各个山丘之上，彼此独立地生活。在这些山丘中，有一个叫帕拉丁（Palatium）山丘，三面都是陡峭的岩石，只有从东北面可以攀登上去，地形险要，易守难攻。帕拉丁的山顶有一块7公顷左右的台地，适合居住一个小的村落。公元前7世纪左右，这些分散的村社逐渐走向了联合，以帕拉丁为中心的拉丁部落组成了“七丘联盟”。即：帕拉丁山、凯尔马鲁斯、维利亚、奇斯皮乌斯、法古塔尔、欧皮乌斯与凯里乌斯山。随后又与其他的部落联盟联合，发展为“四区之城”。即：帕拉丁区、凯里乌斯区、埃斯克维里埃区、科里努斯区。后来大批的伊达拉里亚人迁居罗马，伊达拉里亚人带来的先进生产技术，使得罗马经济迅速发展，手工业与商业日益繁荣，形成了城邦。公元前6世纪时，罗马国王瑟韦尔斯开始规划城市，修建了城墙，城墙的厚度达到15米，可以供几辆战车在上面并行。罗马城的城区面积也达到400公顷。公元前5世纪，罗马城有居民约4万人。公元前390年，罗马人与高卢人发生了战争，罗马人战败，罗马城几乎被高卢人所占领。

公元前2世纪，罗马开始具备帝国城市的气质。随着国家对外的快速的扩张，城市聚集了越来越多的财富。罗马城的真正规划者是恺撒。公元前49年，恺撒成为独裁者，他决心把罗马建设成一个领土辽阔国家的首都。为了改善城市环境，他颁布法律，防止城市建筑的距离过近而引起火灾，并开始市政广场的扩建工程。不久，恺撒遇刺，他的首都建设计划被迫中止。

在恺撒之后，他的继承者们继续营建罗马城。随着奥古斯都屋大维的即位，罗马城迎来了一个新的时代。屋大维详细地筹划了管理城市的诸多事务，包括治安、消防、建筑规划、粮食供应以及市场价格控制等。在城市区

图 2－3　罗马城市建设之父——屋大维

划方面，屋大维将罗马城分为 14 个区，每个区又划分为若干个小的行政区，任命地方官员负责辖区的管理工作。还大力发展城市的基础设施建设，建设雄伟的宫殿、神庙、浴室以及剧院等。屋大维曾说："我接受的是一个泥砖建造的城市，留下的将是大理石建造的城市。"奥利安（270—275 年在位）统治期间，罗马的城市面积达到 1300 余公顷，如加上城外郊区的话，总面积超过了 2000 公顷。即使以现代人的眼光来看，罗马的城市面积也是非常巨大的。公元 312 年至 315 年，罗马城留下了第一份记载城市主要设施的清单。内容包括：方尖碑 6 座、桥梁 8 座、公共浴场 11 处、供水干管 19 条、竞技场 2 个、圆形大剧场 2 个、剧场 3 个、图书馆 28 处、斗剑学校 4 个、观赏海战的水上表演场 5 处、大理石凯旋门 36 座、城门 37 座、仓库货栈 290 处、公共面包房 254 处、殿堂 1790 间、公寓住宅 46602 间。[1] 此外，罗马城

1　刘易斯·芒福德. 城市发展史［M］. 宋俊岭，倪文彦，译. 北京：中国建筑工业出版社，2005：252.

图 2－4　罗马时期的花瓶

还有 926 处私人开办的小型浴室——如果加上公共浴场的话，罗马城可以同时容纳 62800 人洗浴；18 处市场或者公共广场、8 处空场或者公用地、30 处公园或者花园、700 处公共池塘与小湖、500 处喷水池、130 处水塔或者水库。

阿里斯提德斯在《罗马赞》中写道：四海八方的各种美好的东西都朝你涌来，一年中各种时令果蔬、江河湖泊的出产、希腊或北方蛮族的手工业产品应有尽有。因此，谁若想看到这一切好东西，他要么必须去周游世界，要么便留居在这座城市中，因为其他民族的辛劳与成果都摆在眼前，而且极其丰盛。[1] 罗马城由被它征服地区的财富所供养：来自西班牙行省的鱼、波斯的胡桃木、高卢行省的酒以及各个国家的奴隶。以罗马城为中心，罗马帝国的城市在消耗着整个地中海地区的资源与财富。

1　刘易斯·芒福德. 城市发展史［M］. 宋俊岭，倪文彦，译. 北京：中国建筑工业出版社，2005：253.

从人口规模来看，罗马城的人口呈现增长的趋势。从最初的几万人，到公元初年，人口达到50余万人。屋大维统治期间，罗马城人口约80万人。尼禄统治时期，罗马城的人口超过了100万，成为世界性的大都市。

帝国的繁荣随着时间的推移逐渐走向了衰落。公元3世纪，罗马帝国发生了严重的经济衰退。主要原因在于罗马帝国对于奴隶制度的依赖日益增长。在共和国以及帝国时期，对外征服能够获得源源不断的奴隶，这些奴隶逐渐取代了罗马社会中的手工业者与商人等普通罗马市民的工作。这些以前是帝国基石的人变得无所事事，依赖国家的救济维持生计。而社会的上流人士选择离开城市，到乡村的别墅居住，享受安逸无忧的生活。罗马城日益空壳化，游离于帝国权力的中心之外，商业以及行政的中心转移到其他城市，罗马的城市建设止步不前，建筑变得破旧不堪。

公元5世纪，罗马帝国屡遭蛮族的入侵却无力抵御。410年，西哥特王国的军队包围了罗马城。夜里，奴隶们打开了城门，罗马城失陷，西哥特人洗劫了罗马城6天。科瓦略夫评价道："攻占罗马在这时已经没有任何战略上的意义了。但是从这一事件所产生的道德政治上的影响是巨大的。从公元前390年起，在800年中间，'永久的城市'都是屹立不摇的。它的统治重重地压在地中海的全部文明世界上面。仿佛没有一支力量能够触动这一世界的统治者。……在形成了古典世界倾覆的大灾难的一连串复杂的事件当中，410年8月24日是具有原则上重要意义的。"[1]

罗马城的沦陷引起了人们极大的震撼。有人认为这是由于罗马人不再信奉自己神，而信奉了基督教的恶果。413年，著名的北非希波城的罗马主教奥古斯丁写作了《上帝之城》。奥古斯丁认为，自从人类祖先亚当与夏娃因偷吃禁果而被贬人间之后，现实世界就被划分为两座城：一座城由肉体生活的人组成，另一座城由灵性生活的人组成。前者是"尘世之城"，它是撒旦的领域，是肉体淫乱的渊薮，在现实中表现为异教徒的生活态度；后者是"上帝之城"，它是上帝的"选民"即预示得救的基督徒社会，这是一座永恒之城，在现实中的代表就是教会。奥古斯丁也无力提出解救罗马城的良

1　科瓦略夫．古代罗马史［M］．王以铸，译．上海：上海书店出版社，2007：862.

图2－5　古罗马广场遗址（熊莹　摄）

方。西罗马帝国的灭亡只是个时间的问题。452年，匈奴人攻陷罗马城，这座古城又一次遭受洗劫。455年，汪达尔人攻陷罗马城，他们大肆抢掠15天后，一把火将罗马城付之一炬。476年，帝国军队的最高统帅奥多亚克废黜末代皇帝罗慕路斯·奥古斯都，西罗马帝国最终灭亡。

日耳曼人主宰了罗马城，以前那些繁复的城市机制对他们来讲既陌生又没有必要。比赛用的跑道荒芜了，长满了野草与野花；饮水管道被废弃，污迹斑斑；浴场已空无一人，另作他用。600年左右，罗马城的人口不到3万人。时人对此感慨万千："这座城市充满了孤独、荒凉与悲哀。"刘易斯·芒福德说："谁若爱财如命迷醉于金钱，以紫袍和权利来衡量人生的价值；谁若未尝过自由为何物、未领略过言论自由、未思考过真理，而一味沉迷于奉承和奴性；谁若把自己的灵魂无保留地交付给享乐，并决意一心献身于享乐，追求美馔佳肴，追求醇酒女人；谁若从头到脚充满了欺诈、谎言和虚伪，这样的人就应当居住到罗马城来，因为这里每条巷子每个广场都充斥着他最喜爱的东西。"[1] 刘易斯·芒福德又写道："甚至当她已年迈苍苍，像罗

1　刘易斯·芒福德．城市发展史［M］．宋俊岭，倪文彦，译．北京：中国建筑工业出版社，2005：253－254．

丹所塑的老妓女那样，遍体皱纹，面如土色，只剩下往昔自己的一点点影子了，人们依然怀念她青春时代的生气与风韵，如果说已经忘却了她青春时代那被玷污了的纯洁与天真。但凡人们曾经喜爱过的东西，都不会是彻头彻尾邪恶的；而人们多少个世纪迷恋不舍的东西，与后世出现的种种事物相比，必有某些可爱之处。”[1]

罗马城的衰落标志着灿烂的古代城市文明走向了终点，欧洲的城市生活逐渐消退，农业文明成为人们的主要形式。这一时间延续了500余年，直到公元1000年，欧洲的城市才开始复兴。

1　刘易斯·芒福德. 城市发展史［M］. 宋俊岭，倪文彦，译. 北京：中国建筑工业出版社，2005：255.

第四节　市民的日常生活

在罗马，城市是国家行政体系的重要组成部分，也是市民生活的现实空间。随着城市规模的扩大以及人口的不断增加，国家开始对城市进行系统的管理。在政府机构之外，还有一种社会性力量不可忽视，即城市行会，它们是类似于近代的“互助会”和“救济会”组织。行会通常在神殿里集会，只有那些富有的行会才建有自己的会所。当时城市的行会有很多，如商人公会、手工业者公会、老兵公会以及船员公会等。在帝国时代，罗马城内有 80 种不同的行会，其中势力最大的是内河船夫行会。行会的会员需要交纳会费，行会有自己的经济来源，甚至还有属于自己的产业。为了规范成员的行为，行会制定章程，并拥有自己的会旗徽标，供奉自己的保护者与保护神。行会成为市民们另一处精神与社交的家园。这种半社会、半宗教的职业团体，部分地承担了家庭与国家的职能。公会对生病的会员进行帮助，为他们提供必要的食品与衣服。在公会之内，人们之间形成了一种兄弟般的情谊。公会对城市的政治生活产生了重要的影响。在城市的自治选举中，公会动员为会员自己的候选人造声势，提供一定的经费帮助。通常情况下，政府对行会组织并不加以干涉与控制，只要他们遵纪守法就可以了。从公元 2 世纪开始，政府的政策发生转变，因为管理那些与经济生活有关的行会，可以获得相应的利益。图拉真皇帝曾经组织了面包工人行会，哈德良皇帝曾经组织了水手行会。行会成为城市生活的一个重要的组成部分。

在城市建设方面，罗马建筑脱胎于古希腊，但是罗马人更注重实用和现实生活的享乐，于是古希腊人修建神庙的技术被用于为人建造大型公共建筑。宏伟的竞技场、公共浴室、广场、水道在城市中发挥着重要作用。罗马人崇尚奢华，经常在古希腊造型基础上加以改造，比如在多利克式柱底加上一个柱础，把爱奥尼亚式柱头上的卷涡造型放在科林斯式柱头上，形成复合式柱头，这使得罗马建筑的形式更为华丽与雄伟。

在罗马城众多建筑中，具有典型意义的是露天圆形竞技场，也称斗兽场。罗马竞技场建于公元 72 年至 79 年，由 8 万名犹太俘虏用了 8 年时间才完成。圆形竞技场的结构类似于现代的体育馆，整个建筑呈椭圆形。该建筑物为 4 层，占地约 2 万平方米。在这里可以见到古罗马建筑最基本的结构和最伟大的成就之一：拱券结构。一系列的拱、券和恰当安排的椭圆形建筑构件使得罗马竞技场异常坚固。依靠这种高水平的结构形式，竞技场内部空间得以释放。竞技场设计了宽敞的阶梯和走廊，并有 80 个拱门，在每一个拱门的入口处都标有数字，方便观众很快找到自己的座位。这样的设计非常便于人流大的时候观众的进出。据测算，这一设计可以让 5 万人在 10 分钟内进场或疏散。竞技场的功能设计非常合理，角斗士从何处出入，在哪里休息，猛兽关在哪里，死伤者从何处抬出，都有清晰的指示。圆形竞技场内部的看台由低到高分为 4 组。观众的席位按照等级尊卑加以区分。第一层正中央的座位属于皇帝，台边前排的座位专属元老院议员以及政府官员。第二层属于骑士阶层与市民阶层，第三层是其他公民，第四层留给奴隶。据史料记载，当罗马圆形竞技场落成之时，曾经用 5000 头狮子、老虎等巨兽与 3000 名奴隶、战俘等组成的角斗士进行对决，连续举行了 100 天。罗马圆形竞技场成为罗马市民娱乐以及寻求精神刺激的绝佳场所。

罗马城的另一著名建筑是万神殿，它建于公元前 27 年。公元 120 年，罗马皇帝哈德良重建了万神殿。万神殿（Pantheon）意指供奉罗马全部的神。万神殿是一个科林斯式的有着人字形门廊的圆形建筑，正面是 16 根圆柱，这让人联想到古希腊建筑。殿堂内部比例协调恰当，直径与高度相等，约 43 米。大圆顶基座从总高度的一半的地方开始建起。殿顶圆形曲线继续向下延伸，形成一个完整的球体与地相接，体现了古罗马建筑师们高超的建筑知识和深奥的计算方法。万神殿内部以大理石装饰，显得非常豪华，此外还有存放神像的壁龛。

在罗马城，修建神庙的经济来源是战利品，用以彰显将领的功绩。在共和国时期，修建神庙由元老院决定；在帝国时期，修建神庙由皇帝决定。奥古斯都屋大维是修建神庙最多的皇帝。公元前 28 年他曾经诏令重建了 82 座神庙，修缮了 12 座神庙。[1]

还有体现皇帝文治武功的凯旋门。凯旋仪式是罗马帝国的一项制度，它对城市的建设有着巨大的影响。在露天竞技场的背面，是塞维罗皇帝远征波斯功绩的凯旋门；南面是蒂都皇帝东征耶路撒冷功绩的凯旋门；还有一座纪念君士坦丁大帝战胜暴君尼禄而建立的罗马最大的凯旋门。此外，在城市商业中心的特拉亚诺市场旁矗立着一根高 40 米的凯旋柱，柱上螺旋形的浮雕描绘了皇帝远征多瑙河流域的事迹。

伴随着罗马从小村落发展成为世界性帝国，罗马市民的理想逐渐发生改变。在小城邦时代，市民们纯朴简单，把劳动作为生活的价值。共和国早期，普通市民关心的是爱国主义以及对国家传统的尊重。拉尔夫指出："主要的美德是勇敢、荣誉、自律、尊崇神祇和列祖列宗以及对国家和家庭的忠诚。忠于罗马是至高无上的。为了国家的利益，公民不仅应该随时准备献出自己的生命，而且在必要时牺牲家人和朋友的生命，这种精神成为人们心目中经久不衰的楷模。在欧洲历史上，除斯巴达人和近现代的极权主义者外，像罗马人这样如此严肃地对待民族利益问题或使个人利益完全服从国家利益的民族是不多见的。"[2]

城市中的富人对自己生活的城市怀有强烈的情感，把自己的财富捐献给城市是一个普遍的现象。当然也有为富不仁者。在屋大维时代，阿提拉城的一个富人留给本城的遗产有 1.2 万塞斯脱。几年之后，马赛城的一个市民把自己的全部财产捐赠给城市。小普林尼在发财之后，相继给城市捐助了 60 万塞斯脱。这些钱财的 5/6 建立了给穷人发放免费粮食的基金，1/6的钱用来修建公共图书馆，供市民们阅读使用。当小普林尼去世时，又捐赠了 50 多万塞斯脱修建城市浴场，救济穷人，并给予1000 个自由人终身养老金。还

1　莱斯莉·阿德金斯，罗伊·阿德金斯. 探寻古罗马文明［M］. 张楠，王悦，范秀琳，译. 北京：商务印书馆，2010：574－575.

2　菲利普·李·拉尔夫. 世界文明史：上卷［M］. 赵丰，等译. 北京：商务印书馆，2001：321.

有一个富人留给本乡 40 万塞斯脱的钱财。[1] 在社会政治生活中，罗马市民以城市为荣。有钱的人热衷于竞争城市官员的职位。他们拥有巨额的财产，并不担心自己的日常开销。担任官员并不是为了聚敛财富，也不是为了家庭的生计，而是认为这是一件光荣的事情，作为城市的一员应该具有的职责。罗马市民认为，官职与光荣是同义词，是罗马市民应该追求的荣誉。

帝国中晚期，人们的理想与荣誉观发生了改变。帝国建立在奴隶制度基础之上，随着帝国的扩展，社会的上层过着骄奢淫逸的生活，罗马公民通过各种庆典与节日来消磨时光，享受荒淫的生活。1 世纪时，罗马的节庆每年是 66 天；2 世纪时，节日增加到 123 天；4 世纪时，相关的节日增加到 175 天，一年中几乎一半的时间用于节日狂欢。罗马公民对于劳动的态度发生了改变。由于帝国绝大部分的劳动都是由奴隶承担的，普通罗马市民也不再从事体力劳动，转而依靠国家的救济金过着寄生的生活。即使在入不敷出的时候，罗马市民也不愿意从事劳动，认为这是卑贱者做的事情。西塞罗曾经告诫儿子：一切以盈利为目的的手工业劳动都是一种堕落的行为，都应该受到谴责。小商小贩是通过欺骗来聚敛财富的。鱼贩子、屠夫、厨子、演员以及歌舞伎都是下贱的等级，他们依靠满足人们的感官需要来维持生计。同样，经商也不是一个理想的职业——尽管商人需要很强的组织能力来开拓市场。商人只有在成功之后急流勇退，离开商圈回去做一个乡绅地主，才可以为人接受。[2] 这表明罗马人对于劳动的鄙视。在这种情况下，大量的破产农民涌入城市，城市内的流氓无产者日益增多。1 世纪，罗马城内无业人员约 25 万人，三四世纪时，无业人口已近百万人。他们构成了社会的不稳定因素，整日里游手好闲，依靠国家的救济或富人的施舍过着寄生的生活。

奥古斯都屋大维希望以简朴的生活方式为罗马民众做出典范。苏埃托尼乌斯叙述说：起初屋大维住在罗马广场附近，曾经是演说家卡尔乌斯的住所。后来屋大维移居帕拉丁山，原是荷尔田西乌斯的房子，这所住宅看起来既不雄伟也不豪华，柱廊是用阿尔巴努斯山上的石头修建的，屋子里面既没

1　汤普逊. 中世纪经济社会史：上册［M］. 北京：商务印书馆，1997：54.

2　纳撒尼尔·哈里斯. 古罗马生活［M］. 卢佩媛，赵国柱，冯秀云，译. 太原：希望出版社，2006：48.

有大理石装饰，也没有漂亮的地板。在他住在这里40多年间，奥古斯都无论夏冬都住在一间寝室里，睡在低矮而简单的床上。他只穿自己家人做的衣服。[1] 皇帝的身体力行并没有改变社会的风气，市民的生活日益堕落，为国家服务不再是市民的政治理想与追求。公元3世纪时，拉丁文“官职”（onus）一词的意义变成了“负担”。皇帝图拉真时期（98—117年），在写给小普林尼的信中就提及了这一现象。塞普提密斯·塞弗拉斯时代，这一现象变得相当普遍，皇帝对此深感忧虑。由于管理不善，有的自治城市被撤销了，改由行省直接管理。由于大规模地兴建剧院、浴场等公共设施，使得一些城市财政陷入破产状态。中央政府不得不派出巡回官员检查并监督这些城市的经济账目。

在宗教方面，罗马人在许多方面继承了古希腊的宗教，由于罗马人的宗教深受伊达拉里亚人的影响，而伊达拉里亚人又受到古希腊宗教的影响。在罗马宗教中，许多的神与古希腊宗教中的神有着对应的关系：朱庇特对应着宙斯，是众神之首；米涅尔瓦是工艺和商业行会的女神，对应着雅典娜；维纳斯对应着阿芙罗狄忒，是爱情女神；尼普图努斯是意大利水神，对应着波塞冬；奥普斯对应着瑞亚等等。对待外来宗教与神方面，罗马人基本上持宽容态度，只要与他们原来的宗教不冲突，因此罗马的万神殿里供奉着古希腊的神与其他宗教的神。罗马人从不主动冒犯任何一位神祇，他们乐于接纳敌对国家或城邦的神祇。屋大维统治期间，要求耶路撒冷的犹太教圣殿以他的名义供奉祭祀品。

早期的时候，罗马卡皮托尔山有三个主神，即朱庇特、马尔斯和奎里努斯。后来在伊达拉里亚人的影响下，三个主神变成了朱庇特、朱诺和米涅尔瓦，即“卡皮托尔三神”。朱庇特是至尊至善的神，它是天空神，控制天气，特别是雷电和雨。一个地区遭到了雷击之后，这一地区就归朱庇特所有。朱庇特与朱诺、米涅尔瓦共同拥有卡皮托尔山的朱庇特·卡皮托利努斯神庙，这是罗马最神圣的地方。为敬奉朱庇特，罗马人会举行庆典赛会。根据罗马神话记载，朱诺是分娩女神。朱诺生下露西娜时，毫无痛苦，故成为保护女

---

1 科瓦略夫. 古代罗马史［M］. 王以铸，译. 上海：上海书店出版社，2007：592.

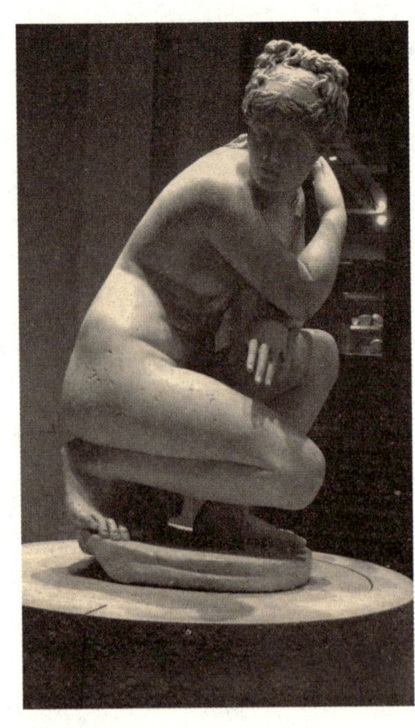

图 2－6　罗马时期的维纳斯

性顺产的神。罗马马尔斯广场有朱诺的神庙。莱斯莉·阿德金斯认为：“宗教是慰藉和敬奉神的过程，目的是为了生活得越来越平静而安详。对神的顶礼膜拜不是为了保证死后灵魂的生活，也不是通过一种道德或神圣的感觉进行的。基督教以前（pre－Christian）的罗马时代，没有一个词语是用来表示宗教的：拉丁语单词‘religio’意为尊敬。大部分罗马人信仰多神，这些神影响着人们生活的各个方面。”[1]

在帝国时代，罗马人对于宗教的信仰基于不同的身份。“罗马公民要去参加城邦举行的公开祭祀，工匠们则到隶属的社团行会去参加相关的祭祀仪式，所有的士兵都要参加军营中的祭祀活动，私人个体则参与到家庭的祭祀中。由于社会地位和身份的不同，一个罗马人可能一天要参加好几种神灵的祭祀。”[2] 当局举行的宗教庆典通常在圣殿前的广场，主持祭祀仪式的是城

1　莱斯莉·阿德金斯，罗伊·阿德金斯. 探寻古罗马文明［M］. 张楠，王悦，范秀琳，译. 北京：商务印书馆，2010：473.

2　纳撒尼尔·哈里斯. 古罗马生活［M］. 卢佩媛，赵国柱，冯秀云，译. 太原：希望出版社，2006：179.

市行政官员与祭司，普通市民只是仪式的参与者。在罗马，没有专职的祭司阶层，大部分的祭司从贵族之中挑选担任。这些高级祭司控制着罗马国家的宗教，他们决定宗教节庆、“司法日”与“非司法日”的日期，并对每年发生的事情进行记录，在举行重大活动（如航海或者战争）之前，由他们负责占卜预测。

罗马逐渐形成了对皇帝的崇拜，把皇帝看作神来祭祀。随着持续的扩张征服，帝国的版图扩张到东方。在东方的一些国家，人们习惯于把他们的国王当作神进行崇拜，由此民众也把这种崇拜转移到罗马皇帝身上。屋大维认为，皇帝崇拜不适合帝国西部，但是这种现象又无法根除，于是就鼓励崇拜Roma，即罗马的圣灵。屋大维希望人们崇拜皇帝身上体现出来的精神力量，而不是活生生的皇帝。因此在罗马的许多城市，有很多祭坛被用于献祭“奥古斯都之运”，古城庞贝也有用于献祭“奥古斯都之运”的神庙。早在公元前44年，尤利乌斯·恺撒被刺身亡之后，罗马市民就将他列入了神的行列。公元14年，屋大维去世之后，皇帝死后被神化的现象已经比较普遍了。

罗马人的宗教仪式主要是祈祷、誓约、牺牲与预知等，通过这些方式，罗马人达到了与神交流的目的。祈祷是常用的一种方式，表明罗马市民询问神灵的态度。加图在《农业志》中记载：“不管你是男神抑或女神，该小树林献与你，献猪为祭，（让我）修剪圣林是你的权利，为此，由我或听我吩咐的某人来献祭，如愿完成。最终献猪为祭，我谦恭地祈求你，仁慈地对待我、我的家庭及我的子孙。最后你会屈尊接受我献给你的这头猪吗？”[1]

誓约表明，祈求者希望自己的愿望得到神的恩准，这样神才可以享受到祈求人的祭品。还有一种特别的誓约，即代表国家的公共誓约，这些誓约被记录下来由祭司保存。宗教保证的是人与神之间的自由契约，神是人类的朋友，应该为人类的福祉服务，因此神也应该遵守人神之间的约定。神不可以利用自己的权威来奴役普通的人，人也应该对神保持敬畏与崇拜。公共誓约表明：罗马国家也与神之间存在着某种契约关系，既相互尊重又相互依存。

1　莱斯莉·阿德金斯，罗伊·阿德金斯. 探寻古罗马文明［M］. 张楠，王悦，范秀琳，译. 北京：商务印书馆，2010：544.

罗马城市实际上是神与人的共同体。

牺牲是罗马人献给神的祭品。人们把家畜献给神灵，这好似是一场共同体的宴会。在图拉真记功柱上，描绘了这样的场景：在祭祀的队伍中，祭司带着公猪、公羊、公牛到宿营地周围绕行，这些动物要在营地内献给战神马尔斯。罗马人希望通过这种祭祀活动净化即将参加战斗的军队，让战神马尔斯保佑他们旗开得胜。作为牺牲的家畜在被宰杀之前，通常在其头部洒上酒，然后用木棍类钝器把它打晕，再用祭刀宰杀。动物的血盛在碗中，再泼洒在祭坛之上。动物躯体内代表神明的部分在祭坛前被焚烧，剩余下来的部分煮熟后，分发给参加祭拜仪式的市民。牺牲可以当场食用，也可以带回家去。此外，祭品还有糕点、酒、油以及蜂蜜等。至于罗马人是否用人祭，从现存的历史材料来看，这种情况极为少见。

与其他民族一样，罗马人认为神为了提示或者警示人类，通常会利用某迹象或者发布某征兆向人类宣示他的某些愿望，例如自然界中的雷、闪电、地震等等。大多数的迹象都不明显，需要人们进行释读，像梦的解释、占卜、抽签等，都属于人们进行的预知活动。

罗马人死后都要举行传统的葬礼。帝国特许埃及行省依旧沿袭先代的风俗，把尸体制成木乃伊。帝国本土内，虽然有火葬的习俗，但是主要还是土葬，普通市民一般葬在城市集体公墓内。城市居民的墓地一般选择在城镇外面不远之处，一方面出于安全卫生的考虑，另一方面方便市民们的祭奠活动。罗马人对于来世的观念比较模糊，但是他们坚信，如果没有按照习俗安葬逝者会导致幽灵的出现。这些幽灵通常会出现在十字路口或者住宅附近，因此葬礼会伴随着一定的祭奠仪式。在逝者入殓 9 天之后，整个葬礼基本结束，这时候还会有一次宴会作为最后的仪式。许多的墓葬会备有随葬品，随葬品依据逝者的经济状况与社会地位而定。在一些土葬中，逝者口中会含着一枚钱币，作为进入冥间的过路钱。

在宗教信仰方面，对罗马市民产生深远影响的基督教发展成为国教，进而渗入市民的日常生活，导致罗马帝国市民的宗教观产生了重大的变化。

基督教产生于公元 1 世纪中叶，最早在罗马帝国统治下的犹太人之间传播，不久就传遍了整个帝国。最初基督教是作为犹太教的一个支派出现的，它继承了犹太教的一神论、救世主观念以及创世神话等内容，接受犹太教的《圣经》，并称犹太教的《圣经》是《旧约》。基督教进一步发展了犹太教的理论。基督教认为耶稣是上帝之子，他是人类的救世主，为了拯救人类，他降临尘世，到处传道。后来他受到门徒的告密，被钉死在十字架上。耶稣死后三天又复活升天，他将重新降临人间，建立理想的“上帝之国”。基督教产生之后，因为该教派的主张与犹太教传统教义不符合，犹太教不承认基督耶稣是人类的救世主，于是基督教便与犹太教分离，发展成为一个独立的宗教。

罗马帝国政府对基督教的发展采取漠不关心的态度，只有基督徒拒不崇拜罗马官方的宗教时，他们才会受到政府的压制。公元3世纪，基督教得到了进一步发展，拥有信徒600万人。许多大地主、富有者以及政府官员和皇室成员也加入了基督教。311年，皇帝加勒里乌斯去世之前颁布了宽容令，对基督教的发展不再进行压制。君士坦丁统治时期，为了把罗马从道德败坏、教派林立的状况下解脱出来，他于312年时皈依了基督教。313年，君士坦丁与统治帝国东部的李基尼乌斯联合颁布了“米兰敕令”，正式承认基督教与其他宗教并存，成为合法的宗教，归还了以前所没收的基督教会的财产，继任的皇帝继续鼓励基督教的发展。在这种情况下，基督徒迅速增加，成为帝国人口中占据压倒性的多数。380年，皇帝提奥多西颁布敕令，要求帝国所有的民众都要信奉基督教。392年，提奥多西宣布关闭一切异教徒的神庙，禁止献祭活动。这一年基督教正式成为罗马国教的元年。

基督教组织以城市为中心，每一个重要的城市设立一名主教，主教领导周围地区的所有教士。随着信徒的大量增加，再加上教会影响力的扩大，教会又在更为重要的城市中设立大主教。大主教拥有对整个行省教士的管辖权。公元4世纪，在罗马城、耶路撒冷城、君士坦丁堡、安条克以及亚历山大等大都市设立了比大主教级别更高的宗主教。随着基督教的发展与最终地位的确立，教会各级组织日益完善，城市居民的生活更多地受到基督教会的影响。市民们从出生到死亡都与教会的教士发生着联系。市民不仅是一个城市居民，同时也是一个基督徒，负有对上帝的许多责任。特别是主教体系在日益混乱的时局之中，维系了脆弱的社会秩序与公共安全，成为社会管理的重要载体。

在家庭观方面，罗马人以家庭为中心。典型的家庭成员包括丈夫、妻子、子女与奴隶。父亲是一家的主宰，掌管着家庭的祭祀、财富和子女的婚姻，他对家中的其他人与奴隶都具有绝对的权威。许多家庭在吃饭的时候，首先要由父亲做祈祷，然后其他人才可以吃饭。在父权制下，男孩长大之后可以继承父亲的权威，但是只要他的父亲还在世，不管儿子是否已经成年，甚至白发苍苍，他仍然与父亲是一种从属的关系。因此，从家庭继承的角度来看，每个罗马市民的家庭都需要一个男孩。

在婚姻方面，罗马人的婚姻属于一夫一妻制，只有结婚的双方当事人都是罗马公民或者被授予"婚姻权"的人才可以拥有完全的婚姻。在共和国早期，不同等级之间的通婚存在着巨大的鸿沟。根据十二表法，贵族与平民之间不得通婚。公元前 445 年，《坎努利优斯法案》废除了十二表法中贵族与平民通婚的禁令。奴隶由于无权拥有财产与子女，因此他们不能够自由结婚，属于"无婚姻权"的人。罗马人的结婚年龄与世界上同时期的民族与国家基本相似。女孩子在 12 岁左右就可以结婚，男孩子的结婚年龄在 14 岁左右，但是在实际的生活中，结婚的年龄会向后推延。由于父权制的强势，大部分是包办婚姻。在男女双方成婚之前，很少有女孩可以见到自己未来的丈夫。

在婚姻制度中，神圣麦饼婚礼适用于贵族阶层。在贵族的婚姻仪式中，需要用小麦（far）做成麦饼，以向神灵献祭。这种婚姻仪式，大祭司长与朱庇特神祭司均出席，以显示这场婚姻的庄重与严肃。在结婚仪式上，新娘要对丈夫说："你是一家之主，我将为你生儿育女。"结婚之后，妻子的一切均归丈夫所有，这使得不少的男人频繁地更换妻子，从而获得巨额的财富或者赢得政治同盟。奥古斯都屋大维曾经有过三次婚姻。第一次是为了与安东尼联盟，而娶了安东尼的继女克劳迪娅。第二次是为了争取斯克利波利亚的哥哥，希望他与自己结盟反对安东尼，而娶了斯克利波利亚。第三次出于爱情，娶了妮维亚，当时妮维亚已经怀了别人孩子。与贵族神圣麦饼婚姻对应的是平民之间的婚姻，称为"买卖婚姻"，由于当时女性比较少，男方在娶女方之前需要向女方家支付一些金钱或者财产。

图 2-7　罗马人抢萨宾女

在生活中，罗马妇女实际上并没有自己的名字，她的名字只是在其父姓后加上阴性词尾构成。例如朱莉亚（Julia）来自尤利乌斯（Julius）。一个家庭中如有几个女儿，她们的名字分别是大朱莉亚、二朱莉亚、三朱莉亚等等，以此类推。一位妇女的墓志铭这样写道：她爱自己的丈夫……她生了两个儿子……她爱唠叨……她治理家务，从事毛织。[1]

在罗马早期的历史中，有两件事情与女性有关，一是“母狼喂乳”的故事，二是“抢萨宾女”的故事。早期罗马人口很少并且经济落后，虽然罗马人希望接纳别的部落移民，但是人们都不愿意来到罗马城，更没有姑娘愿意嫁到罗马城。为了城市的发展与稳定并增加人口，罗慕路斯想出了一计。毗邻罗马城的萨宾城向来以女子美貌著称，于是罗慕路斯称罗马城将举行一场盛大的节日宴会，邀请萨宾人前来参加。萨宾人没有考虑太多，于是欣然参加。当酒宴举行得正欢时，突然罗慕路斯一声令下，罗马的男人们立刻行动，把自己看中的萨宾女人抢回家中当老婆。罗马军队也趁机攻占了守备放松的萨宾城，大肆掠夺与抢劫，从此萨宾人与罗马人结下了深仇大根。后来萨宾人又逐渐地强大起来，他们决心向罗马人报仇。当双方拉开战阵之后，

1　菲利普·李·拉尔夫. 世界文明史：上卷［M］. 赵丰，等译. 北京：商务印书馆，2001：347.

突然从罗马城里涌出许多妇女。她们怀抱婴儿，哭喊着冲向了两军阵前，有的把婴儿高高举起，有的坐在地上放声大哭，苦苦哀求双方不要再战。她们就是当年被掠走的萨宾女人，如今已经是罗马人的妻子，并且生儿育女。参战的双方要么是自己的丈夫，要么是自己的兄弟或者父亲。她们不希望双方自相残杀，在亲情的感召下，双方战士放下了武器，就此和解。这个故事与“母狼喂乳”的传说一同构成了早期罗马人对女性的理解。

在现实生活中，妇女被排除在公共生活之外——虽然偶尔会出现女性祭司。在私人生活与财产方面，罗马妇女拥有一些权利。从共和国末期开始，妇女可以拥有、继承以及处理自己的财产。离婚案件中，妇女也拥有了较大的权利。之前，法律只允许丈夫休妻。十二表法实施之后，妇女也可以提出离婚。共和国时期，实行了“无夫权的婚姻”，夫妻双方的财产各自独立，只要对对方不满意，就可以提出离婚的要求。公元前2世纪，妇女在社会生活中的作用更为明显，这在很大程度上是由于布匿战争。三次布匿战争中，大批的罗马将士战死沙场，管理家庭以及经营土地的重任就落在了妇女的身上。帝国后期，由于世风日下以及婚姻生活的极不稳定，331年，罗马皇帝君士坦丁颁布法律，对离婚加以限制和规范。女方可以提出离婚的理由有：丈夫犯谋杀罪、阴谋杀害自己的妻子、毁坏坟墓等。如果丈夫无故提出离婚，女方不但可以索回自己的嫁资，还可以获得一笔额外的钱财。449年，法律又重新规定了女方提出离婚的理由：丈夫犯叛逆罪、奸淫、杀人、侵犯神殿、阴谋陷害或者殴打妻子等。

在罗马历史中，很少有女性留下了自己的事迹。最知名的如贞烈的鲁克丽斯，她激励罗马人推翻了暴虐的塔克文王朝。在帝国时期，屋大维的妻子妮维亚积极参政，在帝国的历史中留下了自己的印迹。给世人留下深刻印象的埃及艳后克丽奥佩特拉，是罗马帝国属地埃及的法老，因此也是罗马帝国的女性。她凭借着美丽的外貌与惊人的魅力，与恺撒和安东尼之间千丝万缕的情感纠纷，使得她的故事为人耳熟能详，但是她只是罗马女性的一个特例。在生育方面，生儿育女自然是妇女的本职工作。合法的婴儿称为“liberi”，即自由儿童，世人对婚姻普遍的观念就是繁衍后代，特别是男性后代。古时候婴儿存活率普遍很低。在古代罗马，只有2/3的婴儿可以安全地

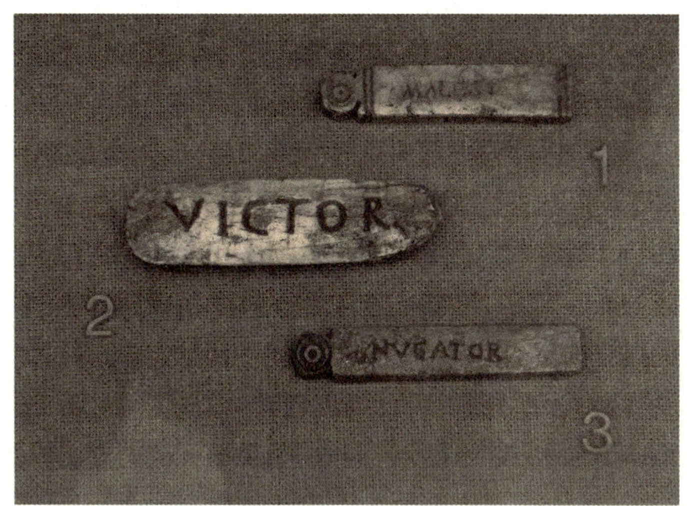

图 2－8　罗马人的游戏

度过婴儿期；其中又有 1/2 的孩子会活到 20 岁。再加上弃婴（特别是女婴）现象比较普遍，使得儿童的成人率更低。374 年，政府颁布法律，宣布遗弃婴儿是犯罪的行为。共和国后期，罗马社会出现了一种奇怪的现象，即婴儿的出生率降低。有人认为这是罗马人酷爱洗浴桑拿的结果；也有人认为这是罗马人生活作风堕落的结果；还有人认为这是饮水管道中沉淀的有毒物质所致。为了改变这一现象，屋大维曾经考虑对独身者采取惩罚的措施，并要求寡妇再婚，政府还向生育有三个以上子女的父母授予“三子权（ius trium liberorum）”。

罗马市民的休闲娱乐活动丰富多彩。1 世纪时的诗人尤文纳尔曾经说：罗马市民只关心“面包与竞技”，说明娱乐活动在市民日常生活中的重要性。罗马市民的娱乐活动包括：赌博、战车竞赛、竞技场的角斗、剧院表演、洗浴等。

赌博是罗马人很喜欢的娱乐活动，据说世界上最早的彩票起源于罗马。在大型节日庆典活动期间，为了活跃气氛，同时弥补财政亏空，政府开展了博彩活动。上至王公贵族，下至市井小民都乐此不疲。据说有位罗马皇帝曾写过一本书，名曰《如何在掷骰子中获胜》。

战车竞赛是另一项古老的娱乐活动，起源可以追溯到王政时代。罗马分有四个竞赛派别：蓝队、绿队、白队与红队，战车的驾驭者分别穿着这四种颜色的衣服。获胜者会获得财富与名望，人们甚至还会为他立雕像，因此战车赛会的竞争非常激烈。比赛之前，观众为各自钟情的战车投下赌注。在比赛过程中，观众们拼命地为自己投注的战车加油，当战车落后时，他们会破口大骂车夫的无能。比赛结束，几家欢喜几家愁。后来战车比赛的各队分别代表不同的利益阶层，由此演变成各派别之间的打斗。在当时蓝色车队与绿色车队针锋相对，严重对立，蓝色车队代表的是元老院以及上层的利益；绿色车队代表的是商人与富裕市民的利益。东罗马帝国查士丁尼统治时期，532 年，由战车比赛演变成“尼卡暴动”。暴动者高呼希腊语“尼卡”，意为“胜利”。美国著名的运动服饰品牌耐克就是取自于“尼卡”。

圆形竞技场内表演的是角斗。罗马人对血腥的东西似乎有着天然的兴趣，上自高贵的皇帝和元老院元老，下至普通的城市市民，都热衷于观看角斗比赛。早期的角斗具有宗教性质，出现在公元前 3 世纪。公元前 1 世纪末，角斗失去了宗教的色彩，成为一项竞技娱乐活动。为了满足社会对角斗士不断增长的需求，出现了角斗士学校，这些学校由国家统一控制。角斗士包括罪犯、战犯、奴隶以及一些宣誓的自愿角斗者。格斗时，角斗士们手持刀剑与盾牌上场，他们为了财富与生存才刀剑相对。在相互的残杀之中，他们的命运注定是死亡。当角斗士们浴血格斗时，坐在高台之上的贵族们却谈笑风生，围观的市民们歇斯底里地吼叫着、怒骂着。公元前 2 世纪时，有野兽参加的角斗传入罗马，并且大受欢迎，称为斗兽表演。圆形竞技场周围修建有高耸的围墙与网，防止野兽跳入观众席。演出时，有人把猛兽放出来，这时候角斗士进入场地。为了让场面更为血腥，罗马人会把这些野兽饿上好几天，使其看到人时兽性大发。角斗士为了活命拼命地与野兽搏斗。整个过程异常残酷血腥，死去的角斗士会被集中掩埋或者火化，也可能会被动物吃掉，只有很少的自由人角斗士会获得体面的葬礼。由于市民们沉溺于角斗表演，许多政客为了竞选元老院，积极举办角斗表演，以赢得市民们的支持。这种表演的效果确实很好，远比发表演讲要受到市民的欢迎。角斗竞技表演是罗马市民的精神鸦片，也是古罗马文明中最为野蛮与罪恶的一部分。405 年，这种野蛮的娱乐最终被禁止。

图 2 -9　罗马城取水设备

公元前 3 世纪开始流行剧院表演，演员们主要是受过训练的奴隶。罗马人认为女演员与妓女无异，因此在戏剧表演中，男演员要饰演所有的角色。为了区别戏剧中的角色，他们需要用一些装饰来表明所表演人物的身份。公元前 1 世纪，哑剧与笑剧开始流行。总体上，罗马人对戏剧的兴趣比不上希腊人，因为罗马人更热衷于血腥的角斗表演。科瓦略夫写道：“希腊化类型的戏剧表演在罗马的社会生活中是一件新鲜的大事。尽管罗马的群众喜爱戏剧，他们还是比较喜欢粗俗的观览物。演剧有时竟不能终场，因为看戏的人群离开剧场去看拳斗或是逐兽去了。167 年，最好的希腊笛手遇到观众非常冷淡的反应，于是营造官便叫他们停止演奏而表演角斗，这才引起了观众的极大的欢喜。”[1]

洗浴也是罗马人一项热衷的娱乐活动。它既属于个人，也属于公众。富人拥有属于自己的私人浴池，大多数的城市市民则使用公共浴池，即使这样，富人们也会来到公共浴池消遣，才会觉得满足。在罗马人看来，公共澡堂是城市公共设施不可缺少的一部分。现代的考古学家在挖掘庞贝古城时，发现庞贝城的各处都有大规模的浴场。在浴场的墙壁上，还描绘着众多的春

1　科瓦略大. 古代罗马史［M］. 王以铸，译. 上海：上海书店出版社，2007：363 -364.

宫画。庞贝城的市民们在看完暴力血腥的角斗表演后会来到浴场，一是为了消除疲乏，缓解紧张的精神，二是为了自身的卫生。在庞贝城，有三个大型的浴场，都位于最热闹的地区。斯塔比浴场，在霍尔考尼乌斯街的十字路口。第二处是罗马殖民初期的浴场，它也在一个十字路口。第三处浴场处在市中心东西街与南北街的交会处，但是它没有竣工，因为火山爆发吞没了这座城市。

最初公共浴室的规模较小，后来随着帝国经济的繁荣，公共浴室的修建得到了国家或者私人的资助，因此市民们洗一次澡的费用非常便宜，有时甚至是免费的，这使得洗浴成为一种风尚。市民们只要有时间就会到公共浴室"潇洒走一回"。一般市民通常在晚饭之前去洗澡，穷困的人则一个下午都在浴室内消磨时间。城市中的富人去公共浴室十分讲究场面，通常有一群奴隶跟随在主人的身后，洗浴时也是极尽奢华。后来公共浴室规模越来越大，也越来越豪华，甚至大得如广场一般。这些浴室有各种温度的水池，还有桑拿房、按摩室、休息室。公共浴室内一般都有一块大的室外空地，作为市民洗浴后的健身场所，甚至有一些公共浴室还建立了供市民休闲的博物馆与图书馆。公共浴室也是市民们享受情色的场所。古罗马人私生活的混乱超出了现代人的想象，公共浴室就是罗马人淫乱的地方。最初公共浴室只允许男人进入，后来也允许女性进入浴室。在一些公共浴池，男女浴客们公开亲热、调情，公共浴池成为藏污纳垢的地方。320 年，元老院会议决定，禁止女子进入公共浴场。基督教兴起之后，教会神学家们对这种"伤风败俗"的现象进行了严厉的谴责，称公共浴室是"有毒的温床，是堕落的根源"。基督徒认为，物欲横流的浴室根本无法洗去罗马市民的罪孽与污浊。帝国后期，公共浴室最终关闭。

在市民的日常生活中，引水渠是罗马人在城市建设方面的一大创举。引水设施不仅可以供城市普通居民的日常生活，也可以清洁城市的卫生，同时罗马人非常聪明地修建了许多污水排放设施。对于有钱人来讲，从山上引来的水可以用于花园浇灌、喷泉以及游泳池；修建的排水设施则用于住宅的厕所卫生。例如罗马城，人口众多，每天都需要很多的生活用水。在图拉真统治时期，11 条引水渠从附近的山上每天向罗马城供水 3 亿加仑，供罗马城的居民日常生活的需要。

在居住方面，城市里的富人、普通市民、城市贫民之间泾渭分明。富人居住在有花园庭院的私人住宅，装饰豪华、生活安逸。富有人家房屋的中庭是接待厅与客厅，这是主人会客以及日常交谈的地方。此外还有一间房子陈列着家族珍贵的档案，如家族的家谱以及祖先的雕像。这一房间具有家庭祭祀的功能，一般人不允许进入，只有重要的宗教节日或者家庭祭祀的时候，这个房间才开放。

普通城市居民生活在单户住宅里，这些单户住宅通常为石质建筑。行省城市中市民的住宅通常是石质地基或者矮墙之上修建木架建筑，墙壁用板条或涂料填充，还有一些地方的房屋是泥砖建筑。早期城市的单户住宅通常围绕着中庭修建，中庭没有顶，或者部分有顶篷。后来，中庭也修建了屋顶，只留出一个天井，以便获取空气与采光。公元前 2 世纪，在中庭的天井下方设有一个水池，目的是收集自然的雨水。庞贝古城留存下来的考古证据显示，城镇住宅的中庭带有一处蓄水池。这样的房屋有好几个房间，供主人、朋友或者佣人居住。有一些更好的房屋还会有浴池，房屋的主人可以随时洗浴，而不用到城市的公共浴场洗澡。为了安全起见和隔音的需要，临街的地方留有一两个窗户，或者开一扇门。喜欢读书的人有属于自己的书房，里面摆放着珍贵的图书，当然这需要视主人的富裕程度与文化程度而言了。在室内装修方面，贵族会在自己的卧室内挂一幅壁画，但是壁画会受到天气与湿度的影响，不容易保存，因而更为普遍的是用马赛克拼成的图案。马赛克是希腊人的发明，希腊风格的马赛克比较小，周围有边。罗马人则在很长的一段时间内普遍使用黑白两色的马赛克，这些卵石组成的马赛克图案可能讲述一个宗教故事，也可能描绘一幅风景画，还有可能是一个抽象的人物。

城市贫民以及外来的打工者居住在城市“公寓”之中。罗马城内一共建有 26 个住宅区，这些住宅区的大多数房屋破旧不堪，又高又窄，称为“公寓”[1]。通俗地讲，公寓就是简单的直筒楼，通常为三层以上，有些公寓超

1　纳撒尼尔·哈里斯. 古罗马生活［M］. 卢佩媛，赵国柱，冯秀云，译. 太原：希望出版社，2006：46.

图 2－10　市民家用的防风灯

过了八层楼高。再从字面意义来看，公寓表明它是独立、直立的一栋建筑。西塞罗曾经这样描述道：人站在楼房下面，抬头仰望，感觉房屋像悬在半空之中；墙壁单薄，大一点的风就能把墙吹倒，这并不是夸张的话。公元前 60 年，曾发生了楼房被风吹倒的事故。由于外来人口的涌入，城市居民激增。为了解决市民的住房问题，城市当局修建了许多高大狭窄的“公寓”。这种建筑越往上面积越小，房屋结构与生活环境越差。后期的公寓楼采用混凝土与烧制的砖块作为材料。6—8 栋公寓楼组成一个楼区，这些高而单薄的公寓楼环绕着一个露天庭院修建，有一个或者几个楼梯供大家使用，一楼临街的地方通常是商铺。公寓楼结构简单，可以居住更多的城市人口，因此尽管它存在着消防隐患以及生活不方便，还是在罗马的城市中普及开来，并成为主流的市民居所。公元 4 世纪，罗马的公寓楼与单户住宅的比例超过了25∶1。[1]

1　莱斯莉·阿德金斯，罗伊·阿德金斯. 探寻古罗马文明［M］. 张楠，王悦，范秀琳，译. 北京：商务印书馆，2010：270－271.

由于修建“公寓”时存在偷工减料的现象，这些建筑非常不安全，面临着严重的消防隐患问题。在那个年代，罗马市民使用木材生火做饭，晚上点油灯照明，非常容易发生火灾。恺撒统治期间，曾经立法解决这些问题，但是效果并不明显。屋大维统治期间，罗马制定了夜巡制度，政府指派人员在夜间巡视，发现火警立刻鸣锣。同时在一些固定的地区设立了储水池，以便应付火灾的突然发生。此外颁布法令，规定公寓楼的高度不能超过 18 米，主要是为了消防的需要。虽然如此，当真正发生火灾时还是难以应对。有一个叫克拉苏的人组建了一支由奴隶组成的建筑队，当罗马城发生火灾后，他们就帮助清理废墟，然后再盖起一座新的房屋。克拉苏因此发了大财。由于罗马城的火灾实在太频繁了，克拉苏所修建的房子在城市中占据了相当大的部分。

在城市中充满着喧闹与嘈杂。白天拥挤的人群中，叫卖声、争吵声、锯木声、牲畜的叫声混杂在一起。繁忙的交通使得道路显得非常拥挤，再加上路面凹凸不平，行人走路需要加倍小心。到了夜晚，这一状况也未好转。有人曾经抱怨道：在屋里怎能睡觉？马车穿行在狭窄而弯曲的街道之间，车夫不停地咒骂，这一切夺去了斑海豹的睡眠，甚至克劳狄乌斯皇帝自己也因此而无法入眠。[1]

罗马城是世界性的大都市，吸引了帝国各地的野心家与冒险者，他们来到这座城市寻求刺激与机遇。罗马广场是人们最喜爱去的地方，这里店铺林立，商贾云集。纳撒尼尔·哈里斯写道：人不是神，没有事情做，都想去罗马广场转转，那里成了最受人们青睐的场所，光顾罗马广场附近的理发店、小酒馆，或者坐在街道中间小憩片刻。在排队等待理发的漫长时间里，大家就在一起闲聊，交流彼此获悉的当日新闻以消磨时间。理发师听到感兴趣的新闻，会停下手中的活计，发表自己的见解，并不停地挥舞手中的剃须刀。晚上，市民们在罗马广场看杂技，或找算命先生占卜自己的前途。许多好色

1　乔尔·科特金. 全球城市史［M］. 修订版. 王旭，等译. 北京：社会科学文献出版社，2010：45－46.

的男子每天蹲在一个自认为合适的位置，窥视路过的性感美女。[1] 罗马城的叙比尔地区就是鱼龙混杂之所在，形形色色的地痞无赖、潜逃的罪犯、逃亡的奴隶、穷困的商贩，也有青楼女子。这里是城市的“三不管”地区。

总体看来，罗马帝国的市民生活就像一个万花筒，随着罗马国家的形成与发展，变得与那个时代相适应。他们崇尚快乐的生活，并最终走向了堕落。他们最初怀着朴素的理想，但是随着物质生活的进步，他们迷失了自己的目标。他们创造了伟大的物质文明，代表着那个时代最杰出的技术与艺术。随着帝国的崩溃，往昔繁华的城市生活烟消云散，一个不同性质的中世纪文明，登上了欧洲历史的大舞台。

1　纳撒尼尔·哈里斯. 古罗马生活［M］. 卢佩媛，赵国柱，冯秀云，译. 太原：希望出版社，2006：131.

第三章 中世纪的城市与市民生活

罗马帝国灭亡之后，罗马城市的繁华不再了，在蛮族国家的基础上，基本上以乡村生活为主。从10世纪末期，随着欧洲社会逐渐地稳定，西欧的城市也复苏了，中世纪的城市不是以前城市的复制，而具有新的含义与性质，即自治的特征。它体现在社会、政治、经济等方面，第三等级市民阶层正式登上历史的舞台。

第一节　城市的衰落与复兴

4 世纪时，蛮族逐渐在西欧定居。4 世纪末，匈奴人不断向西进攻，他们给居住在罗马帝国边境的蛮族人施加了巨大的压力。蛮族人抵御不住匈奴人强劲的进攻，只得向帝国境内迁移，守卫帝国边境的罗马军团的战斗力低下，军队内高级军官贪污腐败克扣军饷，士兵们纪律松懈，不再具有爱国心与勇敢的精神。与此同时，西罗马帝国皇帝的治理能力与个人魅力也无法与以前的统治者相比了。瓦伦提尼安三世（425— 455 年在位），登基的时候还是个小孩，一切国家政务大事均由他的母亲垂帘听政。450 年，瓦伦提尼安正式执掌国家大权，但是他昏庸无能，无法做到知人善任。在他统治期间，帝国北非的领地被汪达尔人占领，高卢行省成为法兰克人与勃艮第人的势力范围。

政治与军事危机又由于社会经济的恶化进一步加剧。在帝国鼎盛时期，战争的掠夺以及奴隶制的生产方式支撑着国家的发展与繁荣。从 3 世纪开始，这种生产方式处于停滞状态。农业技术发展缓慢。农村经济衰败不堪，人口增长处于停滞状态，通货膨胀以及政府的各种苛捐杂税，使罗马的城市经济衰退，更加剧了城市的衰退和空壳化。帝国经济的空壳化，导致了作为基本行政单元的城市式微，罗马公民的生活方式从城市转向了乡村。

在这种情况下，帝国的边境岌岌可危，无法抵御匈奴人与蛮族部落的入侵。476 年，西罗马帝国灭亡。在罗马帝国的废墟之上，相继建立了许多蛮族国家。在众多昙花一现的蛮族国家中，在高卢地区建立的法兰克王国最为重要。

当时有一位历史学家曾经游历了东哥特人居住的地方，记叙了这些蛮族

图 3－1 中世纪圣阿尔本修道院

人的生活状态。他们受到匈奴人的影响，倒退到游牧的生活，甚至把农业都忘掉了。哥特人只有一些零星的市镇，城墙破落不堪，商品贸易很少，谈不上什么城市生活。如特里尔市，罗马时期大约有 6 万人口。公元 6 世纪时，仅仅剩下了几千人。

在意大利本土，昔日雄伟壮观的罗马城如今已破败不堪。罗马城内古老的建筑如皇宫、浴场等，早已经荒废好长时间。石匠或者需要石头的人就从古罗马建筑上拆取，把罗马城当作采石场。基督教徒们拆毁原来的宫殿与圣殿，用这些房屋的石料修建教堂。昔日许多繁华的地方，现在都杂草丛生，野兽出没。城市的空地被种上了庄稼，或者成为牧场，甚至是垃圾场。亚基列城，被匈奴人烧杀抢掠后变为一片荒地。城市残余的居民不得不逃到亚得里亚海礁湖泥泞的沼泽地中。这些逃难的城市居民成功地躲过了伦巴第人的骚扰，在这片荒芜的沼泽地上，排干河水修建房屋，最后发展起威尼斯城。意大利西北边境的商道早已不见昔日的商队马帮，只有少数香客与朝圣者沿着崎岖山路前行的背影。

大多数幸存下来的城市沦为主教的统治之下。城市及周边的居民不仅要受到主教精神上的指导，而且日常经济生活也要接受主教的治理。他们要向主教纳税并承担劳役地租，以换得主教们提供的安全保障。在蛮族的统治之下，城市不可避免地衰落了，但是小范围日常生活用品交流的市集还存在。东哥特王国中，最重要的市集是圣西普利安市集，这是南部各省民众交换谷物、牲口、布料、衣服以及其他日常生活用品的地方，同时该地也是一处重要的奴隶市场。

在原来帝国的高卢行省地区，逐渐兴起的法兰克王国在欧洲中世纪的舞台之上发挥着重要的作用。481 年，克洛维建立了墨洛温王朝（481—751 年）。496 年，克洛维通过皈依基督教使自己与高卢 - 罗马贵族融合在一起，逐渐演变为一个新的统治集团。法兰克人主宰高卢地区时，农业经济与自然经济是主流。史学家汤普逊写道："当时，国王没有固定的首都和宫殿。随便什么地方，国王临时驻扎在那里，国王的大帐就是政府所在地，他的官吏、随从、侍役者、卫兵和家奴，还有他的妻儿老小，跟他从一个庄园移到另一个庄园；的确，那在一个几乎完全是农业经济的时代是必要的；当时商业和贸易活动稀少，道路窳败，现款税很少的。"[1]

加洛林王朝的时候，欧洲城市的发展状况更为糟糕了。7 世纪中叶，伊斯兰世界兴起。8 世纪中叶，穆斯林开始了对地中海地区的征服。697 年，穆斯林占领北非名城迦太基；711 年，他们打败了西哥特人，征服了西班牙。以迦太基和西班牙为基地，穆斯林经常进攻西西里、科西嘉以及法国和意大利的沿海地区。这时西欧大陆处于封建社会的初期，到处是贵族的割据势力。伊斯兰世界的兴起对欧洲城市的发展产生了深远的影响。11 世纪时，地中海地区的商业贸易依然衰落不堪。阿拉伯人严密封锁了地中海的贸易，8 世纪中叶的加洛林王朝是由贵族地主统治的农业经济的国家。

843 年，查理大帝创建的帝国一分为三，西欧的防御力量极大地削弱。9 世纪至 10 世纪，西欧面临着三个方向的侵略，强敌环伺，社会秩序更加混乱不堪。南面是阿拉伯人，东面是马扎尔人（匈牙利人），北面是诺曼人（维京人）。

阿拉伯人穆斯林的进攻。732 年，查理 · 马特在普瓦提埃阻击了阿拉伯

1　汤普逊. 中世纪经济社会史：上册［M］. 北京：商务印书馆，1997：257.

人的入侵，此后阿拉伯人的攻势逐渐减弱。从 9 世纪开始，北非的穆斯林王朝不断从海上进攻西欧。10 世纪初，他们占领了西西里岛。随后，阿拉伯人在意大利半岛站稳了脚跟，直接威胁着第勒尼安海沿岸的城市以及伦巴第。982 年，东法兰克国王奥托二世远征意大利南部惨遭失败。11 世纪，诺曼人进入意大利南部，阿拉伯人的积极扩张势头才终止。西班牙成为欧洲基督徒与穆斯林冲突的另一战场。10 世纪初，阿拉伯人越过比利牛斯山，不断对西欧发动侵袭。法国的南部也受到穆斯林的进攻。大约 890 年，一艘阿拉伯萨拉森人的船只被风吹到普罗旺斯海岸。他们隐蔽在一处森林茂密的山冈地区，昼伏夜出，干起打劫的勾当。不久，他们又在高地的荆棘丛中建起了堡垒，对普罗旺斯海岸的居民们造成了极大的威胁，许多人被他们抓获后卖到西班牙的奴隶市场。在阿尔卑斯山，小股阿拉伯人经常出没，当地的教士称他们是“阿尔卑斯山山羊”。阿拉伯人要么在山谷中烧杀掳掠，要么袭击经过阿尔卑斯山各个山口的商人、香客与旅行者。10 世纪末，这些阿拉伯人的势力才基本被消除。

东方马扎尔人即匈牙利人的进攻。862 年，马扎尔人迁移到德国边境地区；899 年，他们大规模地出现在波河平原上；900 年，他们出现在巴伐利亚。从这个时候起，马扎尔人不断地袭击意大利、德国和高卢地区。955 年，东法兰克王国奥托大帝与马扎尔人进行了一场血战，奥托大帝获胜。此后为了加强边界的防御，建立了两个边防马尔克，其中一个即后来的奥地利。由于牧草的缺乏以及自身的战争损耗，再加上瘟疫的流行，马扎尔人逐渐放弃了掠夺的行动而定居下来。

北方诺曼人的入侵，给西欧带来最大的危害。诺曼人包括丹麦人、瑞典人、哥塔尔人与挪威人，是居住在易北河口以北的日耳曼人。9 世纪时，诺曼人组成海盗团伙乘船沿着入海口上溯到内陆。西欧各地有许多通向大海水流平缓的河流，这为诺曼人的侵扰提供了便利。诺曼人乘坐的船线条均匀，吃水浅，船的长度一般为 20 米，既可以用船桨划动，也可以使用风帆，行进的时速可以达到 10 海里，每只船可以装载 50 人左右。这些出色的诺曼人水手也是骁勇的陆上战士，很快他们就学会了使用马匹。对于坚固的防御据点，他们比匈牙利人更能有效地攻破。888 年，科隆、南特、奥尔良、波尔多、伦敦等城市皆被诺曼人攻陷。从攻击的目标来看，丹麦人主要袭击英格兰与法国；挪威人进攻苏格兰与爱尔兰；瑞典人掠夺东欧。那些富裕的且防御能力弱的修道院成为诺曼人的首选。修道院为了避免诺曼人的掠夺，就向诺曼人交纳一笔费用购买豁免权，后来弱小的领主们也效仿修道院的做法，向侵略者交纳一笔钱，以求得暂时的安宁。845 年，西法兰克国王秃头查理首开先例，以后有很多国王效仿他交纳赎金。诺曼人侵袭西欧的另一个特点是，他们在一些地方定居下来，并建立国家。851 年，丹麦人在不列颠列岛度过了第一个冬天，从此就在英格兰定居下来。911 年，法王查理三世与北欧海盗罗洛订立条约，将塞纳河口一带的地区划分给罗洛，封他为公爵，后来大批诺曼人到此定居，形成诺曼底公爵领地。

以诺曼人为主的外族侵略给西欧各地带来了深重的灾难：修道院被洗劫遭焚毁；城市沦为荒地；民众处于极度的恐惧之中，生命安全得不到保障；那些国王和贵族领主们在猛烈的攻击下不得不屈服。人们纷纷祈求神灵的保佑："永恒的圣三一啊，将您的子民从异教徒的手中解救出来吧。""哦，上帝啊，把我们从正在涂炭我们家园的野蛮人手中解救出来吧。"[1]

公元 1000 年，西欧终于迎来了和平发展的时机。诺曼人、穆斯林以及马扎尔人或者被打败，或者不再侵袭，或者定居下来。老天也似乎格外帮忙，气候显得格外宜人。欧洲的气温比几百年前升高了几度，冬季的雨水也随之少了一些。夏季变得更长，西欧种植葡萄的区域比现在要往北扩展 500 千米。在这种情况下，欧洲特别是西北欧的社会与经济发生了重要的变化。第一，耕地面积比以前大幅增加。这就是中世纪的新垦荒运动，人们清理了沼泽，抽干了湿地，砍伐大片的森林，使欧洲的耕地面积大幅度地增加。第二，提高了农业生产的效率，三田制逐渐取代了两田制，农田的产出率提高了一倍。第三，农具的改良。新型的挽具与轭具投入使用，重犁开始出现，使得耕种的土地更深。此外，风力与水力的运用，大大解放了劳动力。这就是中世纪"农业革命"。

1　朱迪斯·本内特. 欧洲中世纪史［M］. 李韵，译. 上海：上海社会科学院出版社，2007：130－131.

图 3－2　中世纪风貌保存完好的古城爱丁堡

农业革命对中世纪的社会产生了重要的影响，最为直接的就是农作物产量的大幅度增加。相比于以前，到 11 世纪至 12 世纪时，通常一蒲式耳的种子可以收获四蒲式耳的谷物，农民收获了更多的粮食，并产生剩余产品。西欧的人口逐渐增加。随着农业的发展与农产品的丰富，欧洲的商业开始迅速发展。相邻几个村庄逐渐形成了一周一次的集市，有些地方形成了更大的市集。中世纪最为著名的大市集就是法国的香槟市集。香槟地区具有优越的地理位置，成为北方低地国家的城市贸易、英国羊毛生产商、北海的渔业生产者和南意大利银行家、进口商人之间的中转站，也是德国与法兰西王国贸易的中转站。再加上香槟伯爵的有效管理，在 11 世纪至 12 世纪的商业浪潮中，香槟地区成为各国商人的汇集地。香槟有 50 多个市场，最为著名的有 6 个市场。最初市集的时间比较短，后来得到了特许状，每个市集都可以连续开放 6 周的时间，使得香槟地区几乎一年到头都有市集。香槟市集交易的商品琳琅满目，数不胜数。呢绒是中世纪最重要的交易品种，此外，黄金、白银、宝石、钢、铁、铜、各种木材、木炭、亚麻等，东方来的香料、各种药材、食盐、丝绸、糖果、枣子等，花瓶、桶、面盆、镜子、剪子、坐垫等商品极其常见。商业与贸易的繁荣，促进了城市的兴起，重新焕发了活力。旧的城市迸发新的活力，新的城镇如雨后春笋般兴起。

中世纪城市的起源是一个相当复杂的问题，史家观点不一。中世纪城市起源的理论基本分为如下派别：一是“罗马说”。这一理论派别认为：中世纪的城市是罗马城市的直接后裔，其理论依据是中世纪的城市官吏和行政机关常常称为执政官、库利亚以及元老院等，由此一些史家认为罗马城市一直延续到中世纪。二是“马尔克学说”。这一理论认为：中世纪的城市是自由民主的，这一点与日耳曼人农村公社（马尔克）的性质一样；随着日耳曼人入主西欧社会，这一传统就保存下来，并演变为自由的城市。三是“豁免学说”，即把奥托大帝赋予的特权看作城市起源的根据。奥托一世为了拉拢主教们反对德国的贵族，曾经赐予教会主教市场权、税收权、铸币权以及豁免权，这不仅适用于主教城垣以内的居民，也适用于附近的村庄，因此就组成了一个市邑。后来这些居民摆脱了主教的权力建立了自治政府，由此产生了中世纪的城市。“豁免学说”比较妥善地解释了中世纪德国一些主教城市的起源问题。四是“庄园说”，认为中世纪的城市——至少是一部分城市，特别是德国的城市——是从庄园脱胎而来的。封建庄园中存在着管理人员以及有技巧的手艺人，随着城市政府的出现，他们就成为最早的市政官吏。五是“市场法起源说”。该理论学说认为：支配市场的“和平”创造了一个脱离当地封建法院管辖的被保护地区，从而产生了一个被保护的集团，主要是手工艺人和商人集团。后来城市社团的核心就是这些早期的商人与手工艺人，城市的行政制度也就从市场行政制度中成长起来，市场法是城市法的来源。六是“驻军说”。“捕鸟者”亨利以及盎格鲁－撒克逊人的国王“长者”爱德华为了抵御外敌的入侵建筑了许多的堡垒。如英格兰新建了莱斯特、诺丁汉、林肯、斯坦福以及德比五座堡垒，并建立了“昼夜守望”制度。由于具有一定的安全感，这些地方就有了定居的生活，商业以及手工业就在这些受到保护的村社中发展起来，由此发展出中世纪的城市。七是“商业移民团说”。这是由比利时历史学家亨利·皮朗提出的，这一学说的特点就是综合了“城堡说（驻军说）”与“市场法说”。按照亨利·皮朗的解释，中世纪城市兴起的原因是10世纪出现的经济复兴，城市就在旧城堡城墙的周围形成了。商业的复兴使得商人群体得到发展，在行商的过程中，以前的城堡成为商人经过停或寄宿的地方。随着商业的发展，人口不断增多，这些城市与城堡向他们提供的地方日益不敷。他们被迫在城外定居，在旧的城堡外面建造新的城堡，有一个恰当的名称——“外堡”。这样，在教会城市或封建城市的附近，兴起了商人的居住地，他们所过的生活与城市里面的居民迥然不同。[1] 这些居住于外堡的人被称为“商埠人”，他们依靠商业为生。后来这些商埠人也被称为“市民”，而“市民”一词本来是指居住在旧城堡的人。“商人集团筑起了城墙或栅栏来保护自己，他们居住的地方也变成了一个城堡。新城堡立即使旧城堡黯然失色，因此‘市民’一词的引申是不难理解的。”[2] 随着经济社会的发展，商人变得强大了，超过了以前的市民，新城堡也比旧城堡更加充满活力。

从欧洲历史发展进程来看，公元1000年之后，城市如雨后春笋般在西欧各地出现了。11世纪时，德国有120座城镇，其中40座是主教治下的城市，20座城市靠近修道院。1150年左右，有200座城市；1200年，城市数目增加了2倍，并且城市的网络更为密集了。此外，北欧的布鲁日、根特，法国的巴黎、里昂、马赛、香槟，英国的伦敦、牛津、温切斯特，西班牙的巴塞罗那、瓦伦西亚等城市，由于商业贸易的发展而兴盛起来。

中世纪的城市按照人口规模分为大、中、小三类城市。由于学者们对人口规模的界定各不相同，因此“大城市”与“小城市”只是模糊的概念，是相对的标准。此外，中世纪早期的人口数据并不完善也不准确，只能是一些估算。直到中世纪晚期，人口数据才相对准确。在英国，11世纪末的大城市主要有伦敦，人口约1万人；1370年左右，人口约4万。约克，人口约8000人。法国巴黎在12世纪末时约有10万居民，13世纪末人口增加到24万人。关于巴黎人口的数据存在着许多不同的说法，有的学者认为巴黎在14世纪时人口规模在8万人左右。中世纪的法国，属于大城市范畴的还有马赛、里昂、阿维尼、亚眠等。在意大利，14世纪中叶超过5万人口的城市有

1 亨利·皮朗. 中世纪欧洲经济社会史［M］. 乐文，译. 上海：上海人民出版社，2001：41.

2 亨利·皮朗. 中世纪欧洲经济社会史［M］. 乐文，译. 上海：上海人民出版社，2001：41.

米兰、威尼斯与佛罗伦萨。在德意志，12 世纪最大的城市是科隆，它位于莱茵河上下水道航行的交接点，也是陆路的汇聚点，总人口约 2 万。此外吕贝克、维尔茨堡、汉堡、不来梅等城市也算是大城市。中型城市人口在 0.5 万至 1 万人之间。小型城市的人口规模大多在 0. 5 万人以下。由于封建割据局面以及人口的稀少，中世纪的城市主要以中小型城市为主，这一点与东方社会的城市区别明显。11 世纪时，宋朝首都汴梁人口达到 100 万人，这在西欧中世纪是不可想象的。

第二节　自治的城市

欧洲中世纪的城市与古典时期的罗马城市具有鲜明的区别。古代罗马城市是行政单位，是奴隶主消费的中心。中世纪西欧的城市是自由城市，拥有自治权，是一个独立的政治单位。刘易斯·芒福德指出："从10世纪起，城市的历史发展便进入了古老的城市聚落向或多或少有自治机能的城市演变的时期，进入了封建领主资助下建立新的城市聚落的时期，这些新聚落具备吸引大批工匠和商人永久定居的各种特权和利益。这两种新型城市都获得了城市特许状—— 一种社会契约；自治市除享有军事安全外，还享有法律保障。"[1]

中世纪城市的管理机构最主要的是城市法庭，它负责城市共同体的事务。开始的时候，与城市法庭并存的还有城市委员会（council），这两者属于同一概念，并无明显的区分。13世纪时，城市委员会逐渐从城市法庭中分离出去，成为咨询性质的机构，对城市管理起监督作用。城市刚刚兴起的时候，城市法庭由郡守或者领主的管家主持。开庭时，管家宣布民事法庭（leet-court）召开，并从市镇中挑选出一定数目的自由人出席城市法庭会议。城市法庭处理的事务涉及城市生活的方方面面，如公共卫生、公共安全与社会治安、商业活动与手工业活动的管理、宗教集会、官员的选举、财务与城市内的征税、公共设施的安排与管理等等。

早期的城市管理人员可分为三类：一是行政管理官员；二是财政官员；

1　刘易斯·芒福德. 城市发展史［M］. 宋俊岭，倪文彦，译. 北京：中国建筑工业出版社，2005：280.

三是咨询顾问人员。管家（reeve，或者称为 bailiff）是早期城市的主要行政官员，他是国王或领主在城市的代理人，对国王或领主负责，主持城市法庭，征收向国王或领主缴纳的年税（farm fee），维护国王与领主的利益。如林恩市，是由主教建立起来的。早期的林恩习惯法（by-law）规定：每年的10 月 28 日，主教的管家主持民事法庭，所收取的罚金上交给主教；十户联保的巡视权属于主教，由主教的管家主持；面包与酒的管理权归属主教的执事，管家与执事管理度量衡，对于违反者实施处罚，收益归主教所有。[1] 由此可见管家与执事地位的重要性，这些官员在早期的城市治理中占据着主导地位。随着城市自治的发展，一个与以上性质不同的官员出现了，这就是市长（mayor）。市长这一官职大约出现于 13 世纪，他代表着一种新的气象：以往的官员对国王或者领主负责，市长则代表市民与城市共同体的利益要求。市长出现的情况在英国各个城市千差万别。有学者指出："仅仅依据国王颁布给城市的特许状来研究市政的发展是不全面不正确的，各个城市的情况各不相同，在 1220 年前有 12 个城市设立市长（mayor）这一官职；到 1300 年，市长对于一个重要城市来讲，已经是常设的职位了。但是诺威奇市一直到 1404 年才有市长这一官职。"[2] 从城市自治的角度来看，市长一职的出现对于城市的管理意义重大。苏珊·雷兹诺指出："市长一职的意义在于其作为城市自治的象征。"[3] 从亨利一世起，伦敦市每年向王室缴纳 300 英镑，获得自己选举市长与市政官的特权。1215 年，约翰王为了取得伦敦市民的支持，正式承认伦敦市长一职。在市长之外，还设有验尸官，他们的职责是记录重罪，特别是有关自杀与他杀的案件，当王室法官来到城市的时候，他们呈递报告，并且负责拘禁事务。如伊普斯维奇市就有 4 名验尸官，后来减少到 2 名。验尸官属于王室官员，但是他们也由市民选举产生，是城市与中央政府的重要联系人。城市中还有市警以及各种负责具体事务的行政人员。财政官员，一些城市称为 receiver，如克尔切斯特（Colchester）市，于

1　http：//www. trytel. com/ ~ tristan/towns/lynnlaws. html 1309…10．6.

2　D. M. Palliser. The Cambridge Urban History of Britain：volume Ⅰ［M］. Oxford，1977：71.

3　Susan Reynolds. An Introduction to the History of English Medieval Towns［M］. Cambridge，2000：120.

1404 年改称之为司库（chamberlain），一些城市则直接称为司库，人数 2 至 4 人不等。司库主管城市的财政大权，负责城市钱财的使用，他们在城市官员中的地位较高，因此出任这些官员的人身份也较高。咨询顾问性质官员。咨询官员的称谓在各个城市中均不相同，有的称为 auditor，councillor，portmen，或者称为 wardemen，jurat，aldermen 等不一而足；委员会的人数也不尽相同，从十几人到近百人。委员会的作用就是为城市的建设与管理献计献策，监督行政与财政官员的行为。他们是城市中资深的市民，有着巨大的影响力与号召力，是城市管理中不可或缺的人员。

中世纪西欧城市的建立者是国王或领主，法理渊源是国王与领主的特许状，有些领主建立城市的权利还需要得到国王确认，如约克大主教授予贝弗利（Beverley）的特许状就得到了亨利一世的确认。在德意志，康拉德一世在 918 年授予维尔茨堡开设市场的权利。早期的特许状内容千差万别，彼此之间的差别非常大。12 世纪初，英国国王亨利一世（1100—1135 年在位）与法国国王路易六世（1108—1137 年在位）颁布的特许状成为后世城市特许状的榜样。

城市特许状是重要的文件，是城市自由的象征与保证，市民们对之倍加珍视。特许状保存在市政档案柜内，档案柜的钥匙由专人保管，不得随意使用。有些城市会把特许状的内容镌刻于市政厅或者教堂的墙面上，供市民阅读与欣赏。1111 年，亨利五世颁给斯拜耳的特许状，就以金字刻写在大礼拜堂的大门上面。1135 年，大主教阿达尔伯特颁发给马因斯的特许状也刻写在教堂墙上。1198 年，蒙德里马市民把特许状镌刻在市政厅的墙上。[1]

英国国王颁布的特许状始自亨利一世，以后的君主陆续颁布。在 12 世纪，有相当多的村庄通过国王或领主的特许状发展为城镇，也有相当多的市镇转变为自由的城市。以伦敦市为例，诺曼人征服前，伦敦没有获得任何的特许状，因此与其他的城市和市镇一样，仅仅是一个贸易发达的军事与行政中心，而不是一个“自治的市民共同体”。哈斯丁斯战役后，威廉一世征服了英格兰各地，由于伦敦城的特殊地位，威廉一世并没有直接攻打，而是采

1 汤普逊. 中世纪经济社会史：下册［M］. 耿淡如，译. 北京：商务印书馆，1963：426.

用迂回的战术，最终迫使伦敦城不战而降。1066 年的冬天威廉在威斯敏斯特教堂加冕，开始了诺曼王朝统治英格兰的时代。为了安抚伦敦市民的人心，也为了更好地维护自己的统治，威廉一世给伦敦颁发了一份特许状——或许称为告示更为合适。宣布伦敦市民可以继续享受自"长者"爱德华时期所享有的权利与自由。自此之后，伦敦城作为一个特殊的城市开始了其曲折的自治城市的发展历程。1129 年，亨利一世颁给伦敦城的特许状规定：两名城市行政司法官员——他们负责城市的财务与司法事务——由市民选举产生；伦敦城应缴的包税为每年 300 英镑——最高不超过 500 英镑；城市通过民众大会和都市法院（husting）的小法庭行使司法管辖权；24 名管理城市事务的高级市政官（alderman）宣誓遵循国王的法律，保护全城市的自由与权利；免除伦敦商人的通行税（tolls），授予伦敦人在全国范围内追缴债务的权力；免除各种捐税；伦敦仍享有在米德塞克斯、萨里和奇尔特恩地区的狩猎权；市民有权因贫困出售自己的土地，不必顾及继承人的利益；只有在找不到适当的抵押品时，监禁才可以作为债务要求的一种补充形式；高级市政官员有责任保证每家每户都备有武器和一匹马，以作防卫之用；保护外国商人的权利；木匠、泥瓦匠、石匠等手工业者的报酬是固定的；为了避免发生火灾，城市禁止用稻草或者茅草盖房子，并建立防火的监视制度，要求每一所房屋前都备一根水管，当发生火情时作为急救之用。仔细研究伦敦城的特许状，可以看到其中涉及众多的内容：城市的包税、管理机构、司法自治、商业行为以及防火和手工业者工资的管理等各个方面。正是由于享受的权利，使得市民以城市为荣。有一位市民赞叹道："伦敦享受着新鲜的空气，笃行着基督的教诲；它拥有坚固的城防以及自然优美的环境；市民以它为荣耀，女人含蓄有礼。伦敦是座幸福的城市，不仅百业俱兴，还是养育高贵人物的摇篮。"[1]

还可参见伊普斯维奇市的特许状。1200 年 5 月 25 日，约翰王颁给伊普斯维奇城一份特许状，授权免除伊普斯维奇市民的通行税、摊位税、度量费、商人的通行费、桥梁税以及其他所有关税；市民们还将免受伊普斯维奇城市以外所有的起诉——除非案件涉及外国人的所有权或涉及王室官员；伊

1　朱迪斯·本内特. 欧洲中世纪史［M］. 李韵，译. 上海：上海社会科学院出版社，2007：191.

普斯维奇城还被授权建立商人行会与同业行会（hansa）；任何人不得在城市内宿营或者强行勒索市民；涉及城市的土地或者占有权的案件，审判的原则是依据城市古老的惯例与习俗，所有涉及在伊普斯维奇发生的债务或者抵押案件都必须在城市内审理；任何市民都不得被无故处以罚款。特许状还规定：市民们应该选举出 2 名本城人担任城市督察官，还应该选举出 4 名王室财产管理员，管理王室的财产并监督市政官员的行为。[1]

1256 年，斯卡伯勒市由于发展迅速，原来的城市显得过于拥挤，于是市民们就向国王申请特许状，允许他们扩充自治市。国王同意了该市的请求，颁布特许状，将自己的威尔斯格雷夫庄园连同附属设施和 24 公顷土地并入斯卡伯勒市。一方面使自治城市的居民受益，另一方面也使居住于原来国王庄园的人们受益，一夜之间变成了斯卡伯勒的市民，由此享有相应的特权与权利。自治城市的扩建与扩张是一个比较普遍的现象，这也从一个侧面显示，中世纪的城市具有强大的生命力与发展空间。以纽卡斯尔城为例。坐落在泰恩河畔的纽卡斯尔，亨利一世时就获得了建城的特许状，随着城市的发展，原来的城市空间不足以承受日益增多的人口，城市的扩张迫在眉睫。1298 年，爱德华一世颁给纽卡斯尔一份特许状，内容如下："与纽卡斯尔城比邻的贝克（Byker）的潘帕丁[2]的全部土地，连同那里所有佃户的全部地租与劳役……将由纽卡斯尔的市民和品行良善之人及上述之人的继承人按与之价值相当的一笔钱，从国王手中获得持有权，这笔钱再由上述之市民得自纽卡斯尔城的收入，一起上交给国王；潘帕丁的一切附属设施也一同合并归入纽卡斯尔城，以使纽卡斯尔城的条件得到改善和保障。上述市民将在潘帕丁拥有一个自由自治市，一如在纽卡斯尔；而上述之土地和房宅将成为自由的城市土地，市民并以自由城市土地这一条件领有之；潘帕丁的市民也将与纽卡斯尔的市民一样享有全部的自由和习惯，纽卡斯尔和潘帕丁将合为一个自治市。"[3] 在获

---

1 哈罗德·J. 伯尔曼. 法律与革命［M］. 贺卫方，等译. 北京：中国大百科全书出版社，1993：463－464.

2 Pampadene，即潘东（Pandon）。

3 亨利·斯坦利·贝内特. 英国庄园生活［M］. 龙秀清，孙立田，赵文君，译. 上海：上海人民出版社，2005：267.

得了特许状之后，纽卡斯尔的市民兴建了城墙，将潘帕丁地区围了起来，成为城市的一部分。

总体看来，特许状包括的权利主要体现在以下几个方面。第一，人身的自由。假如是农奴的话，那么他的迁徙与流动就成为问题。作为农奴来讲，别的不说，以每周固定的周工和不固定的“布恩工”为例，就束缚他们无法离开自己的居住地。因此，城市要赋予居民人身的自由，并且这种自由也为居民的后代子孙所享有。第二，司法相对独立。城市是一个流动性很强的实体，需要处理的事务远比平静的庄园生活纷繁复杂得多，庄园习惯法显然不适合快节奏的生活。古老的习惯法注重仪式与象征性，一个案件可以因为各种原因拖延很长的时间，最终不了了之。市民生活需要的是公正、客观并且是有效率的司法体系，解决的是不相识人群之间的财产债务等各种纠纷，适应商品经济发展的需要。司法相对独立还体现在有关市民的案件应该由城市的法庭审理，以保护市民的人身安全与经济利益，避免受到残暴无知领主的侵害。第三，政治与行政自治。作为一个共同体，城市处于国王与领主的控制之下，但是这种控制不是绝对的，也不是专制的。城市需要相应的行政独立，以体现自己的利益诉求；城市需要自己的行政代言人，也需要体现共同体利益的行政机构。通过这些行政机构与相应的行政官员，城市共同体可以执行相应的经济、司法以及行政职责，保障城市的利益，使得城市得以发展。

我们将从行政、司法、财政等方面对城市的治理进行论述，以阐述其自治特征。

行政自治是城市共同体是否成为自治实体的一个主要方面，而是否能够自己选举城市主要官员又是城市获得自治权利的一种重要体现。莱昂指出：“只有城市自己选举委员会与市镇官员，他们不直接对国王负责时，城市才算真正自治了。”[1] 综观中世纪城市的发展历史进程，从早期的管家与执事到后来的市长，城市共同体选举行政官员的方式发生着巨大的变化，显示出行政自治的逐步深化。

1　B. Lyon. A Constitutional and Legal History of Medieval England [M]. London, 1980: 178.

管家是国王或领主的代理人，国王或领主控制其任命。在 13 世纪前伦敦城的管理由国王任命的郡守负责，郡守的职责是负责征收各种税款并上缴到财政署。市长一职的正式出现是在 1215 年，约翰王正式允许伦敦每年选举“值得大家信任的、谨慎而又有资格的伦敦人担任市长”。约翰王此举的目的是希望伦敦市民支持他，反对叛乱的贵族。但是伦敦在当年的政治冲突之中站在了贵族的一边。1215 年《自由大宪章》第十三条规定：伦敦市应保有其原有之一切自由权及自由风俗习惯，水陆皆然。并承认其他各城邑、市镇、口岸保有其自由权及自由风俗习惯。雷诺兹认为：“从 13 世纪早期，许多城镇出现了市长一职，他不像管家与执事。英国的市长从一开始就是纯粹的城市官员，象征着城市的联合。”[1]

以伊普斯维奇市为例说明市政府的组建。根据国王约翰颁布的特许状，1200 年 6 月 29 日，伊普斯维奇的市民集合在圣马利亚教堂进行选举，一致选出两名执行官（bailiff），然后宣誓就任督察官；选出 4 名王室财产管理官（coroner），职责是处理王室诉讼以及城市内与王室有关的其他事务，并监督城市地方长官，使他们公正合理地对待穷人与富人。当天会议还决定，应该选举出 12 名市民贤达，他们应宣誓：管理并维护城市以及城市享有的特权，做出城市的判决，为城市的地位与荣誉尽力办事，这 12 人的选举在三天后进行。1200 年 7 月 2 日，经过市民的同意，执行官与王室财产管理官在城市的每一个教区指定 4 名市民，由他们选举 12 名市民贤达。这些人宣誓忠实地管理城市并会尽力维护城市的特权，公正地做出法庭判决。而后全体市民一致宣誓，以自己的身体与财产服从并协助执行官、王室财产管理员和 12 名市民贤达的工作，以维护城市的荣誉与特权。同时，国王的特许状由两名忠诚的守法的市民负责保管，这两位市民宣誓保管特许状，并在城市共同体需要的时候出示特许状。1200 年 7 月 13 日，执行官、王室财产管理员和市民贤达聚会，做出如下的规定：以后城市的关税由执行官与城市的 4 名可靠的市民征收，此项权利和习惯的包税（fee of farm）每年在国王的财政署兑现，设立两名差役负责扣押财产和执行执行官、王室财产管理官与 4 名贤达

1 Susan Reynolds. An Introduction to the History of English Medieval Towns［M］.［S.l.］: 108－109.

的命令，其中一名差役负责看守被逮捕的在押犯人，同时城市应该立即制作一枚城市公章，以便在以后涉及城市共同体的事务中使用，这枚公章由3~4名可靠的市民负责保管。这一法令应该让市民皆知。9月10日全体市民再次聚会，审议7月13日的规定，一致同意通过，然后选出下一年的两名执行官、4名协助他们征税的市民以及两名差役。10月12日再次召开全体会议，展示了城市公章，并选举了3位市民负责保管，同时保管特许状。同日还选举出5名市民贤达负责管理商人行会—— 一名高级市政官（alder man）和4名助手。他们的责任是妥善忠实地管理商人行会和所有与之相关的事项，并善待所有行会的兄弟。随后，这5人面对全体市民宣布：享有本城市自由的一切人应该于×日前来他们面前组建一个行会，并缴纳相应的开办费。同日，执政官、王室财产管理官、其他市民贤达以及全体共同体成员还讨论了维护上述商会的恰当手段、方式以及所有相关的事宜。执政官、王室财产管理官、其他市民贤达以及全体共同体成员一致同意并规定新近选出的高级市政官和以后将被选出的高级市政官为了行会的利益应该从事的相应的贸易活动。[1] 当然这些官员的职责是相互重叠的：伊普斯维奇市的两名执行官也兼任王室财产管理官；4名王室财产管理官又是12位市民贤达的成员；1名市民贤达兼任商人行会的高级市政官；另外4名市民贤达（其中1人兼任王室财产管理官）是他的助手。[2]

中世纪后期，为了处理城市的济贫与流民事务，市政当局设立了济贫官员。在诺里奇市，市长任命了4位济贫官员：一人为执行官（bailiff）；一人是检查员，负责逮捕流浪汉；两名管理员，负责平时的具体事务。其他城市的情况基本相似，在剑桥市，城市救济机构也由执行官等组成。

为了出席国王召开的议会，城市要选举出自己的市民代表，这两名市民议员代表的是整个城市共同体。在城市会议上，城市的官员与大会的成员是有效的选举者。在伦敦，选举大会的成员包括市长、行会领袖以及从每个区派出的代表，他们一起组成选举团体，或者直接选出两名议员，或者选出主

1 哈罗德·J. 伯尔曼. 法律与革命［M］. 贺卫方，等译. 北京：中国大百科全书出版社，1993：463-466.

2 Susan Reynolds. An Introduction to the History of English Medieval Towns［M］.［S. l.］：121.

席团，由主席团选举出议员。

担任市长、司库与其他市政官员的人大多数是城市中的富裕居民，出任市政官员既是一种荣誉，也是一种社会负担。英国林恩市法律规定：城市共同体意识到，出任城市官员是一件繁重且费钱的工作，一致同意，假如市民被选为市长，他任职并为市民服务，可以在接下来的两年中免除这一义务，即他可以在其后的两年不再任市长。市长如果恪尽职守，为市民谋利，每年可以得到 20 镑的工资，并且免除当年的税。伊普斯维奇市法律规定：全体共同体成员将奥登霍姆牧草地授予 12 名市民贤达，以保全、喂养他们的马匹，作为他们为城市共同体服务的回报。城市对市长有奖励，也有监督与惩罚的措施。假如市长表现不好，那么只可以领取 10 镑的工资，并免除当年的税。如果有人被选举为市长却拒绝担任此职，那么他将被罚款 20 镑。

城市在赋予市长权力的同时，也对他的权力进行限制。林恩市法律规定：没有其他市政官员的同意与协助，市长没有权力向城市的居民征税。[1] 在贸易分红时，市法规定：除非市长或者他指派的人参与了城市的贸易活动，否则市长不可以对由外人运到港口的商品进行分红；其他的市政官员如果没有参与交易，也不应该得到分红。[2] 市法还规定，只有当司库的记录进入档案，并且呈交给了政务会议（council）后，市长才可以得到奖金（reward 指分红），平时市长不可以随便地接受属于城市的金钱，除非由在任的司库亲自交给他。[3] 伊普斯维奇市则对市长从商做出规定与限制：市长在职期间，不应该自己经营酒店卖酒、经营旅店招待客人。如果在市民大会上，在继任的市长面前，有 6 名或者 6 名以上的社会贤达指出市长违反了这些规定，将对市长处以 10 镑的罚金。同时也有一个附带说明，假如有人被选举为市长后，在当日他的酒店内有 1 桶或者 2 桶酒，他可以在米迦勒节后卖酒。[4] 许多城市对市长的任期有相应的规定。雅茅斯市法律规定：市长任期应该 1 年，在接下来的 5 年中，不应该再担任此职。如果城市的 12 人常

---

1 http://www.trytel.com/~tristan/towns/lynnlaws.html 1358・9・21.

2 http://www.trytel.com/~tristan/towns/lynnlaws.html 1386.

3 http://www.trytel.com/~tristan/towns/lynnlaws.html 1448・8・2.

4 http://www.trytel.com/~tristan/towns/ipswich7.html#cap86.

务委员会成员中有人违反这一规定，则处以40先令的罚款，罚金的一半给国王，一半归城市。如果城市的24人委员会成员中有人违反这一规定，则处以40镑的罚金，一半归国王所有，一半归城市所有。这一规定由国王的管家或者其代理人每年在选举后宣誓时宣读。[1] 诺维奇市法律规定：在4年内，一个人不应该两次当选为市长。

由于司库掌握着城市的财政大权，市民对于他们的监督也很严格。米迦勒节后，卸任的司库应该向新上任的司库转交所有属于城市的记录、相关的档案与城市土地所有权凭证，而且这些文件应该每年向市长与城市代表展示并宣读；如果司库不能够上缴账目的话，将会被处以20先令的罚款。[2] 在平时，城市债务的钱款都由司库管理，处理这些事务的程序是，把钱放在市政府的钱库中，上锁保存，以防止有人任意挪用，违反者处以20先令的罚款。[3] 雅茅斯市法律规定：司库应该每年征收城墙修筑税，征收完以后，司库把钱款交给城墙管理员，在交接的时候2人应该有正式的文书。在财务审计时，司库应该如实地给出收入与支出的账目，城墙管理员则说明资金的使用情况。[4]

城市的行政自治还表现为城市拥有自己的徽章（common seal），制作城市徽章，是为了方便城市共同体在重要的事务中使用。城市徽章表明了城市作为一个共同体所拥有的认同感，它用来体现城市及市民的共同荣誉与利益。在英格兰，伊普斯维奇、布里斯托尔以及南安普顿等均有自己的城市徽章。平时城市徽章由专门指定的市民保管，并会向公众展示，这是一个城市的象征。如南安普顿市，城市章程的第33款就对城市徽章等城市象征物的使用与保管进行了规范。布里斯托尔市的城市徽章具有鲜明的特色。该市徽章的一面是城市的城墙与码头，另一面是一艘船驶向港口码头。在德国，最早的城市徽章出现在科隆。后来许多城市都有了城市徽章，这些徽章描绘的图像各具特色。1134年，亚琛的城市徽章上印有皇帝的图像；1212年，斯

1　http：//www. trytel. com/ ~ tristan/towns/yarmlaws. html 1491 · 8.

2　http：//www. trytel. com/ ~ tristan/towns/lynnlaws. html 1342 · 10.

3　http：//www. trytel. com/ ~ tristan/towns/lynnlaws. html 1358 · 10.

4　http：//www. trytel. com/ ~ tristan/towns/yarmlaws. html 1491 · 8.

拜尔城市徽章描绘的是主教教堂与圣母马利亚；1253 年，吕贝克的城市徽章是一艘商船。[1]

司法自治是城市自治权利体现的另一个重要方面。除了涉及王室与教会的特殊案件外，城市共同体对市民的民事案件拥有广泛的权力。城市法限制着对市民罚金的数额，规范着有关债务的追讨以及债务案件的审理程序。在城市市民的审判地点方面，市民有权要求在城市内的法庭进行，由市民组成陪审团进行起诉，不应该转移到城市以外的地方处理。以上的司法权力对市民来讲是极其重要的。第一，城市要处理的司法事务与传统乡村社会事务不同，它需要效率。第二，乡村中的法律更多的是体现习惯法的性质，不适合城市的需要。第三，依据城市法律有利于保护市民的利益，在城市内审判属于市民自己的“主场”，这就是一个优势。1129 年，亨利一世颁布给伦敦城的特许状规定：伦敦市民在任何诉讼中都应该在城市内进行申辩，不可强迫城市市民采用决斗的形式进行裁决。13 世纪时，城市法庭享有退回令状（return of writ）的特权，即涉及市民的司法令状不再由郡守处理，而应当转由城市法庭处理。在对市民的犯罪指控过程中，采用宣誓的方式，而不是采用古老的决斗方式。雅茅斯市法律（1491 年 8 月）规定：城市中市民之间有关契约、合同或者债务等的案件不应该在城市法庭以外的地方起诉，除非这一案件已经由市长审理过，违者每次处以 40 先令的罚金，罚金的一半归城市，一半归市长，累犯者将被剥夺市民资格。[2] 诺维奇市法律（第 4 条）规定：在城市中被抓获的窃贼，假如有原告起诉的话，应该在城市法庭中由市长与验尸官审理；假如罪犯在城市外被抓获的话，只要有市民身份的原告前来起诉，也将在城市法庭审理。假如没有原告的话，市长不可以审理，应该先拘押犯罪嫌疑人，等待负责拘押审理的法官到来，在城市法庭中审理。[3] 在伊普斯维奇市，全体共同体成员同意将本城市的法律与自由习俗载入一种被称为“末日审判书”的档案，并由执政官保管，以方便市政官员更好地知

1 汉斯-维尔纳·格茨. 欧洲中世纪生活［M］. 王亚平，译. 北京：东方出版社，2002：247-248.

2 http：//www. trytel. com/ -tristan/towns/yarmlaws. html.

3 http：//www. trytel. com/ -tristan/towns/norlaws. html.

晓城市法律与习俗，更好地履行这些法律为共同体服务。此外，商人行会的全部法令也被载入另一个档案，由高级市政官保存，以方便行会首领更好地工作。

争取财政独立是城市自治的重要内容，要获得此种特权，城市需要向国王或领主交纳一笔数额不等的金钱，用以支付缴纳给国王或领主的租金、市场税和其他税收，这样城市就取得了城市内部的经济管理权。

以前国王对自治城市的税收主要由郡守负责，每年征收一笔固定钱款，假如郡守多征收了，剩余的钱款就会归郡守所有；假如郡守征收的钱款少于国王要求的数目，那么少的部分就要由郡守自己填补上。因此每次征税的时候，郡守总是想尽办法对城市居民进行勒索。郡守的这一做法自然是对市民利益与城市财政的伤害，于是市民们通过固定城市税收的方法，来求得对自身的保护。1130 年，林肯市与伦敦市首先支付了固定税（fee farm），不久理查蒙德（Richmond）市也向布列塔尼的阿兰（Alan of Brittany）伯爵每年支付 29 英镑来赎买所有的费税。[1] 1194 年，诺维奇市花费 200 马克取得了自己征税的权力，此外再支付年税 108 英镑，这样城市自己可以组织估税员与征税员进行征税工作。

城市财政自治的第二个表现是为了城市共同体的利益，市政府可以自己向市民征税，用于城市内的公共事业。1201 年，林肯市为了城市的事务对市民征税，同时他们又宣称，除非得到市民的同意，否则就不能对市民征税。[2] 事实上，城堡的建设、加固与防御是市民最主要的财政负担，因为城墙的修建与加固在市民实际生活中的影响比其他的事情都重要，它是用来保障市民安全的重要屏障。在低地国家，许多城市用在城墙维护与战争设施上的费用从来没有低于公共预算的 5/8。有些城市通过租赁城市中的空地获得一定的钱款，用于城墙的维护。在诺维奇市与雅茅斯市，城市向市民征收城墙维修费以及其他的税收。诸如码头与市场的修建、桥梁与教堂的建造维修等，都属于城市的公共事业，在亨利三世时，一些城市在某些时候可以对外来者征

1　Heather Swanson. Medieval British Towns［M］. Macmillan Press, 1999: 79.

2　A . L. Poole. From Domesday Book to Magna Carta［M］. Oxford, 1958: 73.

收税收，用来修路、修桥与城墙的维修。

关于征税工作，各城市市法有相应的规定。林恩市法规定：市长与市镇向所有市民保证，以前所征收的不合法的捐税（tax and tallage），将不再征收。如果要征税，需要有充分的理由，并且是以适当的方式进行，没有人可以搞特殊，税收的账目将由三个等级组成的代表团检查。[1] 市法规定：征税员应该考虑各个阶层的承受能力，向富人征收的税多一些，对穷人征收的税少一些，这样才能使得征税合理。[2] 同时以后的法律还强调，没有其他市政官员的同意，市长不可以随意征税。城市的征税工作每年都举行，在第一季度进行估税的工作，在第二季度开始征收工作。征税的具体程序是：差役（sergeant）通知每个应该纳税的城市市民，某一天在市政厅（gildhall）交税，钱交给司库。假如市民当天没有缴纳钱款，差役应该再通知他一次，如果该市民仍然没有交钱，将被处以 12 便士罚款，并第三次要求他在某一天交税，如果此人仍然拒不交税，差役可以扣押他的财产，直至此人交完税。[3] 可能是由于当时市民交税积极性不高，我们看到，在以后的岁月中这一法令被不断地重复。后来的法令还区分了交给国王税与城市自己征收的税收。林恩市法规定：假如征收的税是属于城市的，估税员不会得到城市的补偿，其工作费用自理——看来为城市征税是市民的一项义务。可以推知，如果是为国王征税的话，则属于额外的负担，城市应给予一定的补贴。通过研究，我们可以看到法令对征税员的保护：假如有人对征税员出言不逊，阻挠其工作，或者伤害征税员，此人应缴纳相应的罚款。[4]

城市的财政自治还表现为：城市市民可以对城市的财政状况进行检查。如果城市入不敷出，市长与司库是要被审问与惩罚的。伊普斯维奇市规定：高级市政官必须在该城市的执行官和王室财产管理官面前，就上年所得以及通过买卖商品而获得的全部利润和增值做出精确而公正的清账。雅茅斯市法规定：如果城市的收入有盈余的话，应该给市长相应的报酬；如果城市入不

---

1 http：//www. trytel. com/ ~ tristan/towns/lynnlaws. html 1309.

2 http：//www. trytel. com/ ~ tristan/towns/lynnlaws. html 1315 · 12 · 20.

3 http：//www. trytel. com/ ~ tristan/towns/lynnlaws. html 1368 · 2 · 18.

4 http：//www. trytel. com/ ~ tristan/towns/lynnlaws. html 1378 · 5 · 7.

图 3－3　中世纪行会公章

敷出的话，当负债额不超过 10 镑时，由市长自己负担；如果城市负债超过 10 镑时，市长应该在账目审核后的 4 天内召开市民大会，以求一个解决的办法。另外，为了使司库更好地执行法律，他应该依据古老的习俗宣誓。[1] 市法还规定：所有的财务工作者（如司库、城墙修筑官、征税者等）应该每年一次把合格且清楚的账目交给现任市长、前任市长和至少 2 名审计员，每年的第一个工作日在市会议厅进行财务审计工作，一直到每一个账目收入与支出项目审计结束，所有的账目在新年后的 14 天内记录在册。[2] 市民对官员监督的严格性可见一斑。

在城市中，还有一个组织值得关注，即城市行会。行会是出于商业与社会目的而结合成的市民联合体，由一定数目的固定成员组成，拥有一些排他性的权利。在亨利一世时期，伦敦等地就出现了纺织业行会。德国的行会组织最早出现于 12 世纪。1106 年，沃尔姆斯的主教与伯爵建立了由 23 个贩鱼商人组成的同业行会，给予行会成员财产继承权等相关的权利。1128 年，在维尔茨堡成立了鞋匠行会，规定了该行会所享有的权利以及向城市领主交纳的赋税。1194 年，科隆生产床上用品的织工组成了联合会，该行会管辖科隆

1　http：//www. trytel. com/ ~ tristan/towns/yarmlaws. html 1491 · 8.

2　http：//www. trytel. com/ ~ tristan/towns/yarmlaws. html 1491 · 8.

所有生产床上用品的手工业者。[1] 在意大利佛罗伦萨，有七大行会：公证人、进口布匹商、银行家和钱兑商、呢绒布商、医生和药剂师、丝商、皮货商等。此外还有16个小的行会。[2] 每个城市拥有不同的行会说明它们各自经济发展的特点，也显示了城市的繁荣程度。比如佛罗伦萨，拥有如此众多的行会，说明它的经济繁荣与多样性。

西欧城市行会的发展大致经历了三个阶段：商人行会、手工业行会、公会。最初，商人行会与手工业行会在概念上并没有明确的区分，只是在不同的地区称谓有所不同。在德国，北部称为Gild，中部称为Innung，西部则称为Zunft，而奥地利称为Zeche。[3]

行会判定有管理章程，规范并约束着行会成员的行为。林利吉斯圣三一商人行会规章如下：（一）凡外人自愿加入本行会，除应将100先令存放于会长之手作为押金外，仍须缴纳下列费用，即会长4便士，书记2便士，主任2便士，并自其存放于会长及其兄弟手中之押款100先令中……并立即缴付价值10便士之酒1塞克斯特利。（二）若任何兄弟之子或诸子（嫡子）自愿加入本行会，每人应缴纳入会费4先令，上述各项费用免缴。（三）任何加入本行会之人，应在其被接纳入会之第一日，身着整齐清洁之衣服，头戴一金或银制之饰物，敬谨侍立于会长及众兄弟之前，侍候他们。（四）会长应在圣灵降临节日获得1塞克斯特利之酒，主任半塞克斯特利，书记与司事在本日亦获得半塞克斯特利。自此以后，直至节日终了为止，会长每日半塞克斯特利，主任、书记与每一司事各1加仑，侍役半加仑。（五）任何会员如未经会长及其兄弟之许可，擅将本行会之计议向外人泄露，以致损害彼等者，应处罚金32便士。（六）任何行会兄弟因不幸而堕入穷困与灾祸，其他成员俱应予以扶助，可经全体同意后动用行会公款，亦可由会员私人解囊相助。（七）任何兄弟被人控告时，不论其地点在林城或在林城以外，当地之其他兄弟应即会商协助之办法，倘经召唤则应与彼一同出席法庭，给予建议并代为策划，不得收受任何报酬，违者处罚金32便士。（八）会员进入行

---

1 汉斯－维尔纳·格茨．欧洲中世纪生活［M］．王亚平，译．北京：东方出版社，2002：267.

2 汤普逊．中世纪经济社会史：下册［M］．耿淡如，译．北京：商务印书馆，1963：440.

3 汉斯－维尔纳·格茨．欧洲中世纪生活［M］．王亚平，译．北京：东方出版社，2002：267.

图 3 –4　16 世纪行会的啤酒杯

会，来至会长及其他兄弟之前时，不得戴头巾或帽，不得赤足，亦不得有任何粗俗之举动，违者应罚金 4 便士。（九）凡在举行大会期间，或在节日或在宴会之日，宿于行会会所者，应罚金 4 便士。（十）任何以粗暴之态度对待其兄弟，或以诨名或其他粗鄙之名称呼其兄弟者皆须罚金 4 便士。（十一）任何被召唤参加行会大会而未能出席第一次会议之人，应依主任之令罚金 1 便士，如仍拒绝到会出席，则罚金 4 便士。（十二）任何现在本城，但被召唤参加大会缺席之人，或出席宴会迟到之人，应由主任予以警告，令下次会议时准时出席。如届审查缺席人数时，此人仍不到会，则除非能提出合理之辩护，否则处罚金 12 便士。如在审查缺席以前到会，但未获得允许又离去者，亦须处罚金 12 便士。（十三）凡属于本行会之任何成员购买任何物品，如在尚未成交时，适有另一兄弟前来，并参加议价，则成交后此人应为共同购买人，如原购买人拒绝，应罚银半马克。（十四）任何会员之仆役在宴会

或会议进行中来至行会会所者，必须脱去外衣与帽子，交与门房照管，然后进入与其主人交谈，事毕后应立即离去。如正值宴会进行时，可令其饮酒一二杯后离去，但不得就座，违者处其主人以罚金。（十五）任何不顾本行会之荣誉与利益而拒绝遵守会长与主人训诫之人，应处罚金 12 先令。（十六）贫穷兄弟亡故而无力埋葬时，会长及众兄弟应使用本行会之财物或布施财物照料其丧事，务使获得体面安葬。（十七）会长亡故时，任何属于彼之人，不论为其子抑或其他亲属，俱不得代理其职务，应由众兄弟按照己意另行推选一新会长。（十八）任何兄弟亡故时，主任应负责召唤全体兄弟前往向亡魂吊祭，任何缺席之人，应在下次会议时捐纳半便士为亡魂祈福，主任由于负有召集之责，应自收集之捐款中获得 4 便士。（十九）任何违背本行会规章之人，不论其为会长或兄弟，俱应或丧失其会籍，或为本行会之利益缴纳银半马克。（二十）宴会正在进行时，任何人不得闯入。（二十一）任何兄弟被其他兄弟以言语或行动冒犯或冲撞时，除应首先向会长告发及向市长告发外，不得向任何其他处所告发，违者罚银半马克。（二十二）司事以本会公款进行买卖时，任何兄弟俱不得搭配股份，其全部利益应归行会享用。（二十三）司事在接受本会公款时，应宣誓为本行会之利益忠实地使用此款，并负责向行会交出其全部利润。[1]

南安普顿市商人行会部分章程内容如下……（十九）非商人行会成员或本城市民，皆不得在南安普顿城内购买任何物件再以之在本城出售。有违反此项禁令之人，一经查明属实，则其购买之物件应即没收归于国王。此外，任何人，除非能证明其历年以来，即已列名行会或为本城市民，否则即应照章纳税，不得豁免。（二十）除行会成员以外，任何人皆不得购买蜂蜜、油脂、腌青鱼、磨石、生革、生皮，或任何种类之油，亦不得开设酒馆。除在集市或庙会时，亦不得零售布匹。除行会会员外，任何人俱不得以零售为目的在其谷仓中储存 5 夸脱以上之谷物。违犯此项禁令者，一经查明属实，应即没收其货物归于国王。（二十一）行会任何成员俱不得使用伪装、巧计，或互相串通，或用任何其他手段，与非行会成员合伙，或共同经营上述诸商

1　金志霖．英国行会史［M］．上海：上海社会科学院出版社，1996：61 – 64．略有改动。

品之买卖，违禁者一经查明属实，其用上述手段所购得之货物即应没收归于国王，行会成员仍应丧失其会籍。（二十二）任何行会会员因不幸而陷入贫困，无法生活，且又不能工作赡养自己，则当行会举行会议时，可获得纹银半马克以资救济。任何行会会员或本城，俱不得为他人货物冒名，因而使本城税收受到损失。任何违犯禁令之人，一经查明属实，即丧失其会籍与公民籍。冒名货物没收归于国王。（二十三）任何运入本城之货物，当商人行会会员在场，且正在磋商价格准备购买时，任何私人或外来人即不得议价或购买。违禁者一经查明属实，其所购买之货物应即没收归于国王。（二十四）商人行会会员在另一行会会员或其他人——不问其为何人——购买货物时在场，且提出同购要求，如彼能使卖者同意被认购部分之付款方法，即此人应即成为该项货物之共同购买人。非商人行会会员如欲与商人行会会员为共同购买人时，应先取得后者同意。（二十五）任何行会会员，或本城任何其他人等，如拒绝按照上述方式共同购买货物，则在一年以内不许在本城进行任何买卖，但其所需用之粮食除外。（二十六）本城任何商人购买酒类或谷物，当其一切损失应由购买者自己负责时，即不必缴纳捐税，但如果损失应由卖者负责时，则仍应照章缴纳。（二十七）本城首席会长或行政官与 12 名宣誓执事，应按照规定与需要经常注意诸商人、生人与私人，务使彼等所负之债务能有充分而切实可靠之担保，且向债权人出立借据。债务之偿还日期应在彼等之处登记，逾期不偿，经债权人证明者，应即按照契约及本城之习惯扣押其土地与动产，使债权人得到满足。债务人不得用任何方式表示不服，致使本城之人因上述不履行债务契约之行为而受到损失。（二十八）任何行会会员如因欠债而拒绝使其产业受到扣押，或在受到扣押时强行取回，或转移即将被扣押之物，或违犯国王禁令，一经证实之后，应即丧失其行会会籍，直至其偿付 20 先令购回时为止。以后如再违犯，则每次均须按前述方法处理。同时，其担保品仍须受到扣押，直至其偿还全部债务。如此人拒绝服从上述法律，一经证实后，应即与破坏和平者相同，被禁闭一昼夜。如仍不服从法律，则此案应呈送国王及其枢密会议听候处理。（二十九）首席会长、12 名宣誓执事或行政官，应每月 1 次，或至少每年 4 次，审核面包与强麦酒之售价，务使其定价能在各方面以谷价为准则……（三十二）本城一切市民应于每年圣米迦勒节之次日，会集于指定地点，商讨有关本城公共事务之状况及其进行、处理事宜，并在此时由全体市民选出端谨人士 12 名，按照习惯进行宣誓后，会同行政官在本年内共同执行国王之命令，以保障本城之和平与特权，并为一切人等（无论其为贫、为富、为本城人、为外地人）主持公道。此 12 名执事应在同日从彼等自己及其他端谨聪明人士之间推选 2 人担任执政官，以便在此后一年内管理捐税之稽征，并按照习惯自米迦勒节次日起到任就职。上述会议应按年举行，以便行政官可以每年更新一次。如有必要，执事 12 人亦可每年选举一次。其他本城之书吏与巡察吏等之任免，亦按照上述方法行之。（三十三）公共钱箱应保管于首席会长或保管员家中，备钥匙 3 把，分别存放于 12 名宣誓执事中 3 人或司事 3 人手中。彼等对公共印章、特许状、财库、旗帜及其他属于本城公有之契据文件，俱应忠实保管。凡信件需盖用公共印章，或自钱箱中取出任何特许状或文件，俱应在会长或管理员以及至少执事 6 人前为之。任何人使用未盖用印章之量器或衡器出售物品时，亦须处罚金 2 先令。（三十四）凡船舶装载酒类及其他商品来本城者，在其未入港抛锚卸货前，任何人俱不得为优先购买而出海迎之，违禁者一经查实，即应将其购买之物没收交与国王。[1]

以林城与南安普顿两城市的行会章程为对象，我们可见行会所具有的一些功能。一是规范行会成员的经济行为，如交易、纳税、买卖等；二是明确了行会对本团体弱势群体的救济功能以及其他方面的互助行为；三是规范了行会成员的日常伦理以及礼仪方面的标准；四是规定了行会领导机构的执行功能；五是规范了行会领导层的更替原则；六是规范了行会高层的行为。假如我们把行会成员看作城市共同体的一员，我们就可以理解，行会深刻地影响着市民的日常生活。

汤普逊认为：“行会的历史重要性，不是在于它们的政治活动，而是在于它们的商业与工业活动。它们是中世纪时代解决商业与劳动问题的手段。……行会的目的既是社会性的，又是互助性的。商人行会和手工业行会，即使并非完全同样，几乎都是在早期出现的。它们组织的目的的一个巨

1　金志霖. 英国行会史［M］. 上海：上海社会科学院出版社，1996：65－68. 略有改动。

大因素，无论在国内或国外，都要相互保护与保证。尤其是手工业行会，在初期，具有显著的民主精神的；从学徒到匠师这一条路，开放给所有合乎资格的人们。”[1] 14 世纪时，许多行会都颁布规定，要求本行业的成员出席社交场合时要穿本行会的制服。

在中世纪，要成为一名工匠或者商人，就必须从学徒开始做起。学徒的学习期通常从童年就开始了，不同的行业期限不同，一般在 8 年左右。师傅和学徒之间的关系是家长式的，学徒通常被看作师傅家庭的一员。师傅不仅要交给学徒基本的技术，也对学徒的道德品德负有责任。在这期间，学徒不可以结婚成家，还要交纳一定的学费；师傅需提供食宿，但不发给学徒工资。学徒期满之后，就成为帮工，帮工也有期限，不是所有的帮工都会成为师傅。许多人一辈子都没有当上师傅的机会，只能靠打零工勉强度日。但成为师傅的人跻身城市上层，他们是同业行会的成员。同业行会的人数是有限制的，目的是避免竞争。

本来行会是规范贸易与商业活动的，在实际生活中，由于行会有自己的基金与独立的管理实体，同时城市又首先是一个商业社区，因此有一些地方，商人行会与市政当局有许多重合的地方。在伊普斯维奇市，其市政官员分别为 2 名执政官、4 名王室财产管理官以及 12 名市民贤达；而行会组织的领导人由 1 名高级市政官与 4 名助手组成。这虽然是不同的组织机构，但是再细分就可以看到，行会的 5 名负责人都属于市民贤达群体的，由此可见城市管理机构与行会管理机构的重叠性。行会组织在城市中势力较大，对城市的管理拥有较大的发言权。伯尔曼指出：“那些起初由商人们建成的城市常常由商人行会管理，商人行会本身就是宗教团体，从事慈善和其他宗教事务并调整商业活动。”[2] 像沃灵福德（Wallingford）市，商人行会与城市的管理机构合而为一，以至于两个组织的成员一致。[3] 对莱切斯特市来讲，行会的

1　汤普逊．中世纪经济社会史：下册［M］．耿淡如，译．北京：商务印书馆，1963：438.

2　哈罗德·J. 伯尔曼．法律与革命［M］．贺卫方，等译．北京：中国大百科全书出版社，1993：439.

3　Susan Reynolds. An Introduction to the History of English Medieval Towns［M］.［S. l.］：124.

主要成员兼任市镇行政管理机关的官员。[1] 有人认为，城市行会就是一个实体的两个方面，城市行会行使城市政府的职能，反映了早期城市社会的状况，后来随着城市机构的发展，这种情况就少见了。再以担任伦敦市长的情况为例。丝绸商人公会的尼古拉斯·布雷伯在14世纪下半叶曾两次出任市长，第一次是1377年，第二次是1383年，每次连任3年。北汉普顿的约翰，是呢布商人行会的成员，于1381年、1382年两次担任市长之职。西蒙·艾尔也是呢布商人行会的成员，于1446年任市长。丝绸商人行会的理查德·惠廷顿分别于1397年、1406年、1419年担任市长一职。[2] 事实上，行会成员担任市政官员是合乎情理之事。因为按照英格兰社会的习俗，担任政府官员的应该是拥有一定财产的人士。作为具有雄厚财力的行会的一分子，其成员出任行政官员的概率自然很高。以至于出现了这样的情况：起初陪同新当选的市长去威斯敏斯特的是一些市政议员，14世纪后期，演变为穿着制服的各行会会员。15世纪时，行会对无故不出席的成员处以一定的罚金。“正因为公会与市政当局存在着共同利益，所以市政官员成为各公会的代表，公会也成为市政管理体系中的一个环节，成为市政管理的辅助机构。”[3]

1 Heather Swanson. Medieval British Towns ［M］. ［S. l.］: 77.

2 李增洪. 13—15世纪伦敦社会各阶层分析［M］. 北京：中国社会科学出版社，2005：121.

3 李增洪. 13—15世纪伦敦社会各阶层分析［M］. 北京：中国社会科学出版社，2005：122.

第三节　意大利城市共和国

罗马帝国解体之后，意大利陷于蛮族的铁蹄之下，原本繁华的城市衰落了，城市生活也趋于消亡。11 世纪末，意大利的城市开始复苏，并形成了独特的城市共和国。

意大利城市的复兴很大程度上得益于罗马帝国留下的城市基础设施。1096 年十字军东征也使得意大利城市受到更为先进的伊斯兰文明影响；与此同时，东罗马帝国君士坦丁堡的衰落，使得意大利城邦掌握了与东方贸易的主导权。

1254 年，德国霍亨斯陶芬王朝覆灭。威尼斯、热那亚、佛罗伦萨、米兰等意大利城市纷纷独立为城市共和国。文艺复兴时期，它们形成了鲜明的城邦共和国特色。意大利城市共和国以威尼斯和佛罗伦萨最为典型，下面做一个简要的介绍。

著名的瑞士历史学家雅各布·布克哈特称赞威尼斯是“世界的珠宝盒”。威尼斯的地理位置非常独特，它位于意大利东北部，处于亚得里亚海北部那古纳潟湖中，由 118 个小岛屿组成。威尼斯兴建于 5 世纪至 6 世纪。为了摆脱日耳曼部落伦巴底人的掠夺，421 年，原来居住在帕多瓦的内陆居民逐渐迁到威尼斯的岛屿上定居。岛上的生活艰苦，没有淡水，唯一充裕的就是大海中的鱼与盐。威尼斯人凭借着自己的聪明智慧，克服了重重困难并发展了城市。从地质结构分析，威尼斯属于冲积土质，不利于修建房屋。为了在淤泥中建筑房屋，威尼斯城的先民们在水底下的泥土中打下大木桩，众多的木桩组成了坚固的地基；然后在这些木桩上铺上木板，再在这些木板上建自己的房子。威尼斯之所以这样，归因于当时意大利北部拥有茂密的森林，威尼斯人砍伐了森林，运用自己的智慧和汗水建立了这座水上城市。

在修建了城市之后，市民日常饮水却是个大难题。威尼斯人一方面用船只从外地运水到城市，因此城市中有很多的运水夫，他们组成了独立的行会；另一方面，在城市广场或者居民院落中，他们还会挖水井。但是这些水井不是人们想象的那样，可以深到潟湖底下的淡水层。事实上，这些水井只是装了半满细沙的蓄水池。这些蓄水池的功能就是存储自然的雨水，这些雨水经过澄清之后再从水池中央的井底冒出来。假如几周不下雨，那么这些水井就会干涸；遇到狂风暴雨，海里的咸水又会倒灌进来。因此这些水井只是应急之用。

威尼斯不仅面临着蛮族人的侵扰，还时刻受到东方拜占庭人的威胁。拜占庭皇帝要求威尼斯人承认拜占庭的宗主权，但得到的回答是："没有皇帝也没有王子能够统治和奴役我们，我们自己从礁湖之中使这个城市兴起。"7世纪末，威尼斯人摆脱了拜占庭人的统治。726 年，威尼斯选举了自己的城市管理者——共和国总督。9 世纪初期，威尼斯人在尼阿尔托岛上建立了城市中心。829 年，圣・马可的遗骸被从北非的亚历山大城运回威尼斯城，成为该城的保护神。威尼斯人是天生的商人，他们与伊斯兰世界和拜占庭帝国都建立了密切的贸易联系。从威尼斯可以轻松地到达君士坦丁堡，亚得里亚海成了连接阿尔卑斯山和西欧腹地的海上走廊。威尼斯商人经由亚得里亚海和勃伦那山口，与阿尔卑斯山以北的地区贸易。威尼斯日益繁荣富庶，成为新的商业中心城市。

8 世纪，威尼斯致力于供应君士坦丁堡各种物资：意大利的小麦和酒、达尔马提亚的木材、环礁湖的盐、亚得里亚海沿岸斯拉夫人奴隶等。又从君士坦丁堡带回拜占庭人生产的丝织品以及东方的香料。为了追逐商业利润，他们还与穆斯林进行贸易，在亚历山大、大马士革等地都有威尼斯商人的身影。

11 世纪初，威尼斯人肃清了亚得里亚海的斯拉夫海盗，他们在扎拉等地设立了商行与军事机构，以保证威尼斯商人在当地的利益不受侵犯。1054 年罗马教会分裂，威尼斯人站在了天主教的一边。11 世纪至 12 世纪时，威尼斯人又积极参加了十字军东征，特别是第四次十字军东征。第四次十字军东征时，士兵们决定改坐威尼斯人的战船，前往东方耶路撒冷。由于预计出征的人数远远高出了实际的人数，使得十字军与威尼斯人签订的合同无法履行。在这种情况下，威尼斯人提出了一个妥协的条件，即十字军帮他们夺回前几年被匈牙利国王占领的扎拉港，威尼斯人就可以与十字军达成妥协。这一要求激怒了东征的组织者教皇英诺森三世，因为匈牙利国王是基督教国王，十字军的目的是为了征讨异教徒穆斯林，现在还没有与穆斯林开战，基督教世界就内讧了，这不是让人笑掉大牙吗？更为重要的是，匈牙利国王还是教皇的封臣，十字军攻打匈牙利，这不是让教皇难堪吗？但是在威尼斯人的利益诱惑下，这些十字军战士完全无视教皇的警告，发动了攻打扎拉港的战役。1202 年占领扎拉之后，十字军战士没有与穆斯林交战，反倒攻破了君士坦丁堡。在君士坦丁堡烧杀抢掠一番后，十字军的战士带着数不清的金银珠宝打道回府。威尼斯人成为最大的受益者。

威尼斯人积极参与了意大利城邦的争霸战争。11 世纪时，热那亚、比萨等意大利城邦开始把注意力转向了海洋。热那亚人遭受过阿拉伯人的洗劫，因此他们对穆斯林怀有刻骨的仇恨。1015—1016 年，在比萨人的协助下，热那亚人远征撒丁岛。1034 年，热那亚夺取了非洲海岸的博纳。1087 年，热那亚与比萨的舰队进攻了梅地亚。热那亚人宗教情结更浓厚，更忠于宗教，面对着穆斯林，他们决不会妥协。1097 年，热那亚舰队来到安条克，给十字军战士们送来了补给与增援。逐渐地，热那亚人与比萨人的关系取得了长足的发展，这引起了威尼斯人的嫉妒，因为威尼斯人不愿意热那亚人打破他们的垄断地位——即使他们有着同一的宗教信仰，也是同一地区的居民，威尼斯人也会把他们当作竞争者与仇人。1100 年，威尼斯舰队伏击了热那亚的舰队，由此开启了两个共和国之间的战争。1380 年，威尼斯人确立了在地中海世界的霸权。它的商业活动遍布整个欧洲，是与东方世界贸易的中转站，威尼斯成为欧洲首屈一指的富裕城市。在亚得里亚海、地中海以及爱琴海，到处可以看到威尼斯的商船。随着国际贸易的发展，威尼斯还在伊斯兰世界与拜占庭帝国的重要商业中心设立了代办处与领事馆。14 世纪末，威尼斯人还曾经到过波斯、亚美尼亚以及小亚细亚等地方。

随着对外贸易以及争霸战争的胜利，威尼斯的经济走向了繁荣。当时的威尼斯拥有欧洲最为发达的造船业，船的大部分部件实现了标准化作业。当时的威尼斯拥有数百艘大型商船，军舰 40 多艘，以及其他各类的船只数以千计。威尼斯成为国际性的大都市，人口达 15 万。威尼斯还是世界贸易的中心，世界各地的商品在威尼斯中转与销售，既有来自君士坦丁堡的奢侈品，也有来自伊斯兰世界的商品；这里汇聚了来自爱琴海诸岛的糖和酒，来自远东地区的瓷器与珍珠，来自非洲埃及、地中海东部诸岛的矿石与染料、香水等，还有来自德国的矿物、金银，以及来自英国和佛兰德尔的羊毛。众多的产品在威尼斯中转停留后再运往世界各地。此外，威尼斯人发展了自己的手工业，特别是高端的手工业。如从拜占庭引进的马赛克制造工艺，在威尼斯得到高度重视，任何人不得泄露马赛克的制作工序，使得威尼斯人在西欧垄断了这一手艺，从而赚取了巨额的利润。

14 世纪时，欧洲国家经历了黑死病的冲击。这次瘟疫吞噬了威尼斯 60% 的人口，但是威尼斯人并没有一蹶不振。15 世纪时，他们开始在大陆的领土扩张，吞并了帕多瓦、维罗纳以及维琴察等城市。威尼斯人对大陆地区采取了较为灵活的统治策略，尽可能少地干预当地的事务。威尼斯委派督政官与军事指挥官到被征服的城市，他们听命于威尼斯元老院以及“十人委员会”。被征服的城市自己组织地方议会，地方议会有权根据本地的情况制定法律，负责处理城市的日常事务，如公共卫生、社会治安以及交通运输等。威尼斯人要求只要他们保持和平，并交纳一定的税赋，他们就相安无事。其他的威尼斯海上属地的情况也与此类似，如克里特岛，督政官由威尼斯委派的贵族出任，岛城拥有自己的议会。威尼斯殖民策略的转变，对以后城市的发展产生了深远的影响。正如王挺之所说：“15 世纪上半期，威尼斯把战略重心由海上转向陆上，对它以后的生存和发展影响极大。这一转移不仅使它有了开阔的陆上腹地作为保护，免去了腹背受敌的危险，更重要的是使它能在君士坦丁堡被土耳其人攻陷后继续生存下来，一直到 16 世纪都保持繁荣。”[1] 在共和国政治生活中，城市政权主要有三个组成部分：元老院（小议会）、大议会以及总督。在威尼斯，元老院是主要的立法机关。另外一个

1 王挺之，徐波，刘耀春. 新世纪的曙光：文艺复兴［M］. 北京：中国青年出版社，1999：135.

图 3－5　威尼斯赛舟会

立法机关是大议会，它负有选举元老院成员以及行政官员的职责。总督是象征性的官职，充当主持共和国典礼的职责，受到大议会的严密监督与控制。14 世纪时，又出现了一个“十人委员会”。“十人委员会”负责秘密监督一切城市市民的活动，对它认为可疑的人物进行逮捕或暗杀。从 13 世纪开始，城市的政治生活逐渐地为古老且富有的显贵家族所垄断，但威尼斯却从未有过暴政。在共和国漫长的历史进程中，政府采取过多种不同的形式，共和国始终保持基本的稳定。有人评价道：“威尼斯在君主专制与大众政府之间保持了中庸平衡；这种平衡如此稳定与精巧，总督从来没有变成暴君，而议会也从来没有变成民主……威尼斯拥有自己独特便利的政治与经济条件，它是寡头政治的原型。”[1]

强大的经济实力为威尼斯的城市建设提供了雄厚的物质基础。王挺之指出：从中世纪晚期起，威尼斯的富人就在水道的两边建造豪华的府邸，使威尼斯的城市建设粗具规模。文艺复兴时期，威尼斯的城市建设进入一个重要

1　杰弗里·帕克. 城邦［M］. 石衡潭，译. 济南：山东画报出版社，2007：64.

图 3－6　威尼斯城市庆典

时期，重要建筑都是在这一时期完成的，奠定了今天威尼斯的基本格局。[1]

威尼斯的城市中心是圣马可广场，它实际上由两个相连的广场组成，一个是圣马可教堂正前方的广场，另一个是与潟湖湖岸相连接的小广场。圣马可广场最初源于城市的一个市场。827 年，市民们修建了圣马可教堂的礼拜堂，用以安放圣徒马可的遗骸，后来围绕圣马可教堂不断有新的建筑出现，日益繁华，逐渐成为城市的中心地区。1176 年，威尼斯改建了圣马可教堂；1180 年，修建了老钟楼；1329—1415 年，又把钟楼改为砖构；1300 年，修建总督府；1520 年，建起了市政大厦；后来又在原面包房旧址上修建了市民公共图书馆。圣马可广场是市民们欢度公共节假日的地方，在庆祝威尼斯与亚得里亚联盟的盛大水上节日里，市民们倾城而出，聚集在圣马可广场，载歌载舞。

威尼斯城与其他欧洲中世纪城市的区别，就是城市的功能区分比较明确，这得益于威尼斯的城市特点。威尼斯是由几个岛屿组成的，它们之间的联系可能与大陆城市相比不太方便，但是威尼斯人将其变成了优势。城市共

1　王挺之，刘耀春．欧洲文艺复兴史·城市与社会生活卷［M］．北京：人民出版社，2008：30.

和国根据岛屿的大小与具体情况，规划了各个岛屿的功能。在莫兰诺岛建立了玻璃工业区，托赛罗岛是教堂和市民的墓地。还有一个岛屿是军火工业区，始建于 1104 年，1473 年扩建，在 16 世纪时再次扩建。建有一个造船厂，一个船只补给基地以及一个军火工厂。A. E. J. 莫里斯指出："群岛地理位置看似有缺陷的地方却被威尼斯人转变成为控制城市生产的优势：不同的岛屿被赋予特定的功能。"[1] 威尼斯的城市规划体现了市民们的智慧与远见，这是中世纪城市规划中首次把工业区单独划分出来。刘易斯·芒福德认为，威尼斯紧凑而开敞的布局可以克服中间聚集成大团块，十分拥挤，同时向四周盲目蔓延开去的城市发展的通病。[2]

另一个重要代表是佛罗伦萨城市共和国。佛罗伦萨位于意大利中部的托斯堪尼地区，阿诺河是佛罗伦萨的母亲河，它穿城而过，哺育了佛罗伦萨城。阿诺河为市民们带来了水产品，也为城市带来了充足的水源，成为意大利中部最大的纺织业中心。亚诺河是一条重要的商路，它连接了佛罗伦萨与比萨和地中海，也连接了亚平宁半岛。

11 世纪时，佛罗伦萨还是一座小城。随着经济的发展，城市的规模也不断地扩大。1172 年，佛罗伦萨开始修建第二道城墙，市区面积扩张为 80 公顷。一个世纪后，城市政府决定再次扩建城区范围，第三道城墙从1285—1340 年费时 50 余年修建而成，市区面积达到了 620 公顷，基本奠定了佛罗伦萨市的格局。1338 年，佛罗伦萨已经是欧洲第五大城市了，与巴黎、威尼斯、米兰和那不勒斯比肩。佛罗伦萨的经济取得了很大的发展。纺织业和丝织业是佛罗伦萨最主要的手工业。14 世纪至 15 世纪，佛罗伦萨的毛纺织业出现了手工工场，鼎盛时期 200 多家，每年的呢绒产量约 8 万匹。佛罗伦萨出产的毛呢质量优异，在各地的市集中都可以看到它们的身影，价格也最高。毛织工业为成千上万的工人提供了工作的机会。

在政治上，佛罗伦萨从处于封建领主控制下的偏僻小镇发展成为具有重

1　A. E. J. 莫里斯. 城市形态史——工业革命以前：上册［M］. 成一农，等译. 北京：商务印书馆，2011：478.

2　刘易斯·芒福德. 城市发展史［M］. 宋俊岭，倪文彦，译. 北京：中国建筑工业出版社，2005：343.

要影响力的城市共和国。1115 年，它成为独立的城市公社，最初只是城市居民为了保护自己的利益而组织起来的私人联合团体，它执行城市的防卫、司法、粮食供应等职能，是城市管理的政治团体。在遭到外敌入侵的时候，公社就会集合民兵自卫。坚尼·布鲁克尔指出："公社比主教、伯爵更能有效地管理城市，更重要的是，它有更为广阔的政治基础。这些公社政府是自罗马时代以来，第一个赢得了意大利城镇居民忠心和信任的世俗政治机构，它们给意大利经济复兴所带来的巨大创造活力提供了政治上的框架。"[1] 佛罗伦萨比威尼斯的统治集团开放得多，统治基础相对广泛。佛罗伦萨的商业和工业活动多样性，由此产生了一个分布广泛的企业家、手工业者、资产者等组成的阶层。虽然毛织作坊主是最富有的集团，但是他们并没有完全垄断政权，而是与银行家、贸易商人、专业技术人员等一起掌握政权。

1293 年，佛罗伦萨市民取得政权，他们制定了《正义法规》。该法规打击了那些残暴的显贵豪强，市民们在法规中指名道姓地列举了这些家族的名字。除了禁止这些人担任官职之外，贵族家庭还必须交纳保证守法的押金，如果贵族犯法，他们会受到加倍的惩罚。《正义法规》规定了城市共和国的政府组成。长老会议是佛罗伦萨共和国最高的管理机关。刚开始时，长老会议的成员由七大行会[2]选举产生，每个大行会选派 1 名代表。后来，长老会议增加了 2 人，由 14 个小行会[3]选举派出。政府首脑称为"正义旗手"，他既是议会议长，又是军事机构的总指挥。政府官员的任期有着严格的限定，如长老会议的 9 名成员任期只有 2 个月，期满后由下一届成员接任。长老会议之外有两个机构辅助，一是 12 人组成的"贤人团"，二是 16 人组成的"旗手团"。"贤人团"与"旗手团"为长老会议提供咨询，并与 9 名长老会议成员一起颁布市政法规，任命共和国的其他官员。"贤人团"的任期是 3 个月，"旗手团"的任期是 4 个月。政府的执行官员由 15 人组成，分别负责

1 坚尼·布鲁克尔. 文艺复兴时期的佛罗伦萨［M］. 朱龙华，译. 上海：上海三联书店，1986：173－174.

2 七大行会：羊毛商人、丝绸商人、呢绒工场主、皮毛商人、银钱商人、律师以及医生行会。由于商人非常富有，俗称"肥人"。

3 14 个小行会主要指小手工业者组成的行会，因为他们财产不如大行会成员，被称为"瘦人"。

城市的防卫、财政金融管理、侦查任务以及招募训练军队等事务。

1434 年美第奇家族开始建立专政统治，这以后的 60 年，佛罗伦萨共和国与美第奇家族纠缠在一起。由于共和国民主制度仍然存在，虽然美第奇家族的权力不断加强，但是它的统治却一直没有变成绝对的专制，共和国也没有变成绝对君主制度的国家。在美第奇家族统治期间，曾发生过几次危机。1466 年，当权的皮埃罗无法解决内部的权力之争，有人想取代他成为城市的领袖。在最后的关头，皮埃罗才幸运地渡过了危机。在罗伦索统治期间，1479 年发生了帕齐叛乱。帕齐家族是一个古老的贵族家族，他与教皇勾结起来，密谋在教堂刺杀罗伦索，然后再夺取佛罗伦萨的政权。结果罗伦索幸运地只受了一点伤，并从教堂中顺利逃出来。1494 年美第奇家族的统治终止了。法国国王查理八世入侵意大利时，皮埃罗・德・美第奇与法国缔结屈辱的条约，激起了佛罗伦萨市民的不满，他们驱逐了皮埃罗・德・美第奇。之后佛罗伦萨的政坛动荡不堪，处于混乱之中。

佛罗伦萨是一座美丽的城市，它的城市规划体现了文艺复兴时期欧洲城市的特点。市民们把城市的建设看作一个整体，认为城市是一件尘世的艺术品。到 15 世纪左右，城市中的行政区域与生产区域逐渐地被区分开来，进行政治活动的主要街道与一般的街道也进行了区分。新建的市政公共建筑成为城市政治权威的象征。坚尼・布鲁克尔指出：“自从但丁的时代以来，公社每一件建设方案都把美化佛罗伦萨市容作为首要任务。此外，有关市容美观的基本要素——整齐、对称、宽敞、清洁——从 13 世纪末到 14 世纪一直为人所乐道……”[1] 长老会议广场是佛罗伦萨城市的政治中枢，它的修建历经 100 多年。1314 年，城市建成市政会议大楼和广场。1330 年，广场被铺上石板面；1342 年前后，市政大楼进行了扩建；1376—1380 年，建造了市政大楼附近的敞廊。随后，城市政府对广场进行了扩建，对广场周围的景观进行了美化，颁布法令治理广场附近的卫生。

佛罗伦萨城最为著名的建筑是圆顶大教堂。1299 年，共和国决定修建托

1　坚尼・布鲁克尔．文艺复兴时期的佛罗伦萨［M］．朱龙华，译．上海：上海三联书店，1986：35.

斯卡纳地区最美丽最高贵的教堂。修建教堂的费用由市政府负责，委托毛织业行会组成专门的委员会负责具体的修建工作。毛织业行会征集建筑师、艺术家、雕刻家以及市民的意见。经过几十年的细致工作，1367 年，大教堂的大部分建筑修建完成，只剩下庞大的圆屋顶。但是修建它遇到的技术问题却无法解决。1413 年，圆顶的基墙完工，建造这个八角形穹顶的问题就摆在了建筑者的面前。由于圆屋顶的直径达到 40 多米，运用常规的技术方法无法实施，建筑工程暂时搁置。之后建筑师乔托在未完工的大教堂旁边修建了一座钟楼，这座钟楼以设计精巧和建筑技术完美而得到了普遍的赞赏。在大教堂建成前这座钟楼成为城市的象征。天才的建筑家布鲁内莱斯基敏锐地意识到，现在的佛罗伦萨已经不再是中世纪的公社了，而是一个强大的、自信的、世俗的城市共和国，它的标志性建筑不应该是乔托的钟楼。布鲁内莱斯基经过缜密思考，精心设计了双层内壳结构，这样可以大大减轻压在基础上的重量。同时，他设计了分层砌筑圆顶的方案，各层次依次扣紧，从而使得每一层的顶壁足以坚实到作为上一层的基础。学者们总结道："总的来说，大圆顶的建成使大教堂椭圆形后殿的长度与其高度的比例相当均衡，大教堂按照哥特式空间划分的各个部分之间的不统一性，在大圆顶的统一下达到了平衡，使大教堂具有了古典的和里程碑式的意义。大教堂与中心广场的对照更加协调，橘红色大圆顶优美的弧形线条在蓝天的映衬下显得瑰丽庄重，超凡脱俗。"[1]

一代代佛罗伦萨市民的辛勤劳作使得城市更加繁荣与富裕，人们对这座城市具有深厚的情感，也使得共和国的荣耀得以延续。一个童年生活在佛罗伦萨的历史学家这样描绘道："这座城市非常平和，处于领导地位的公民关系融洽，他们的权威如此强大以至于没有人敢反对他们。人们每天都处于游行和节日的喜庆之中；食物供应非常充足，所有的贸易都非常繁盛。统治者欣赏艺术和文学，资助那些有才干、有能力的人。在共和国社会秩序稳定的同时，城市享有很高的声誉。"[2] 佛罗伦萨赢得了外邦人士的赞赏。威尼斯

1　王挺之，刘耀春. 欧洲文艺复兴史·城市与社会生活卷［M］. 北京：人民出版社，2008：95.

2　A. E. J. 莫里斯. 城市形态史——工业革命以前：上册［M］. 成一农，等译. 北京：商务印书馆，2011：402.

大使游览了佛罗伦萨城之后，发出了由衷的赞美："在我看来，意大利或欧洲的任何一个地方都不可能比佛罗伦萨所在的地区更迷人。佛罗伦萨坐落在一个被山丘和山脉围绕的平原上，这些山丘里物产丰富、美丽富饶，景色宜人。我们看到那些耗费了大量资金建造的官邸，以及让人赏心悦目的美好环境：花园、林地、喷泉、鱼塘……景色如画的阿诺河从城中穿过，横跨在河上的四座石桥更为它增添了光彩。佛罗伦萨城有笔直的街道；这是一个干净、美丽和幸福的地方。"[1]

1　王挺之，刘耀春. 欧洲文艺复兴史·城市与社会生活卷［M］. 北京：人民出版社，2008：28.

第四节　市民的生活

在11世纪城市开始复兴了，除了那些大城市之外，这一时期的城市的特征与周围的乡村差别并不大，最为重要的特质是“自由”。然而，正是在自由的城市中，市民们的日常生活才具备了发展的可能，也正是在城市内，一个新的等级——第三等级逐渐形成，并最终演变为资产阶级。我们将从城市建筑、社会等级以及日常生活等各方面来讲述市民的生活状况。

先看城市的建筑。

中世纪欧洲的城市大多数由以下几部分组成：城墙、塔楼和城门；教堂；街道；广场与市场；公共市政建筑，如市政大楼等；市民民居；城市公用设施，如水井等。

在英格兰，由于局势较为太平，因此城墙的防御功能色彩较弱。城市城墙的修建主要是保护市民的贸易权利，并对经过该城的外地货物征收通行税。如诺里奇市，在1194年取得了特许状，它的城墙建筑于1343年完工。城墙用燧石修建，长约3200米，高6米，厚度为1.5米。伦敦城由于其特殊的地位，城防系统相对坚固。城市周围是坚固的城墙，每隔一段距离建有塔楼和城门。此外，城东有伦敦塔，城西有数座坚固的城堡，用以加强城市的防御。在欧洲大陆，城墙的军事防御功能较为明显。特别是意大利的城市，由于城市共和国之间持续不断的兼并战争以及外国军事势力的侵入，城市的防御成为城市生活中最重要的因素。城墙的建设也是一个不断扩容市区的过程，新修建的城墙总要把原来外围的地区囊括进来。还有一些城墙的修建是为了把那些不连续的地区连接起来，形成一个有机的整体。佛罗伦萨城就是一个典型。在1172—1340年，佛罗伦萨城急剧扩张，面积从几十公顷增加

图 3 -7　中世纪的教堂

到 630 公顷。[1]

教堂是城市标志性的建筑，它通常修建在城市的中央地区。教堂是欧洲中世纪最早的一批石头建筑，也是许多欧洲城市到现在还有教堂文物的原因之一。中世纪的世界被基督教笼罩着，每个人从出生到死亡都与教会密不可分，代表教会的教堂自然在市民的日常生活中占据主导的地位。在不列颠，大约每 50 户家庭就会有一座教堂。12 世纪时伦敦城有 139 座教堂，每小时都可以听到教堂的钟声。教堂前面的广场，是市民举行宗教活动或者娱乐活动的场所。在教堂广场上演的宗教剧目是牧师进行布道的方式。教堂的周围是教会的土地或者是“和平地”，这些地方逐渐成为市民们的墓地。德国康斯坦茨城拥有众多的教堂与宗教建筑。主教的城堡以及圣马利亚大教堂和圣施特凡教堂都坐落在城市中心。10 世纪时，城市又修建了 5 座教堂，都毗邻罗马时期修建的教堂，也模仿罗马的模式。康拉德主教期间，城市的北部是圣约翰教堂，南部是圣保罗教堂和圣罗伦茨教堂。格尔哈德主教期间，在莱

1　A. E. J. 莫里斯. 城市形态史——工业革命以前：上册［M］. 成一农，等译. 北京：商务印书馆，2011：266 -267.

图 3－8　保存下来的中世纪城市街道

茵河的西岸修建了修道院的圣格列高教堂，仿照梵蒂冈的圣彼得大教堂修建，不久正式改名为圣彼得教堂。圣徒格列高的头颅也从罗马转送到康斯坦茨。[1] 为了突出教堂的中心位置，城市政府颁布法令限定普通建筑的高度。如理姆斯市，该市曾颁布了一项特殊的建房法令，禁止任何市民的房屋高出城市大礼拜堂的屋檐。每当一座房屋修建时，副主教就会从屋檐的洞口向外望去，观察正在修建的房屋是否高出了他眼睛的水平线。如果副主教发现市民的房屋超过了眼睛的水平线，就会勒令该建筑停工。目的是为了保持教堂的权威地位，彰显教会的威严与神圣。文艺复兴时期，许多欧洲城市的标志性建筑除了教堂之外，还有宏伟的市政建筑，这一转变表明城市生活越来越走向世俗化与实用主义。

在人们的印象中，中世纪城市的街道，总是尘土飞扬，肮脏不堪，不时还有畜禽横冲直撞。1131 年，法国的一位王子骑马走在街道上，恰巧一头猪正在拱街道上的垃圾；受了惊吓的猪冲入马的两腿之间，使得王子从马上坠落身亡。一般城市的主干道宽阔，背街的小巷就显得曲折狭小了，或许对当

1　汉斯－维尔纳·格茨. 欧洲中世纪生活［M］. 王亚平，译. 北京：东方出版社，2002：256－257.

时的市民来讲，这些小巷并不狭窄局促，因为那时没有这么多的车辆与人流。专门铺设城市路面的行为出现在中世纪早期。巴黎开始于 1184 年，法国国王菲利普·奥古斯都在城市中铺设了一条道路。佛罗伦萨开始于 1235 年。在德国，道路的铺设似乎要晚一些，如巴伐利亚的兰次胡特到 1494 年还没有铺设路面。[1] 在英格兰，道路的修建也相对落后一些。12 世纪末伦敦的街道非常狭窄，大部分的路都没有铺上石板，街道上挤满了人、猪、狗与马。城市街道两边是房屋与商铺，鳞次栉比，显得杂乱无章。特别是这些建筑大多数是木结构的，屋顶是用稻草苫的，因此城市存在着严重的消防隐患，火灾频仍。13 世纪，一些城市当局获得王室的许可，有权向市民征税用以修路。为了保护街道，有些城市还立法规定禁止一些行为。如林恩市法规定：在圣诞节后，不可驾驶用铁皮包裹车轮的车子运输水，违反者将被没收包裹轮子的铁皮。显然在冬天铁皮会破坏城市的街道，此规定的出台是出于保护城市街道的目的。15 世纪，北安普顿市政当局颁布一项道路铺面法令，规定沿街居民有义务对自家房屋前面的街道进行铺面和维修，城市广场与其他宽阔地方的路面由城市当局负责。

市场是城市有机的组成部分，它是市民们交易购物的场所。D. M. 斯登顿写道："今天的市场对于普通市民而言意义并不大，但是在那个时期，市场是普通市民一周生活的中心，是他可以出售商品，并购买日用品的场所。零售贸易在市场上占了很大部分，一间中世纪店铺储存的货物不会比一个手工工场多。"[2] 城市的市场通常有两种类型：一是位于城市中心的四方形市场；二是城市街道自发形成的自由市场。四方形市场主要出现在经过规划的城市之中，城市中更多的是自由市场，它方便普通市民的日常生活与小商品交换。

由于经济的发展，西欧城市的商品交易逐渐活跃。在伦敦，市场内的商品琳琅满目，令人应接不暇。俄罗斯出产的皮毛、东方的香料、中国的丝绸

1　刘易斯·芒福德．城市发展史［M］．宋俊岭，倪文彦，译．北京：中国建筑工业出版社，2005：329.

2　A. E. J. 莫里斯．城市形态史——工业革命以前：上册［M］．成一农，等译．北京：商务印书馆，2011：275.

图3－9　16世纪市民的食品

与瓷器以及欧洲大陆进口的葡萄酒等，应有尽有。还有本地出产的商品，包括各种鱼和肉类，以及家庭日常用品。在佛罗伦萨，市场是城市最为繁忙与拥挤的地方。“托斯堪尼农村出产的一切食品都可在市场上找到：时令的各种蔬菜、水果；各类肉、鱼和野味；还有从外地贩运而来的各种特产佳肴。提篮叫卖板栗、白梨的妇女和设摊开店的商人竞相招揽顾客，既有屠夫鱼贩，也有卖鸡卖鸭、卖瓷瓦料器、布匹呢绒乃至各色炊具的。每天早晨市场上各条街巷总是挤满驮货的牲口和运货的车辆，人来人往，绅士们带着夫人夹杂其中，她们和女贩讨价还价，嚷个不停。这里有正在拼搏的赌徒，也有妓女、懒汉和闲人，还有贩夫走卒、呆傻白痴以及亡命之徒和吝啬鬼。”[1]可见市场汇聚了市民百态，也是鱼龙混杂之所在，是市民日常生活最直接的呈现。

1　坚尼·布鲁克尔. 文艺复兴时期的佛罗伦萨［M］. 朱龙华，译. 上海：上海三联书店，1986：46－47.

公共广场是市民休闲集会的中心，也是城市举行庆典的场所。中世纪晚期大多数公共广场是指市政厅前面的广场。在意大利称为“piazza”；在德国称为“platz”；在法国称为“place”。这些不同的表达都来源于古拉丁文“platea”。在当代中国的一些城市中，许多广场通常以“platz”来命名。文艺复兴时期，特别是意大利的城市，市政广场的地位变得重要起来。佛罗伦萨的长老会议广场就是该城的政治论坛。在旧市场，市民们听到的是家庭琐事、奇闻怪谈，同时也会有政治上的流言蜚语。只有在长老会议广场，市民才能听到更为确切的市政新闻，因为城市政府的官员总是要经过这里进入会议大楼，因此这个市政广场是官员们探讨政治问题的一个天然场所。该广场也吸引了那些对政治感兴趣的市民与局外人。由于城市商业法庭和行政长官的办公地就在这个广场的旁边，因此长老会议广场也是律师、警察、执行吏和诉讼者聚集的地方。普通市民来到广场更多的是办理有关税收与商业的事情，市民们需要到市政大厅缴纳各种税收，也可能向市政府贷款，或者由于个人的困难，希望得到政府的救助等等。与古代罗马城市相似，这时候的城市广场也有一些廊柱可供市民们休憩。这是老人们白天闲聊消磨时间的地方，晚上是年轻男女谈情说爱的地方。市政广场也是市民们密谋暴动的地方。在威尼斯，1383 年夏天梳毛工人的暴动就是在圣马可广场酝酿的。

通常市政广场的周围是政府机关。在佛罗伦萨，城市最高机关执政团宫就坐落在附近，在执政团宫的前方是著名雕塑家米开朗琪罗的杰作——大卫像，长老会议大厦前方还有共和国的另一个象征——狮子像。在威尼斯，与圣马可广场毗邻的是总督府，这是总督和政府机关的办公场所。最早的政府建筑都比较简陋。12 世纪后半叶，随着威尼斯经济的繁荣，城市当局对政府办公机关进行了重新规划。新建的总督府除了一般的构造之外，还增加了瞭望塔以及防御工事，这使得总督府更像一座戒备森严的城堡。总督府经过几个世纪的改建与装修，成为威尼斯城市的标志性建筑之一。“从外观上看，建筑物下部比较镂空，而上部则比较实，整个底层都是连拱柱廊，上层柱廊连续的哥特式拱顶上都装饰有四瓣花形圆窗。两层柱廊以上就是二楼，二楼上是一些特大的大厅，大厅以硕大尖拱形大窗采光。建筑物上边沿饰以很窄的窄条檐口，檐口上方相间饰以透雕饰和尖柱。”[1] 14 世纪初，市政当局又修建了新的市政建筑，包括元老院议事厅等。在德国，1120 年苏斯特就有了议会楼，1149 年科隆有了市民楼。13 世纪以后，城市中的议会楼就比较常见了。1200 年，格尔恩豪森也有了议会楼，原址是一个商店。1232 年，多特蒙德建立了议会楼，该楼的一楼是大厅和法庭，二楼是议事大厅。议会楼的装饰比较豪华，在建筑上镶嵌有城市的徽章，在大厅中备有用于监督的计量器。[2] 有些城市为了突出市政建筑的象征地位，限制城市民居的建筑高度。如阿姆斯特丹市政府颁布法令规定：任何房屋或者市民住宅不得高于市政厅的第三层楼，违者加以处罚。

以上介绍的是市民们的居住空间——城市建筑，下面将介绍城市中的社会等级。

刘易斯·芒福德写道：“因此中世纪城市便成为一个选择力很强的环境；它从农村向自己身边吸引了大批更有技能、更富开创精神、更正直——大约因而也更聪明——的人。市民身份已经自由交往，代替了血亲乡土、家族和封建伦常的古老纽带。专门化的各种职业团体则以一套完全新的关系和责任，补充了原始的家族、邻里团体：人人都在新城市中占有一席之地。”[3] 与庄园和村庄的人际关系和社会结构不同，城市包容了更多的社会阶层。在这里有市民，有领主与教士，有大学生，有犹太人，有从乡村逃亡来的农奴，有进城卖菜的农民，有到处经商的商人，也有不知从何处来的陌生人。

在城市的社会阶层中，最有权势的自然是领主或者领主的代理人。正是由于他们的授权，才有了城市的产生，因此领主在城市中处于统治的地位。当然，许多领主并不喜欢居住在城市的繁杂生活中，他们在乡村有自己的别墅。教会人士也是城市中特殊的阶层，没有他们，市民们就缺少了精神与宗教的领路人。在城市中矗立的众多教堂以及给市民们带来的神秘感，足以显示教士在城市中的地位与身份。

---

1 王挺之，刘耀春. 欧洲文艺复兴史·城市与社会生活卷［M］. 北京：人民出版社，2008：85.

2 汉斯－维尔纳·格茨. 欧洲中世纪生活［M］. 王亚平，译. 北京：东方出版社，2002：260.

3 刘易斯·芒福德. 城市发展史［M］. 宋俊岭，倪文彦，译. 北京：中国建筑工业出版社，2005：280.

城市中绝大部分是市民阶层，包括商人、手工业者等自由人，他们是正在形成的资产阶级。市民们要求领主或者贵族承认城市的权利与特权，他们渴望自由。如前文所述，他们要选举自己的市政官员，自己拥有征税的权利，他们希望成为一个城市共同体。这些市民具有积极的精神："市民能深思熟虑，对公共事务勤劳而又热心；他们拒绝屈从别人，并防止任何人侵犯他们的自由。他们制定自己的法律并服从这些法律。"这些形成中的资产阶级不再像农奴那样任人奴役，他们会通过各种手段来实现自己的权利。市民们甚至采用暴力的手段，典型的代表是琅城事件。琅城的主教侵犯了城市公社的权利。"……琅城的编年史曾简略地记载：有过一次巨大的血腥叛乱，还有一次对贵族的血腥的报复行动；发生过一次大火；又有过一次大屠杀。琅城主教高德利，曾宣誓要遵守那由他以高价售给市民的宪章，但他一有机会就千方百计地违反这宪章；他终被杀死，自食后果。"[1]

对于大多数的商人和手工业者来说，家与店铺是相同的概念，他们吃饭、睡觉和生活的地方，也是他们制造、出售货物的场所，基本情况是"前店后家"。除了家庭成员之外，还包括学徒、仆人或者租客等。学徒由于每天与师傅一起生活，有助于他自身技术的提高；师傅由于有学徒，可以替他分担许多家务。师傅的子女也会跟着父亲学一些技术，他们也会到别处当学徒，或者到别的家庭当仆人。当他们长大成人之后，通常会接替父亲的工作，继承父亲的事业。通过家庭关系，行业的传统得以传承。

打零工的人、学徒、帮工、雇工、奴仆、富裕家庭的佣人、非婚生的子女以及那些"低贱"行业的人，如屠夫、挖墓地的人等等，都属于城市的下层。他们不享受市民的权利，没有财产，也没有房子，只能够租房或者住在桥洞等处。但是他们也是城市的一员，是城市生活不可缺少的一部分，有研究者认为，这些人至少占城市人口的40%。事实上，这些数据并不准确。

从事色情业的妓女一直是人类社会中低贱的阶层，也是生命力极强的阶层。中世纪的欧洲人认为卖淫不同于通奸，因此它不受宗教法庭的管辖，而是受城市法律的管理。基督教神学家奥古斯丁认为，卖淫是一种必要的恶，

1　汤普逊．中世纪经济社会史：下册［M］．耿淡如，译．北京：商务印书馆，1963：426.

可以使良家妇女免受男人淫欲的诱惑与玷污。中世纪经院哲学集大成者托马斯·阿奎那认为，消除卖淫现象是一件神圣的事情，但是一旦废除了卖淫，可能会导致社会道德更加恶化。在这种情况下，随着西欧城市的兴起与发展，妓院也在城市中雨后春笋般地出现。在德国汉堡及奥地利维也纳等地，妓院还成立了行会。

从某种意义上讲，妓院成为市民休闲生活的“圣地”。除了已婚的男人经常光顾妓院之外，那些无法结婚的人特别是教会的教士也是妓院的常客。尽管教会三令五申，但是无法阻止“上帝的使者”最本能的冲动，甚至连教皇也不例外。1501 年，瓦伦提诺公爵在教皇所在地梵蒂冈举办了一场赤裸裸的性宴会，教皇亚历山大六世也参加了这场宴会。傍晚，瓦伦提诺公爵准备了晚宴，50 名高级妓女前来助兴。晚宴开始后，她们开始跳舞。最初的时候，她们还穿着衣服，随着气氛的热烈，她们把衣服脱了个精光。插着蜡烛的大烛台被人从桌子上面取下来，放在地板上，地上洒满了栗子。妓女们就光着身子用膝盖和手在烛台之间爬行捡栗子。教皇、公爵，还有公爵的妹妹兴致勃勃地欣赏这场丑剧。最后交媾最多的妓女获得了奖品，而这场闹剧的场所就是召开宗教会议的地方。[1]

中世纪中叶，意大利与法国的一些城市先后出现过官办妓院，随后扩展到英国、德国等地。在意大利，1330 年博洛尼亚设立官办妓院。威尼斯在 1360 年，佛罗伦萨在 1402 年，都先后设立了官办妓院。总体看来，妓院的数量与城市的人口规模和经济发展水平有着密切的关系，也与城市的社会风气有着一定的关联。妓女的收入依据她的身份等级而定，高级妓女的收入非常可观，一般底层的妓女由于受到老鸨的盘剥，实际上生活得非常悲惨。她们不仅遭受身体上的折磨，同时受到精神上的打击。底层的妓女大多来自城市周边的农村，一部分人走上这条道路是由于生活的压力，被迫进入这一行业。她们经常遭到抢劫、强奸甚至生命危险。她们这样讲述道：我曾经美貌如花，芳香迷人；如今却满身臭气，令人厌憎，每当想到这些，不禁泪流满

1　王挺之，刘耀春. 欧洲文艺复兴史·城市与社会生活卷［M］. 北京：人民出版社，2008：343 – 344.

图 3－10　15 世纪的笔记本

面。我秀美的发辫现在哪里？还有我光洁的肌肤以及甜美的声音在哪里？如今我口不能言，死神已经来临，我即将离开你们所有的人，我感到灵魂已经放弃挣扎，从我的口中迅速离去。[1] 为了区分城市中的妓女，城市政府从服饰上对她们进行了规定，但各地的法令千差万别。在苏黎世，1313 年的法令规定：妓女与老鸨在大街上必须戴风帽式的红帽子。在梅拉诺，1400 年的市政法令规定：妓女不得身着大衣；不得同市民的妻子或者其他良家妇女一起跳舞；鞋子上必须系黄色花结，以便于分辨；不准佩戴银首饰。在奥格斯堡，1440 年法令规定：妓女们在外出时不得穿着绸缎，不得佩戴珊瑚念珠，在面纱上必须要有两指宽的绿带。在 14 世纪中叶，法国一些城市的法令规定：妓女在公开场合必须佩戴别针。1486 年德国柏林市政会议规定：妓女必须用斗篷把头盖住，或者穿着短披肩。在莱比锡城，妓女要披带有蓝带子的黄色斗篷。在意大利佛罗伦萨，妓女必须在所戴的帽子上挂一个小铃铛。[2]

城市中还有一个特殊的群体，就是大学生，他们与市民一道，共同见证

1　王挺之，刘耀春. 欧洲文艺复兴史 · 城市与社会生活卷［M］. 北京：人民出版社，2008：353.

2　大卫 · 尼科尔. 中世纪生活［M］. 曾玲玲，殷小平，张小贵，译. 太原：希望出版社，2007：162.

图 3－11　15 世纪的书籍

了城市生活的万花筒。

从 11 世纪开始，西欧社会生活发生了巨大的变化，社会结构变得日益复杂，需要受过专门训练的各种人才，如法学人才、医学人才以及各种行政管理人员。早期以传授基本知识为教会服务的教会学校，已经不能适应世俗社会的需要。东西方文化交通的开辟为大学的兴起提供了契机，有关数学、医学、天文学的知识由伊斯兰世界传入欧洲，这为西方大学法学、医学等学科的形成准备了基础。随着城市的复兴和商业的发展，城市中出现了组织严密的行会制度，行会有自己的组织和管理章程，拥有相当大的自治权，这为老师与学生组成的共同体——大学提供了榜样。大学最初的意思是“向来自各地的人开放的学习场所”，这是一个具有行会性质的公共教育机构。1100—1150 年是西欧大学的形成时期，蓬勃发展则是在 13 世纪。本内特说：在 12 世纪至 13 世纪，欧洲的城市里到处是老师和学生的声音。[1] 中世纪的欧洲大学是传承学术的机构，更是一个世俗团体，它与所在城市的市民有着密切的关系。大学与市民之间既相互依赖，又有着矛盾——大学就溶于市民

1　朱迪斯·本内特. 欧洲中世纪史［M］. 李韵，译. 上海：上海社会科学院出版社，2007：334.

图 3－12　剑桥大学国王学院

的生活之中。

首先是大学与市民之间的依赖关系。大学的学生来自全国乃至欧洲各地，他们需要租房子生活、租房间上课，因此一个大学正常的运作需要得到当地市民的支持。如果大学学生对当地的生活条件感到不满意，他们就会迁移到别处。对城市市民来讲，他们也需要大学的繁荣，因为这会给他们带来丰厚的收入，包括房租、学生与老师的生活费等等。再有大学的存在也会给城市带来学术名声。这是两者之间的依赖关系。其次大学与市民之间也存在着矛盾。中世纪的大学生大多是成年人，他们的素质参差不齐。我们通过一对父子之间的通信来说明这一点。儿子写给父亲的信中写道："在这个城市里生活需要很多的东西，而且都很昂贵；我要租房，购买生活必需品以及其他的东西。因此我请求您看在父子情分上，看在神圣的怜悯的分上，帮帮我，我的事业已经开了个好头，有了您的帮助，我就能够善始善终。"父亲的回复是："最近我发现你生活荒淫无度，好逸恶劳，别人在学习的时候你却在弹你的那个破吉他。"[1]

1　朱迪斯·本内特. 欧洲中世纪史［M］. 李韵，译. 上海：上海社会科学院出版社，2007：335.

大学的生活丰富多彩。上午上课，下午学生们进行各种体育活动：赛跑、跳远、游泳、射箭等。到了晚上，勤奋的学生会埋头苦读，散漫调皮的学生会到城市的酒馆饮酒，以消磨时间。还有些学生会来到妓院，享受人生的欢娱。时间长了之后，来自不同地区的学生之间经常发生斗殴，也会引起他们与市民之间的矛盾。世界著名的剑桥大学就是由于学生与市民之间的矛盾而诞生的。1209 年，牛津大学的一名学生在练习射箭时，误杀了镇中的一名妇女，引起了小镇居民的愤怒。市民们扣押了几名学生，在得到国王同意的情况下，市民们吊死了三名学生。这一消息在人们的传播过程中增加了许多夸张成分，引起了牛津大学师生们的恐慌，于是他们四处逃命。一些人来到了牛津附近的一个叫瑞定（reading）的城镇；一些人重返巴黎；还有一部分人来到剑桥，成立了剑桥大学。

事实上，大学生与市民之间发生冲突屡见不鲜，在英语中有“town and gown”一说，即指城镇居民与大学成员。1354 年 2 月，牛津大学的学生在酒店里与当地居民发生口角，继而发生斗殴。市民敲响了圣马丁教堂的钟召唤市民们参战，学生则敲响了圣玛丽教堂的钟号召学生们参加斗殴。约 4000 名居民冲入牛津大学，包围了各个学院。这场纠纷持续了三天三夜，英王爱德华三世此时正在附近的城市，在得知消息后，他把大学校长和牛津市长叫过去询问。最后，国王认定这场冲突主要的责任在市民，于是下令每年 2 月 10 日，市民们都要在圣玛丽教堂为死去的学生举行悼念仪式，牛津市长和本城的绅士都须前往，同时每次要捐款 40 便士。一直延续到 1826 年才结束。

自由迁徙是大学保持自身独立对抗城市权威的一种方式。伴随着大学自身力量的不断增长以及它对整个社会的重要性的增强，这种方式就变得更有意义，这也使得世俗社会不得不慎重地对待大学。大学获得的另一种自由权利是房屋一旦为学校师生使用，用于集会与教学活动的话，那么只要学校的师生想要使用房屋，它就不应该被再租赁给他人，房屋的租金应该由市民与教师组成的委员会依据习惯而确定。1229 年，英王亨利三世向巴黎大学的师生保证：凡是迁入英国者，可以指定城乡地点作为安身之所，并且有各种法律来保障师生的安全，让大学师生享受“自由及太平之幸福”。独立的司法权是大学取得的又一项特权。1254 年，教皇英诺森四世确认牛津大学的自由、免于干涉、古老的习惯等特权；同时大学还为其成员取得以下特权：假如契约是在牛津大学内签订的，那么教皇的代表不应该把大学的成员召集到牛津以外的地方进行审问。城市居民必须维护大学师生的利益，市民们不得将变质的肉卖给学生，不得在啤酒中掺水，进行交易时不得缺斤少两，违者将由大学的法庭加以审理。13 世纪 80 年代，牛津大学的全体会议又郑重地宣布了大学的四条习惯权利：大学成员可以在校长法庭上指控具有世俗身份的被告；大学成员遗嘱的验证权属于校长；对大学成员道德犯罪的调查权属于大学；教师只应在校长的法庭上接受审讯——不论契约的签订地点是在大学内还是在大学外面。

中世纪城市中还有一个被边缘化的阶层，即犹太人。基督教世界中存在着根深蒂固的反犹观念，对犹太人的迫害始于古罗马时代。12 世纪之后，欧洲各个城市对犹太人的迫害尤为严重。在许多城市，犹太人被要求居住在特定的区域，即犹太人居住区，或称为犹太街区。甚至为了区分犹太人，一些城市规定犹太人必须穿特别的衣服。1215 年第四次拉特兰会议决定，犹太人的衣着应该与基督徒的衣着区别开来。

犹太人是天生的商人，他们精于经商与贸易。随着基督教商业世界的形成，基督徒控制了大多数的商业贸易，犹太人只好从事那些高风险的行业，如高利贷、房屋出租以及首饰加工等。精明的犹太商人希望靠自己的智慧挣钱，但是基督徒却不这么看，犹太人成为欧洲城市危机的替罪羊和牺牲品。一旦遇到经济危机或者瘟疫流行，一些荒诞不经的谣言就会出现。如果有小孩被害，人们就谣传是犹太人用孩子的血做逾越节食用的无酵饼。当瘟疫流行时，城市当局对此无能为力，只好嫁祸于犹太人，就说是犹太人为了报复基督徒向河里井里投毒。在中世纪，经常发生屠杀犹太人的事件。1096 年，为了给即将出征的十字军士兵壮行，莱茵河沿岸的许多城市大肆屠杀犹太人，有 3 万多犹太人死于非命。1144 年，诺里奇市发明了对犹太人的新的指控“仪式谋杀”，这种指控纯属无中生有。1290 年英国发生驱犹事件；1306 年法国发生驱犹事件；15 世纪早期，一些日耳曼自治城市都发生过驱犹事件。中世纪时基督徒将犹太人描绘成邪恶的形象，时人写道：晚上在巡夜的时候，在犹太人的教堂里，他们默不作声；这时候一根绳子从上面垂下来，

图 3－13　16 世纪法国市民住宅的大门

吊着一只硕大无比的黑猫；犹太人就念着经文灭了灯，走近那只黑猫，去亲吻那只黑猫。这样带有臆想的描绘源于基督徒迫害犹太人的精神基础。

中世纪时，市民的住房比较简单，与以前相比有了很大进步。城市中存在着大量木质的房屋，因此城市的消防一直是大问题。后来有钱人开始用石头与水泥修建房屋。中世纪后期，城市大量建造水泥与木头混合的房子。中等市民的情况略好一些，私人空间的概念模糊出现，房间开始隔断，卧室与会客厅分开，以保护主人的隐私。房屋中的家具是一些比较简单的桌椅、床以及衣服柜子等。相比而言，普通人的居住环境拥挤且肮脏。12 世纪时，德国北部流行楼板房，底层有一个大厅和几间屋子用作起居室和厢房。德国南部的房屋，起居室一般在楼上，下面是走道。在市中心，房屋分割为许多的部分，出租给不同的租客，一间房屋有时候会租给十几个人，这些租客都是贫困的人。

城市卫生方面，由于许多城市是从村庄发展过来的，再加上当时技术的限制，因此中世纪城市的卫生环境大多数比较恶劣，基础卫生设施极不完善。在城市中，有养猪的、牧羊的、放牛的，这些散养的牲畜随意排泄粪便。城市居民的日常生活与生产产生的许多垃圾，人们随意抛弃，不仅污染环境，也使得疾病肆意流行。在这种情况下，政府管理公共卫生就显得迫切了，各个城市都有法令来规范这些行为。[1] 林恩市法规定：除了周六以外，任何居民不可以把猪放养在街头，让猪在街头到处乱走；如有违反者，处以4便士的罚款。普通市警可以扣押当事人的财物作为罚款。市法记载：1370—1371年，有47个养猪人因违法被罚款，其中有人还是累犯，罚款共计6英镑8先令8便士。1373年将罚款金额降到2便士，共有86名养猪人违反法律，累计次数达到675次。[2] 城市中有屠户，处理牲畜的下水也是一个问题，到处乱扔对城市的卫生极为不利，于是林恩市法规定：宰杀的（特别是屠夫宰杀的）动物内脏，城市南部的送到le balle，并且倒入河中；城北的送到dowshill，也倒入河中；同时规定，到下个复活节，屠户运送动物内脏的时候，应该用带盖的小推车，违反者处以20先令的罚款。显然这是由于动物内脏的异味会污染环境，所以才特意做出规定。对于垃圾车的问题，市法规定：运送垃圾的车一周有两次可以通过街道，分别是星期三与星期六；对随便乱倒垃圾的人处以不同程度的罚款。

1347年开始流行的黑死病对市民们产生了致命的影响，黑死病使得欧洲人口减少了近一半。城市由于人口密集，更是瘟疫的重灾区。瘟疫流行使得城市中的商铺关门歇业，经济活动几乎全部停止，昔日繁华的街道显得冷冷清清，整个城市就像一座没有人居住的地方。薄伽丘在《十日谈》中描绘道："城市里就这样到处尸体纵横；附近活着的人要是找不到脚夫，就自己动手把尸体抬出去，他们这样做并非出于恻隐之心，而是唯恐腐烂的尸体威胁他们的生存。每天一到天亮，只见家家户户的门口都堆满了尸体。这些尸体又被放上尸架，抬了出去。……一个尸架常常载着两三具尸体。夫妻俩，或者父子俩，或者两三个兄弟合放在一个尸架上，成了司空见惯的事。人们

---

1 Heather Swanson. Medieval British Towns［M］.［S. l.］: 85.

2 http://www.trytel.com/~tristan/towns/lynnlaws.html 1331·9·29.

也不知道有多少回看到，两个神父拿着一个十字架走在头里，脚夫们抬着三四个尸架跟在后面。常常会有这样的事情发生：神父只知道要替一个人举行葬礼，却忽然来了七八具尸体同时下葬，有时候甚至还不止这些。再也没有人为死者掉泪，点起蜡烛给他送丧了；那时候死了一个人，就像现在死了一只山羊，不算一回事呢。”[1] 在锡耶纳城，时人记载道：“父弃子，妻抛夫，兄弟相背，只是因为疾病是在呼吸与目光之间传播的。人们死后也无人肯为他们安葬……在锡耶纳的很多地方，人们挖出巨大的坑，把尸体堆在里面……还有一些尸体无人埋葬，被野狗吞食。”市民们对于瘟疫无能为力，他们认为瘟疫的流行是由于上帝对人类的不满。在教皇驻跸地阿维农，来自各个地方的约2000人参加了游行，人们光着脚穿着破旧的衣服或者涂着灰。这些人泪流满面，表情悲哀，披头散发地行走着，并鞭打自己直到浑身是血。[2]

中世纪的市民日出而作，日落而息，钟对于城市居民来讲具有特别的意义：为死者敲钟鸣丧。在特殊的情况下敲钟集合，频繁地敲钟会对城市居民的日常生活造成不利影响。林恩市法规定：由于经常地敲钟，特别是敲圣·马格利特教堂钟，影响市民的休息与钟的寿命，因此规定，除了一些特别重要的人物以外，不允许随便地敲丧钟，同时限制敲钟的时长，且收取一定的费用。

城市是一个人群聚集的地区，要生活就得有水源。有时候城市从或外面运水到城内，或城市开挖自己的水井，或铺设引水管道。1237年伦敦修建了管道，从泰伯恩（Tyburn）引水到市区；而布里斯托尔市在此前50年就已经这样做了。[3] 作为社区公共产品，规范其使用与维护非常必要。林恩市法规定：由于城市中使用喷泉的人太多，导致喷泉受到损害，因此，仿照伦敦和其他城市的规定，挑水的人应该遵循先来先取的原则，所有挑水的人都应该排队，按照次序取水；同时，只有提小桶的人装满水后，拎大桶的人才可

1 坚尼·布鲁克尔. 文艺复兴时期的佛罗伦萨［M］. 朱龙华，译. 上海：上海三联书店，1986：57－58.

2 朱迪斯·本内特. 欧洲中世纪史［M］. 李韵，译. 上海：上海社会科学院出版社，2007：360.

3 Susan Reynolds. An Introduction to the History of English Medieval Towns［M］.［S. l.］：128.

以盛水，也不允许大桶放在那儿，阻碍别人盛水，违反者处以 12 便士的罚款，检举的人可以获得 4 便士的奖赏。如果有人打破了穷人的旧水桶的话，应该照价赔偿。后来，法令重申了“先来先挑水”的原则——不论是外来者，还是城市的市民，不论地位高低，如果有人插队，即会受到惩罚。

出于传统的习惯与社会发展的需要，城市当局负责济贫的事务，其对象是穷人、乞丐以及老弱病残者。一些城市由于具有雄厚的经济实力，可以通过市民的捐赠设立济贫基金，当局也会注入一些资金，用以捐助需要者。市政当局对这些资金负有管理监督的职责，制定具体的使用规则。在处理济贫与流民的问题上，伦敦市率先建立了感化院与习艺所，并征收济贫税救济没有劳动能力的民众。1391 年，伦敦发生饥荒，伦敦市长就动用其他资金并要求城市每个参议员缴纳 20 英镑，用于购买粮食，以补充首都的粮食。都铎王朝时期，为了应对粮食问题，伦敦城逐渐建立了粮食储备制度。1520 年伦敦市政会议决定，城市以贷款的方式向各行业师傅与市民征收 1000 英镑，用以购买粮食作为城市的公共储备，并建立储备粮仓。一旦城市发生饥荒或者粮食短缺的情况，市长可以动用粮食储备，把它投入到市场平稳物价，并接济城市的贫穷者。在布里斯托尔市，1522 年随着粮食价格的上涨，市长不得不从其他地方购买粮食，以缓解市民的生活困难。

城市当局的救济行为还体现在建立慈善机构。英国宗教改革之后，原来修道院的医院和慈善机构停止运行，这给城市济贫工作带来不小的影响，于是城市官员与市民代表就向国王请愿，希望能够保存这些慈善场所。1544 年 6 月，国王同意重建圣巴多罗缪慈善院，并提供一定的资助。诺里奇市为无生活能力者建立了两所救济院，圣吉尔斯救济院是其中的典型，被誉为“上帝之家”“贫民之家”。圣吉尔斯救济院的建立得到了爱德华六世的许可，管理者是诺里奇市政机关与城市的市长。圣吉尔斯救济院为无劳动能力者与老弱病残者提供免费的帮助，保证其最低生活需要；对有劳动能力但是贫穷的人提供劳动的机会，通过劳动取得一定的报酬或产品。城市还关注儿童的情况，在诺里奇市兴建有孤儿院，政府将孤儿或者流浪的儿童送到孤儿院，让他们接受教育，孤儿院为这些孩子提供最基本的生活保障。

城市的行会有着团体互助的传统，对行会成员进行帮助。林城的圣三一商人行会规章写道：任何基尔特会员因不幸而陷入贫困与灾祸，其他会员都应该给予帮助，可经过全体同意后启用基尔特公款基金，会员私人也可以解囊相助；如果行会会员死后没有钱财处理后事，这时候长老以及其他的会员可以使用本行会的钱财帮助照料丧事，以使得他获得体面的安葬。[1] 同时，该商人行会规程还要求：行会的首领应该每年四次慰问所有的老者、贫穷的会员，并用本行会的救济基金给予救济。任何处于贫穷与困难中的会员都可以按照自身的经济窘迫状况，分别自本基尔特的货物与款项中，以及自土地与出租房屋的收益中，获得衣食为赡养。南安普顿商人行会规章写道："任何基尔特成员因不幸而陷入贫困，无法生活，且又不能工作赡养自己，则当基尔特举行会议时，可获得纹银半马克以资救济。"[2]

在日常休闲方面，早期的城市节日与基督教有着密切的关系，到了中世纪后期，体现世俗性质的城市庆典有着重要的影响。

狂欢节，欧洲大多数城市市民的重大节庆。狂欢节是基督教历法中的一部分，由于四旬斋期间不允许吃肉，因此在这之前的狂欢节的主题就是食肉。市民们举着巨大的香肠穿街游行，游行时还有花车助兴。在狂欢节期间，人们大口吃肉，大碗喝酒，并穿着异性的服装、戴假面具。蠢人节，又称为蠢驴节。该节日以拿教会人士取乐为主要内容。在教堂中，市民们学驴叫，这时候猴子也被允许带进教堂，这是一种有些出格的节日。

市民们定期举行的宗教游行主要是纪念圣徒。中世纪的城市一般都有自己的守护神，负责市民与圣母马利亚之间的沟通。当举行纪念圣徒游行时，城市的市民都要参加，这也是市民们应尽的义务。佛罗伦萨的保护神是洗礼者约翰，因此在约翰的斋日举行庆祝活动。市民们组成游行的队伍走街串巷，最后到达洗礼堂。在游行的队伍中，领头的是长老会议的成员以及其他政府官员，教士们高举自己教堂的圣物；后面是城市的显贵们，包括行会的主要成员、封建领主以及其他的重要代表，他们把献祭的蜡烛带到洗礼堂。

1　法学教材编辑部，外国法制史编写组．外国法制史资料选编：上册［M］．北京：北京大学出版社，1982：230.

2　法学教材编辑部，外国法制史编写组．外国法制史资料选编：上册［M］．北京：北京大学出版社，1982：232.

队伍后面是普通的城市市民。这种游行强化了城市的认同感。

中世纪后期，市民还举行一些市政性的游行。在北欧地区，有两个最著名的市民游行。[1] 一是16世纪后半叶伦敦市长就职典礼游行。由于伦敦市长按照惯例是行会的成员，因此他所在的行会负责庆典活动的事项安排。二是安特卫普行会游行。游行活动与8月15日圣母升天节有关。每一个行会都会特制一辆游行的彩车，彩车的主题既可以是宗教的，也可以是世俗的，在游行的队伍当中，市民们还会高举雕塑与绘画作品。在意大利，城市共和国的一些节庆活动与政治事件有关。1386年，新当选的主教上任时，有一大批城市公社官员和显贵市民陪同，按照传统举行盛大华丽的仪式，一直送新任主教到达官邸。时人记载了匈牙利大使造访佛罗伦萨的情况："归尔夫党的骑士们骑着马出城迎接使节，他们的坐骑披戴着五色呢绒制成的彩饰。他们陪着大使来到长老会议广场。在此他们举行了盛大的欢迎仪式，进行了马上枪术比赛，并折断长矛、展开党旗以表敬意……其后，他们又进入长老会议大厦举行盛大的酒宴。当晚，长老会议和归尔夫党以及全城市民燃放烟火向查理国王致敬。"[2]

总体看来，中世纪时，意大利的城市发展处于领先的地位。佛罗伦萨、威尼斯等城市共和国由于经济的发达，使得它们的城市建设与城市生活丰富多彩。相比而言，西北欧的城市发展处于落后的状况，当然这一情况随着工业化城市化时代的到来，将发生翻天覆地的变化。

1　桑德拉·塞德尔. 探寻欧洲文艺复兴文明［M］. 徐波，译. 北京：商务印书馆，2009：484.

2　坚尼·布鲁克尔. 文艺复兴时期的佛罗伦萨［M］. 朱龙华，译. 上海：上海三联书店，1986：52.

第四章 工业革命与近代城市生活

进入到近代，特别是随着工业革命的进行，欧洲的城市化迅速发展，城市生活进入新的发展阶段。大城市、大都市成为时代的主旋律。在这一过程中，城市出现了交通拥堵、公共卫生差、治安问题突出等问题，困扰着市民的生活。此外，随着工业革命和城市化进程，工人阶级出现了，他们为了幸福开始了自己的实践。

第一节　17—18 世纪的欧洲城市

18 世纪中叶，工业革命之前，欧洲城市的发展特点是意大利城市的衰落与北方城市的兴起。

在文艺复兴期间意大利的城市重现了昔日的辉煌，佛罗伦萨、威尼斯、米兰等城市在 14 世纪至 15 世纪经济繁荣、文化昌盛，市民生活丰富多彩。16 世纪中叶，意大利的城市开始衰落。原因是多方面的。首先，意大利城市共和国自身的原因。随着财富的增加、生活的富裕，市民内部的凝聚力逐渐衰落。他们安于享乐，不再具有进取的精神，渐渐丧失了传统的美德与道德感。诗人但丁警告道："一群暴发户的突然富有，佛罗伦萨啊！你的城市里生出了骄傲与放荡，因此早已使你挥泪了！"其次，混乱的国家形势以及国外势力对意大利的干涉，也是意大利城市没落的原因。法国对意大利的财富觊觎已久，查理八世统治期间，他把意大利看作诱人的美味。1494 年，查理八世率领大军越过阿尔卑斯山，在横扫了佛罗伦萨、那不勒斯等城市之后，法国军队获得了丰厚的战利品。法国的巧取豪夺，引起了西班牙、神圣罗马帝国、教皇国、威尼斯以及米兰等国家的反对。他们联合起来对付法国，最终查理八世被迫撤离意大利。但是战事并未停息，从 1499 年到 1529 年，亚平宁半岛战火不断，成为各国交战的战场，给意大利城市带来了深重的灾难。随着 1500 年左右地理大发现，欧洲贸易的路线从地中海逐渐转移到大西洋，意大利城市失去了世界贸易的中心地位，逐渐地衰落了，它们从世界的中心地区边缘化了。

与意大利城市衰落并行的是北方城市，如阿姆斯特丹、伦敦等的兴起与繁盛。布罗代尔指出："作为旧局面的延续，阿姆斯特丹的崛起是按照旧规律—— 一个城市接替其他城市：安特卫普和热那亚——完成的，这相当合乎逻辑。但是与此同时，北方重新压倒了南方，并且从此不再变更。”[1]

阿姆斯特丹，原本只是一个小的渔村。在 14 世纪至 15 世纪逐渐扩张，面积由原来的 40 公顷扩张到 180 多公顷。1570 年，由于西班牙人破坏了尼德兰最重要的港口城市安特卫普，阿姆斯特丹的地位得以突出。1600 年左右，阿姆斯特丹已经取代了安特卫普。17 世纪时，阿姆斯特丹进行了“三条运河规划”。按照这个规划，城市新建了三条同心圆运河，分别是绅士运河、国王运河和王子运河。这三条环形的运河由放射状河道连接起来，每一条运河都有宽阔的码头，运河两旁是街道与居民住宅和商铺。随着城市的发展，阿姆斯特丹的城市面积扩展到 19 世纪早期的 720 多公顷。阿姆斯特丹的城市人口迅速增长：1600 年，城市市民有 5 万人；到了 1700 年左右，城市居民达到了 20 万人。他们来自欧洲各地，包括佛兰德尔人、德意志人、葡萄牙人、法国的胡格诺教徒等，并形成了同一的荷兰人。阿姆斯特丹取得了巨大的发展。1701 年的一本旅行指南中写道：阿姆斯特丹港口内桅樯林立，风帆遮天蔽日。18 世纪 30 年代一位旅行者描述道：我从未见过如此惊人的场面。假如不是亲眼看见，无法想象 2000 条船停泊在同一港口内的绝妙场面。在港口内停满了各国的船只，到处是不同船的旗帜，有运送货物的货船，有运送旅客的客船，还有专门从事捕鲸的大船。繁忙的海运使得阿姆斯特丹成为各地货物与物产的汇聚之所。为了有效地管理城市，阿姆斯特丹市政当局对城市卫生与建筑进行了规定。城区内不能从事铁匠、酿酒、制桶、食糖生产等类似有毒有污染的，或者是产生噪声的行业。市政当局颁布了“建筑法令”，对外墙以及排水渠的用料做了具体的规定，这使得城市的建筑风格比较一致。为了保持城市的建筑风貌，市政当局对市区内的建筑高度进行了限高。

在英格兰，随着工商业的发展，城市人口迅速增加。伊丽莎白一世统治的晚期，英格兰与威尔士的人口规模约为 400 万人，其中 4/5 的人口居住在

1　布罗代尔. 15 至 18 世纪的物质文明、经济和资本主义：第三卷［M］. 顾良，施康强，译. 北京：生活 · 读书 · 新知三联书店，1992：186.

乡村。随着英国工业化的进行，城市与城镇数目迅速增加，并且形成了若干经济中心地区。约克是北方的最大城市，诺里奇是纺织业的重要中心，布里斯托尔由于商业与内陆贸易的迅速发展，成为一个重要的经济中心，人口规模达到了2万人。

英国城市中最重要的自然是首都伦敦。16世纪30年代，整个伦敦地区大约有5万人，其中伦敦城有3.5万人。17世纪初叶时，伦敦地区人口规模大约是40万人，成为欧洲最大的城市，超过了法国的巴黎（35万人）。[1] 伦敦城市人口增多的原因并非城市的自然出生率的提高，而是由于移民。从1560年到1625年，每年有近6000人移民到伦敦。城市中还有大量的流动人员，他们来到伦敦，有的是为了寻求发财致富的机会，有的是为了寻求自己仕途的发展，也有的是为了寻求大城市的刺激生活，怀着到花花世界闯荡一番的想法来到伦敦的。这些人与常住的市民一起共同组成了城市的世界。伦敦是一座典型的中世纪城市，它的街道狭窄弯曲，越来越多的马车和运货车使得城市街道无法满足出行的需要。市政部门曾经采取措施，如限制车辆的宽度或者限制马匹的数量。城市建筑大多是木结构，房屋多为茅草顶。与其他城市一样，由于城市空间有限，为了容纳更多的人口居住，许多住宅修建得比较高，并且上面的建筑向街道的一边侵占空间，这更加使得街道变得阴暗狭窄。此外，由于市民日常生活中普遍使用烟煤，城市的空气受到严重的污染，再加上伦敦湿润的空气，整个城市处于烟雾缭绕之中。

1666年9月2日，蔓延的大火使得伦敦城面目全非。这场大火开始于伦敦桥旁布丁巷的一家面包房，火势随着强烈的东北风迅速蔓延。据有人记载，第二天，火势仍在继续。一位绅士晚餐后与他的妻儿在外面散步，看到河岸附近的整座城市都陷在大火之中。他在日记中写道："在回家的路上，我们非常震惊，这场大火之后，城市还会剩下什么?"事实上，这场大火之后，伦敦80%的市区毁于一旦。面对大量无家可归的市民，国王查理二世要求伦敦市采取紧急措施度过这场危机。国王命令各地的城市与城镇都应为难

1　王觉非．近代英国史［M］．南京：南京大学出版社，1997：15．

图 4－1　1666 年伦敦大火纪念碑

民提供必要的住宿条件，市政当局应利用空地搭建临时的帐篷安置受灾人员，随后启动了伦敦城的重建工作。查理二世与伦敦市政府意识到火灾的主要原因是城市的街道过于狭窄与拥挤，重建的伦敦城必须像法国巴黎那样，拥有宽阔的街道以适应社会的发展。在重建的过程中，政府制定了相应的法规：城市建筑的外部必须用防火材料，重要的街道被拓宽，市民生活区中的小巷与街道将重新修建。1666 年 10 月，一个六人委员会负责伦敦城的重建工作，分别是剑桥大学的天文学教授雷恩、建筑师休·梅和普拉特、皇家学会的数学家胡克、城市调查员杰曼与米尔斯。按照雷恩的设想，宽阔的街道和开阔的空间将取代拥挤的建筑和弯曲的小巷——而后者助长了无情的瘟疫和火灾。但是当时离开家园的市民们迫切地想返回，最终雷恩的规划被搁置。按照莫里斯的看法：假如采纳雷恩的规划，将对伦敦城的未来产生深远的影响，这样伦敦不必再在城墙内压抑地发展。伦敦城没有利用瘟疫与大火之后人口的外流进行根本的改革，这是一个愚蠢的表现。[1] 1666 年之后的伦敦主要是对原先格局的恢复，街道的宽度比以前有所增加。1666 年 10 月召开六人委员会会议，规定了城市新街道的宽度：主干道为 30 米；主要街道为 23 米；其他较大的街道为 15 米；一般街道为 13 米；次要的街道为 10 米左右；小巷宽度为 5 米。在住宅建筑标准方面，划分为 4 个类型。主要街道两侧的住宅必须 4 层高；普通街道的住宅为 3 层高；小巷住宅为 2 层高；面积大的、不临街带有庭院或私家花园的住宅限制在 4 层，以免破坏主要街道的景观。为了有效防火，房屋立面的材料只能用石头或者砖块。在重建过程中，由于石头的价格比较昂贵，只有那些市政建筑以及大的教堂如圣保罗教堂用得起石质材料，普通的家庭住宅采用砖块。随着伦敦城市的重建，逐渐形成了以身份与社会阶层为基础的不同居住区。由于伦敦城的风向通常是西南风，因此城市东北部地区经常受到烟煤的侵扰。此外伦敦城的东面是低洼地，排水能力较差。这样，伦敦西区主要是社会上层和中产阶级；伦敦城的东区与北区居住着劳工阶层，这里的房屋密集，空气质量很差。法国历史学家布罗代尔说：作为一个整体不断扩张的伦敦城将一分为二，确切地说将完成一分为二的过程。这一过程早就开始了，1666 年大火后加速进行。这场大火就算没有毁掉全部伦敦市，至少把它的心脏化为焦土。灾难发生以前，威廉·配第在 1662 年已经说过，伦敦向西头发展，以便躲开东头的浓烟、蒸汽、各种垃圾散发的臭味，因为风主要来自西方。所以，权贵的府邸和依赖他们为生的人的住宅都向西迁移到威斯敏斯特，而伦敦市高大的老房子则变成商行的仓库，或者改作民居。于是伦敦的财富悄悄地向西头转移。[2]

工业革命之前，德国的城市处于缓慢的发展之中。大多数的城市在中世纪已经存在，到了近代也没有太多的变化，造成这种局面的原因主要是德国的政治形势动荡不安。17 世纪初，德意志仍然处于四分五裂的状态，诸侯与诸侯、诸侯与德意志皇帝之间的战争连续不断。宗教改革的时候，德国分为

1　A. E. J. 莫里斯. 城市形态史——工业革命以前：上册［M］. 成一农，等译. 北京：商务印书馆，2011：642.

2　布罗代尔. 15 至 18 世纪的物质文明、经济和资本主义：第一卷［M］. 顾良，施康强，译. 北京：生活·读书·新知三联书店，1992：660.

新教与天主教两大阵营。此外，欧洲列强干涉德国内部的斗争。这些因素交织在一起，最终爆发了1618—1648年的30年战争。这场浩劫使得德国的城市人口锐减，一直到18世纪才恢复到原先的水平。德国大约有4000座城市，其中，人口达到万人的有60多座；人口超过5000人的约有450座；其余城市人口规模非常小，只有两三千人，仅相当于一个城镇。1800年，英国率先进行了工业革命，使得德国的城市发展明显落后于英国。伦敦的人口达到百万，同时期的德国大城市人口远没有达到这一水平，柏林约18万人，汉堡约12万人。德国工业革命兴起之后，这种情况才逐渐发生改变。与这一时期的欧洲城市类似，德国大多数的城市与乡村之间的标志并不明显，城市带有乡村的色彩，也有乡村的遗迹。

我们以法兰克福作为典型进行介绍。[1] 旅行者迪蒙描绘了1699年法兰克福的情况："我从未在其他地方看到过像这个城市一样多的商店，几乎每一幢房屋都有店铺……法兰克福的普通贸易并没有那么显眼，不需要很多的仓库，但在交易会期间要存放外地运来的货物就不够用了。商人之间有着很活跃的商业往来，然而却是交换多于销售。此外，不要把交易会想象得像巴黎的圣日耳曼，在那里进行交易的人都是宫廷里的达官贵人，贸易的目的只供消遣或者是作为风流奇遇的借口或者是为了伪装。在这里，人们只想挣钱，想少花或者不花钱。在这里没有陈列商品的地方，每一种货物的量都很大，整个城市就是一个大市场，市场就在城市之中。在被称为'罗马人'的长廊里，那些卖首饰的商人、金匠、小商贩和那些想卖给贵族东西的商人都有自己的摊位。就像一个交易所或者是一所修道院一样，这个长廊环绕着宫廷。这里是唯一可以看作交易会的地方。每天早上，上流社会的人们都聚集在这里，以便能够得到那些新奇的东西，购买外地来的东西作为礼品。在河畔，还有一些售货摊，但都很不起眼，不值得一看。"18世纪末，一篇游记从其他角度对德国城市进行了描绘。"使德国的很多城市更加美丽的建筑精神，在这里改变了传统的法兰克人的形象。骏马广场原来是一个很大的沼泽地，

1　里夏德·范迪尔门．欧洲近代生活：村庄与城市［M］．王亚平，译．北京：东方出版社，2004：71－73．

现在则是最好的公共场所之一，提供了夏日傍晚散步的好去处，它是那么令人惬意，使人们在城市里也可以享受散步。”法兰克福的街道小巷弯弯曲曲，显得很狭窄。每座房屋的门前都有三角墙，房檐垂向两边，底层相互重叠地伸出来。这时候的建筑都涂抹得五颜六色，这在旅行者的眼中显得“令人厌恶”。由于法兰克福地处交通要道，不仅有交易会，国王的加冕礼也在此举行。这里的商品品种丰富，价格低廉，税收很低，来往的客商非常多，造就了法兰克福旅店业的兴盛。18 世纪末，法兰克福新建了重要的社会机构与建筑，如圣灵医院，它的房间宽敞、高大、干净，此外还有孤儿院，森肯贝尔格基金会修建了图书馆、精神病医院以及高级中学和公立学校。

工业革命之前，德国的城市中社会等级继承着以往的划分。17 世纪初，因斯布鲁克 16.6% 的住户是社会的上层，包括贵族、高级教士、高等职员以及大学教师；中等阶层占 13.4%，包括中级职员和自由职业者等；28.9% 的住户是手工业者；商业、运输业和店主的住户占 10.5%；底层职员和仆役占 4.7%；短工占 1.2%。1800 年，慕尼黑的统计报告，记载了 48745 名城市居民的职业与社会等级。214 人是贵族；655 人是教会人士；1763 人是士兵；6873 人是职员或者是由诸侯发放薪水的公职人员；市民群体有 14734 人；10313 个仆人和手工业的帮工；254 名犹太人以及 971 名外地人；4700 人是军营之外的士兵；其余为郊区人口。[1]

在工业革命之前，法国的城市受到意大利文艺复兴的影响。15 世纪后半叶，许多法国人到意大利或者经商求学，或者旅行参观，意大利文艺复兴取得的辉煌成就使得法国人大开眼界。但是真正使法国市民更深刻地感受到意大利城市建筑光辉的，是 1494 年法国国王查理八世发动的意大利战争。查理八世率领法国军队入侵意大利，在意大利城市中，法国人感到了自己的渺小，他们震撼于意大利城市雄伟的宫殿、圆顶的建筑以及辉煌的文明。从这个时候开始法国积极吸取了意大利城市风格的精华。查理八世把许多意大利艺术家、建筑师带回法国，最为著名的是达·芬奇。这一时期法国文化的发

1　里夏德·范迪尔门．欧洲近代生活：村庄与城市［M］．王亚平，译．北京：东方出版社，2004：79.

展与统治者之间关系密切，它不同于德国、英国等国家，法国的城市文明属于宫廷文明。国王对艺术和文化的赞助是法国文化发展决定性的因素。法王弗朗西斯一世（1515—1547年），年轻时曾在意大利旅行过，很早就接触了文艺复兴的思潮。作为一个君主，他具有非同寻常的浪漫情怀，自认为是杰出的鉴赏家，是一名狂热的收藏者。从16世纪30年代开始，意大利的艺术家开始大规模地迁入法国，弗朗西斯一世重建了风景如画的枫丹白露城堡。17世纪早期，具有文艺复兴色彩的城镇规划开始在巴黎实施。巴黎，最早起源于塞纳河上一个岛屿的定居点。罗马帝国灭亡之后，有很长一段时间这个定居点被废弃了，加佩王朝时期，又重新成为新的城市与国家行政中心。但加佩王朝并不是一个强大的王朝，它的领地相当于一个公国，王室的领地仅包括塞纳河和卢瓦河中游一些分散的地域，这条狭长的地带俗称“法兰西岛”，拥有巴黎与奥尔良等城市。菲利浦二世统治期间（1186—1223年），巴黎城铺设了街道，修建了城墙与新的中心市场。同时他修建了罗浮宫，以存放国家档案。巴黎圣母院也开始修建，直到13世纪晚期才完工。通过这些建筑的修建，法国真正定都巴黎。路易九世统治期间（1226—1270年），巴黎已经成为法国的手工业与商业中心，城市商品经济发达。最大的优势是国王权力的扩张以及大学的兴盛，使得它成为国家的思想中心；云集了官僚、教士、学者、市民等，成为向社会精英阶层提供服务的舞台。经历了历代王朝的规划与治理后，巴黎初步定型了。17世纪初，法王亨利四世决心把巴黎建成法兰西王国名副其实的首都。他颁布法令清理街道，扩建了罗浮宫，在意大利文艺复兴的影响下，修建了城市公共广场。1609年，亨利四世的城市化成果初步显现。新桥和罗浮宫的画廊修建完成，皇家广场、太子广场和圣路易医院的修建正在顺利进行，促使国王进一步推行自己的建城计划。罗浮宫和杜伊勒利宫之间北侧画廊的建造也纳入了日程，1610年亨利四世遇刺身亡，这些规划也就暂时停止了。[1] 路易十四统治期间，巴黎修建完成了绿树成荫的城市大道，极大地美化了城市市容，巴黎西部也变成了一个

1　A. E. J. 莫里斯. 城市形态史——工业革命以前：上册［M］. 成一农，等译. 北京：商务印书馆，2011：495.

图 4－2　18 世纪巴黎街头表演

时尚的住宅区，东部是一些娱乐场所，有许多的咖啡馆、剧院等休闲场所。巴黎所要达到的目标就是建成伟大的帝国首都。柯尔伯说："当人们看到这些伟大的建筑时，就会产生敬畏的心理，这样臣民们会感到君主的伟大，其他什么都不能达到这一目的。"18 世纪，巴黎已经成为欧洲大陆重要的文化与艺术之都，在集权制度之下，国家的资源被集中优先用于帝国首都的建设，举一国之力于一城。巴黎的繁荣是以牺牲外省的繁荣为代价的，时人称巴黎是"吸血鬼"。

第二节　工业革命与城市化

18 世纪后半叶，欧洲社会与经济发生了翻天覆地的变化。18 世纪 70 年代英国开始的工业革命源于纺织业的变革，由此带动了织布业、蒸汽机、冶金、采煤业、交通运输业以及机器制造业巨大的变化，最终形成了影响世界历史以及人类生活的工业革命潮流。

18 世纪中叶，英国的纺纱技术取得了很大的进步，1764 年，兰开郡的纺织工人哈格里夫斯发明了多锭纺纱机，以女儿的名字命名为“珍妮机”。珍妮纺纱机能够让一个工人同时纺出多根纱线，使得纺纱的效率大为提高，纺出的纱纤细易断。1769 年，阿克莱特发明了水力纺纱机，这种纺纱机的优点在于以水力作为动力。由于水力纺纱机的体积很大，传统的家庭生产方式无法适应这种纺纱机，阿克莱特需要建立工厂来运行它。1771 年，他在水力资源丰富的克罗姆福德建立了第一家水力纺纱厂，雇用了 300 多名工人，阿克莱特的水力纺纱机的缺点是纺出的线太粗。1779 年，纺纱工人克隆普顿发明了“骡机”，所纺出的棉纱既柔软精细又结实，这一技术得到了广泛的应用。经过了一系列的发明，纺纱部门机器化的技术革命基本完成，促进了棉纺业工厂制度的发展。由于新的技术以及新的生产方式的出现，英国的棉纱产量迅速增长，超过了与之关联的织布行业的加工能力。由此，织布行业的技术革命迫在眉睫。1785 年，卡特莱特发明了水力织布机，使得织布的效率提高了 40 倍。1791 年，他在曼彻斯特开办了第一家机器棉织工厂。后来有人对水力织布机进行了改进，使得织布技术更为成熟。不久，英国更多的机器织布厂投入运营。

新的生产技术需要强有力的动力支撑，于是水力被广泛应用。但是受制

图4－3　“蒸汽机之父”瓦特

于地理环境和季节的变化等，不能从根本上解决机械化的要求。1769 年，格拉斯哥大学的仪器修理员瓦特经过多年的实验，成功地制成了单动式蒸汽机，并取得了专利。又经过 10 多年的努力，1782 年研制成功了复动式蒸汽机，通过传动装置直接与纺纱机连接，使得工作效率大增。蒸汽机取代水力作为机械动力大大促进了工业化的进程。1785 年英国出现了第一家以蒸汽为动力的棉纺厂，不久该项技术得到了推广。

机器纺纱工厂的出现，使得机器制造业出现繁荣的景象，从而对冶金行业提出了新的要求。长期以来英国一直以木炭作为燃料，冶金业的发展缓慢。1720 年，英国的铁矿石年产量只有 1.7 万吨。1734 年，达比发明了新的方法，将生石灰掺到矿石中，并用煤作为燃料增加鼓风的力量，提高了生铁的产量。1784 年，亨利·科特发明了“搅炼法”与“碾压法”，生铁可以炼成熟铁，在炼成熟铁之后，用碾压机将熟铁锻压成钢。1785 年，在谢菲尔德建成了第一座近代化的炼钢厂，效率比过去增加了近 50 倍。在炼铁与炼钢技术进步的基础上，机器生产与制造就具备了前提条件。焦炭冶铁技术的

图4－4　最早的火车（复制品）

推广使得社会对煤炭的需求量激增，采煤技术的进步必然提到日程。采煤业的进步得益于蒸汽动力的出现，随着蒸汽机效率的提高，蒸汽抽水机应用到更深的矿井中。到19世纪，蒸汽抽水机已经普遍用于矿井采煤。与此同时，新的起煤装置也开始出现，特别适合深层矿井的运煤任务，使得英国的煤产量增长迅速。1760—1800年，英国的煤产量由500万吨增加到1100万吨，极大地支撑了英国工业革命的进行。

交通运输业在国民经济中占据基础的地位，工厂制度的迅速发展，生产了大量的工业产品，这些产品需要交通运输行业的发展。19世纪之前，陆路交通运输与水运相比处于次要地位，直到铁路出现才得以改观。近代铁路的始祖是矿车轨道，从18世纪60年代开始，铸铁轨道取代了传统的木质轨道与板轨。1814年乔治·斯蒂芬制造出比较成型的机车，后来经过一系列改进，到1825年，斯蒂芬的机车成功地牵引着一列80吨重的列车前进，时速每小时近20千米。1830年，全长50千米的利物浦至曼彻斯特铁路建成，在斯蒂芬制造的蒸汽机车牵引下，全线运行顺利。铁路运输以其运能大的特点显示了巨大的优势，再加上人们对铁路的认识的转变，铁路的建设迅速发展。在短短的十几年时间内，英国相继建成了几个主要的铁路干线，至19

世纪中叶，英国已建成铁路总长10000多千米。

18世纪中叶以后，工业革命的浪潮迅速扩展到欧洲各国。法国从18世纪末开始进行工业革命，此时法国政局动荡，对外战争不断，1815年拿破仑帝国垮台之后，法国的政局逐步稳定，法国工业革命得以迅速展开。从19世纪20年代开始，机器和工厂制度首先在纺织部门中得到推广。1848年，法国的棉纺纱机已接近12万台，丝织机达9万台，特别是里昂，拥有丝织机近6万台。毛纺织业与麻纺织业中也开始使用机器生产，一些大型工厂已经建立，蒸汽机数量迅速增加。1820年，法国只有不到40台蒸汽机，到1848年，蒸汽机增加到5000多台，在不到30年的时间内，增长了100多倍。19世纪70年代，法国共有蒸汽机3万多台，总功率达32万匹马力。从19世纪30年代起，在冶铁业中法国也开始采用焦炭作为燃料，取代了传统的木炭。1847年，生铁产量达到60万吨，钢产量近2万吨。19世纪50年代，焦炭炼铁法基本普及，同时其他先进的炼铁技术也引进到法国，使得钢铁产量大幅度增加。1870年普法战争前夕，法国的生铁产量达138万吨，钢产量达10万吨。此外，煤炭产量由1815年的88万吨，增加到1848年的400万吨，1870年增加到1330万吨。19世纪30年代，法国修建了第一条铁路；19世纪40年代末，铁路总里程接近2000千米；1870年，铁路总长度接近2万千米，法国的铁路网基本建成。

德国的工业革命晚于英法两国，原因是德国政治上长期以来的分裂局面。19世纪20年代，德国开始迈入工业革命的行列，特别是1848年革命之后，工业革命进程加快。1871年普法战争之后，德国实现了国家统一，并从法国获得了50亿法郎的战争赔款，割占了煤铁资源丰富的阿尔萨斯与洛林地区。与英法两国的工业革命不同，德国的工业革命以铁路修建为中心，它的交通运输业处于领先位置。19世纪30年代，德国修建了第一条铁路，19世纪40年代之后，铁路的修建迅速发展，1872年，德国铁路总长度达2万多千米。随着德国的统一，铁路建设进入了第二个发展时期，1890年，德国的铁路里程已达4万多千米。交通运输业，特别是铁路的迅速发展，促进了采矿、冶金、煤炭以及机器制造业的发展，德国的经济重心转移到了重工业领域。1870年，德国的煤产量达3400万吨；1890年煤产量增至7000万吨，稳居欧洲第二的位置。1870 年，生铁产量为 139 万吨；1875 年生铁产量为 200 万吨；1900 年产量达到了 850 万吨。1870 年钢产量为 17 万吨；1875 年钢产量为 35 万吨；到了 19 世纪 80 年代，由于采用了新的生产技术，钢的产量成倍增加，1890 年已达 320 万吨。此外机器制造业迅速扩张，1861 年，德国有机器制造工厂 300 余家，雇用工人近 10 万人。1870 年之后，更多的机器制造工厂出现，著名的西门子等企业，在电气工业领域中取得了突出的成就。

18 世纪中叶后开始的工业革命，极大地改变了欧洲的经济与社会面貌：一是人口的迅速增长与社会阶层的变化；二是欧洲城市化。由此产生了众多的社会治理问题和城市病。首先，人口的激增。以英国为例，1500 年，英格兰与威尔士的人口总数约为 300 万；1700 年，人口总数为 500 万至 550 万；1750 年，人口总数为 650 万；1821 年，英格兰与威尔士人口总数为 1200 万。[1] 工业革命之前，经济发展缓慢，生活质量水平不高，人们的抗病能力弱。1740 年以前，英国人口的年增长率只有 0. 25%。工业革命为人口的持续增长提供了坚实的物质基础。18 世纪 80 年代到 19 世纪 20 年代，英国人口年增长率达 1. 45%，1811—1821 年，英国人口年增长率达 1. 8%。其次，城市人口增加，城市规模扩大。随着工业革命进行，在英国越来越多的农业人口脱离农村，进入城市变成产业工人；以前的乡村迅速地成为大工业城市，如曼彻斯特、兰开夏等。伴随着工业革命隆隆的机器声，英国的城市规模扩大，城市人口激增。在 1760 年，城镇人口占据全国人口的比重为 25%，1851 年，城市人口比重上升为 50%；1760—1814 年，5 万人以上的城市增加到 24 个；全国 1/3 以上的人生活在 2 万人以上的城市中。[2] 19 世纪 50 年代英国初步实现了城市化，19 世纪 90 年代，英国城市人口占总人口的 75%，实现了高度的城市化。其他西欧国家也经历了相似的过程。1871 年，德意志帝国人口约 4000 万，其中农村人口约为 2600 万，约占全国人口的 65%。1890 年，德国的总人口约为 5000 万，农村人口占 53%；城镇人口占

1　约翰·克拉潘. 简明不列颠经济史［M］. 范定九，王祖廉，译. 上海：上海译文出版社，1980：258.

2　王觉非. 近代英国史［M］. 南京：南京大学出版社，1997：260.

47%。1900 年，德国农村人口占全国人口的 45%；城市人口占全国人口的 55%。1871 年，约有 196 万人居住在 10 万以上的大城市中；约有 315 万人居住在 1 万人以上的小城市中；约有 968 万人居住在 2000 人以上的城镇中。1910 年，约有 1382 万人居住在大城市中；868 万人居住在小城市；1647 万人居住在小城镇。[1] 以柏林为例，18 世纪早期，人口约 6 万；1820 年人口达 20 万；1840 年人口为 33 万；1860 年人口为 50 万；1870 年人口为 100 万；1888 年人口达到 150 万。有学者指出："综合起来说，城市化不仅改变了城乡人口的比例，改变了整个国家的面貌，也改变了城市的功能和城市内部的结构，城市成为现代工业生产力的代表。城市化反过来对工业革命和工业化起到了促进作用。"[2]

1　丁建弘．德国通史［M］．上海：上海社会科学院出版社，2002：236－237．

2　丁建弘．德国通史［M］．上海：上海社会科学院出版社，2002：237．

第三节　美国城市的兴起

17 世纪以来，英国掀起了殖民浪潮，积极在北美大陆建立殖民地。1607 年，英国在北美大西洋沿岸建立了第一块殖民地，即詹姆斯城。18 世纪 30 年代，英国在北美大西洋沿岸建立了 13 个殖民地，这些殖民定居点形成了美国最初的城市。这些殖民地由于地理环境以及移民的背景不同，逐渐形成了四种类型的地区，它们分别是新英格兰地区、中部地区、切萨皮克湾地区以及南部地区。美国独立战争前夕，英国的北美 13 个殖民地的城市化程度比较低，城市数量也比较少。18 世纪末，美国曾进行了一次人口普查，普查资料显示，城市人口占当时全国人口的 5%。只有费城和纽约的城市人口超过 2 万。18 世纪 70 年代，费城人口为 2. 8 万；纽约人口为 2. 5 万；第三大城市波士顿只有 1. 8 万人左右。学者王旭感叹道：“当时很难预料，在 200 年后，美国总人口会达到 2. 6 亿，城市人口占总人口的比例会接近 80%，遍布整个北美大陆，横贯两大洋。如果说美国由一个殖民地发展为一个超级大国是个奇迹，那么美国城市发展也是个奇迹。”[1]

早期的城市是殖民地工业和商业中心，有当时北美殖民地最好的学校，是思想政治的中心。同时，具有后来城市所共有的毛病：犯罪、环境污染、社会两极分化。美国独立战争期间，城市发挥着重要的作用，独立战争在很大程度上是由城市市民发动并领导的。以波士顿为例，1770 年 3 月，波士顿市民用雪球袭击了英国关税所的士兵，引发了市民与英军之间的摩擦，英国士兵开枪还击，导致波士顿 3 名市民当场死亡，2 人重伤后不治身亡，6 人

1　王旭. 美国城市发展模式［M］. 北京：清华大学出版社，2006：11.

受到轻伤。这一事件史称“波士顿惨案”。1773 年，英国议会为了避免东印度公司破产，颁布了《茶叶法》，授权东印度公司在北美殖民地销售茶叶，这一做法引起了殖民地城市市民的普遍不满，人们认为东印度公司将垄断殖民地所有的贸易，费城、纽约等城市市民纷纷抗议，采取行动阻止该法案的实行。1773 年，波士顿的激进市民化装成印第安人，将停放在波士顿港口的价值 9 万英镑的茶叶倾倒在水中，史称“波士顿茶会”。随后在新泽西、纽约等城市也相继发生了销毁东印度公司茶叶的事件。独立战争爆发后，以城市市民为核心，北美殖民地的民众克服重重困难，最终战胜了当时世界上最强大的国家——英国。独立战争胜利后，美国城市进入了相对平稳的发展阶段。1800 年第二次全国人口普查时，8000 多座大大小小的城市中只居住了 3% 的非印第安人口。最大的城市费城有 7 万居民，纽约有 6 万城市人口，它们是美国的商业与教育文化中心。此外，波士顿有 2. 4 万人，查尔斯顿有 2 万人。

从 19 世纪初到 1860 年美国内战爆发，是美国城市发展的起飞阶段，特别是 1840—1860 年，美国城市发展的步伐加快。促成这一发展的原因包括交通运输的发展以及移民等因素。在交通运输方面，美国经历了从运河时代到铁路时代的历史性转变。美国是一个多河流的国度，境内较大的河流有密西西比河与俄亥俄河。但是河流运输受自然环境的影响较大，为促进水路运输的大发展，就需要开挖运河。在开挖运河的浪潮中，最为重要的是伊利运河的开挖。伊利运河需要穿越山谷开山凿隧，还需要修建众多的水闸，该运河从 1817 年开始动工，到 1825 年建成通航。伊利运河的开凿使得纽约能够直接进入芝加哥与西部市场，促进了纽约的发展。19 世纪 30 年代后，美国从运河时代进入了铁路时代，铁路在美国交通发展史上崭露头角。美国的铁路建设开始于 19 世纪二三十年代，但是当时的铁路还不具备明显的优势。从 19 世纪 40 年代开始，铁路运输逐渐超越运河与其他的运输途径。1840 年，全国共有不到 3000 千米长的铁路线，1850 年时，铁路长度增加到 1. 4 万多千米。19 世纪 50 年代，全国掀起了前所未有的铁路建设热潮，10 年间铁路长度翻了三番。[1] 铁路的发展促进了城市的发展以及区域的整合。1854

1　艾伦 · 布林克利. 美国史［M］. 邵旭东，译. 海口：海南出版社，2009：283.

年，美国市民从东部的纽约到中西部的芝加哥等城市可以全程乘火车，这为旅客的行程节省了大量的时间，也促进了商品在城市之间的流通。芝加哥是西部铁路的枢纽，连接着 15 条支线，每日的发车量达到 100 余列。19 世纪末期，随着更长距离铁路线路的铺设，铁路的作用更为明显。这一时期美国城市的发展也得益于移民的涌入。1790 年美国人口只有 400 万，1820 年达到 1000 万，1830 年为 1300 万，1840 年为 1700 万。人口的迅速增长为经济的发展提供了充裕的人力资源，这些新增的人口大多数涌向西部各城镇定居下来。造成这一时期人口增加的原因是多方面的，一个重要的原因就是移民。1816 年，欧洲气温偏低，农作物歉收，饥荒使得成千上万的穷人离开欧洲来到美国谋生。1817 年之后的两年之间，欧洲有 3 万人迁往美国。1821 年，爱尔兰出现了马铃薯疫情，以马铃薯为主要食物的爱尔兰人遭受沉重打击，大批爱尔兰人离开故土来到了美国。19 世纪 40 年代，欧洲再次发生饥荒，伴随着欧洲各国的政治动荡，德国等国的穷人纷纷远赴美国。据艾伦·布林克利统计，1820—1830 年，在美国的海外移民中，爱尔兰占 43%，德国占 27%，英国占 18%，北欧各国占 11%。在 1850—1860 年的 10 年里，有近 300 万移民进入美国。这些移民的涌入为美国城市的发展，提供了廉价的劳动力。从 19 世纪 50 年代开始，随着美国铁路网的发展，这些移民为内地城市补充了劳动力。不同的移民在美国定居的方式也不一样。艾伦·布林克利写道：爱尔兰人绝大多数定居在东部城市，加入低技能劳动者行列；德国人则移民到西北地区，成为自耕农或在西部城镇做生意。一个原因是财富：德国人移民的时候至少有一定的现金，而爱尔兰人是一无所有。另一个重要原因是移民性别：大多数德国移民是有家或者单身的男性，移居边疆开荒种地，对他们来说具有很大诱惑；而爱尔兰移民多是年轻的单身妇女，西部对她们来说没有太大的吸引力，她们更愿意待在东部城市，在工厂劳动或家务劳动。[1] 在这些因素的影响下，1840—1860 年，美国城市发展的步伐明显加快了。纽约人口从约 30 万增加 100 万人；费城人口从 22 万增加 60 万人；波士顿从不到 10 万人增加到近 20 万人。1860 年，美国的城市人口从

1　艾伦·布林克利. 美国史［M］. 邵旭东，译. 海口：海南出版社，2009：275.

1840 年的 14% 增加到 26% 。

美国城市的发展还体现在西部城市的繁荣与发展。像圣路易斯、匹兹堡、辛辛那提等城市，原来都是一些小镇或者是贸易站点，人烟稀少。随着西部经济的繁荣，它们成为重要的城市。以辛辛那提为例，1789 年，只有几十人在此定居。后来联邦政府修建了一座要塞，命名为辛辛那提。该地原本是一处风景优美的盆地，遍布橡树、山毛榉、山核桃树等，野生动物到处可见。辛辛那提土地肥沃，早期的居民垦荒种地，除了满足自己的生活需要之外，还有较多的剩余产品。由于地处偏僻，交通不便，辛辛那提与外界的联系存在着较多的困难，限制了城市的发展。随着汽船的发明与改进，辛辛那提得到了长足的发展。1817 年，辛辛那提建造了第一艘汽船，之后造船业蒸蒸日上。交通的改善使得辛辛那提与外界的联系变得方便起来，以前需要几个月的路程，现在只需要 10 天左右的时间。在造船业的带动下，辛辛那提的相关行业也得到了联动发展，丰富的自然资源得以充分发挥，肉类资源经过加工并运输到其他城市。19 世纪 40 年代，辛辛那提出现了很多的生产肉类产品的大企业，每年屠宰的生猪达到 15 万头，由此辛辛那提赢得了“肉都”的称号。1832 年辛辛那提修建了运河，将迈阿密河与伊利湖连接起来，进一步便利了与外部世界的联系。19 世纪 50 年代，辛辛那提修建了铁路网，打通了与大西洋沿岸城市的联系。1819 年该市正式建制时，人口近万人。19 世纪 30 年代，城市已经比较繁荣了。道路宽阔，两旁是成排的三四层的砖石房屋，在城市运河中行驶着许多的汽船，可见当时该市已经成为繁荣的商业贸易中心。在市民的文化生活方面，该市的文化活动也非常多，经常举办艺术收藏、音乐晚会等。吸引了众多的海外移民，特别是德国人。德国的音乐团体经常来辛辛那提举行音乐演出。辛辛那提城市不过是美国西部城市发展的一个缩影，也是整个美国城市发展的一个缩影。

1880 年内战之后，随着工业革命迅速推行，美国城市化进程也加快了。内战后，美国城市发展的特点：一是城市化，二是近代工业城市占据主导地位，三是城市吸引了大量的农村劳动力与移民，促进了人口的流动。

首先是城市化，具体表现在城市数量的显著增长。1 万多人的城市由 50 多座增加到近 300 座；10 万人以上的城市由 9 座增加到近 40 座，还有星罗

图 4－5　纽约夜景（屠振宇　摄）

棋布的中小城镇，到 19 世纪末，美国的城市网络已经初步形成。在 1860—1900 年的 40 年间，美国的城市人口比重由 20% 上升到 40%，到 20 世纪 20 年代则变成了 51%，城市人口首次超过农村人口，标志着美国实现了城市化。这段时期美国城市发展的另一个特征是近代工业城市主导地位的形成。20 世纪初，美国形成了以纽约、芝加哥、费城等为代表的工业城市，它们依据本地的自然资源以及发展机遇，形成了各具特点的发展路径。以芝加哥为例，它是这一时期美国城市发展的一个典型。按照学者王旭的看法："芝加哥的地理位置极为有利：它位于密执安湖的最南端，是纽约经伊利运河和五大湖的水上交通所能达到的最佳地点；它的南部，又面向美国最富庶的地区中西部，腹地极其广阔；再从整个美国看，它正处于全国的地理区位的中点，东接已较发达的东北部，西邻尚待开发的密西西比河西部的广袤地区，得以左右逢源，是沟通全国区域经济布局的枢纽。这里迟早会产生一个大城市，工业化的到来，使其成为可能。"[1] 19 世纪初期，芝加哥还是一个荒无人烟的地方，它的发展是随着美国的西进运动进行的。1837 年，芝加哥正式

1　王旭．美国城市发展模式［M］．北京：清华大学出版社，2006：65．

建市，随着铁路与运河等交通的畅通，城市的人口增长很快。在内战之前，辛辛那提、圣路易斯等中西部城市的人口都比芝加哥多，内战结束后，芝加哥借助优越的地理位置与便利的交通，迅速超过其他城市。虽然 1871 年的城市大火使芝加哥遭受了巨大的损失，但是它很快就恢复了元气。1889 年，芝加哥城市人口达到 50 万，10 年之后，人口增加到 100 万，1900 年，城市人口达到了 200 万，成为仅次于纽约的美国第二大城市。美国内战后，城市发展表现在人口向城市流动的速度激增，这主要是由于城市的发展创造了广泛的就业机会，而人口的流动又为城市的发展提供了劳动力支撑，两者相互促进。在内战之后的 50 年间，大量的人口从农村涌向了城市，取代了向西部流动的人口转移趋势。另一方面，人口流动表现为移民的大量涌入，这些移民主要进入了城市就业。内战之后，城市新增加的人口有一半以上为外来的移民，特别是东北部以及中西部的城市，城市人口中 70% 都是外来的移民。在这一类型城市中，最为突出的是纽约，它成为世界最大的移民中心。“它所拥有的意大利裔居民相当于那不勒斯人口的一半，它的德裔居民和汉堡的人数相当，它的爱尔兰裔居民与都柏林的人数相当，它的犹太人是华沙人口的两倍半。”[1]

经历了 100 余年的发展，美国的城市化程度得到了极大的提高，出现了众多的世界级城市，改变了美国历史发展的面貌，深刻地影响着世界历史发展的进程，成为城市发展史中一个重要的现象。

1　王旭．美国城市发展模式［M］．北京：清华大学出版社，2006：57－58.

第四节　城市病的初显

工业革命一方面带来了社会物质财富的急剧增加，创造的社会财富超过了人类之前所有时代的总和；另一方面打破了人与自然之间的平衡关系，以及传统社会人与人之间的社会关系，带来的是环境的污染以及社会关系的断裂。这就是城市病！

从人与自然的关系来讲，工业革命伴随的是环境污染。

首先是水源的污染。工业革命使得生活与工业废水增加，这些废水只好排到附近的水沟与河流之中，造成城市的水体污染。以英国艾维尔河两岸的工厂为例，工业革命以来，艾维尔河流域两岸有 32 家棉纺厂、10 家毛纺厂、3 家印刷厂、2 家造纸厂、2 家锯木厂、1 家漂白厂、1 家煤气公司和 1 家皮革厂。该河流有 6 条主要的支流，支流两岸共有 59 家棉纺厂、27 家毛纺厂、1 家印刷厂、2 家造纸厂、2 家漂白厂和 1 家谷物加工厂。在艾维尔河的达拉姆河段，有一家地毯厂，每年 1.2 万多立方米的工业废水和几百名工人的生活废水排到艾维尔河，[1] 对艾维尔河的水质造成了严重的影响。泰晤士河是英国著名的河流，它发源于英格兰西部的科茨沃尔德山脉，被誉为“皇家之河”。泰晤士河流经的地方都是英国文化的精华所在，它的每一滴清水都包含着一段英国历史。19 世纪工业革命之前，泰晤士河水清鱼多，是著名的鲑鱼产地，也是野生水生动物的栖息地。泰晤士河是市民们休闲的好去处：夏天在河上泛舟，冬天在河边散步，好不惬意。工业革命之后，泰晤士河饱受

1　陈瑞杰. 试论 19 世纪中后期英国河流的污染和治理问题 [D]. 华东师范大学硕士论文，2008：17.

污染。由于沿岸的工厂迅速兴起，大量的污水排入泰晤士河中，河水的水质恶化，富营养化，使得鱼类缺氧大量死亡，河水发出阵阵恶臭。1855 年，化学家法拉第曾坐船考察泰晤士河，河水的颜色与气味引起了这位化学家的注意。同年 7 月 7 日，他写信给《泰晤士报》的编辑，描绘了他所看到的泰晤士河的情况："整条河变成了一种晦暗不明的淡褐色液体……味道很臭，就像街道上散发的臭气一样，印象深刻至极……这时，整条河实际上就是一条臭水沟。"[1] 这条"皇家之河"到了烈日炎炎的夏天更是令伦敦市民难以忍受，1858 年被称为泰晤士河的"奇臭之年"。这一年的夏天，由于河水太臭了，位于泰晤士河边的议会大厦的窗户上挂起了许多浸过消毒水的被单。1878 年，泰晤士河上一条游船发生事故沉没，死亡 600 多人。事后调查发现，许多人不是因不会游泳，而是因为泰晤士河太脏中毒而亡。[2] 一位德国旅游者抱怨道：自从在泰晤士河洗完澡，身上的衣服一直就散发出一股难闻的味道，最后不得已把自己的衣服扔掉了。再如，盛产羊毛的西莱丁南部的考尔德河流，19 世纪中叶之前水质一直很好，河水清澈，鱼虾成群。随着工业革命的进行，考尔德河的水质持续恶化。有一位钓鱼爱好者曾经非常认真地对每次钓鱼的成果进行过记录，从他的记录中，我们可以看出水质的变化。1852 年，他共钓鱼 12 次，钓了 80 磅鱼；1853 年，同样次数的钓鱼经历，收获 48 磅鱼；1855 年，只有 14 磅鱼；此后两年一无所获。[3] 在德国，城市的水污染状况也是触目惊心的。德累斯顿附近的一条河流，由于有一座玻璃制造厂，它所排放的工业污水使得河流变成了"红河"。而另一条河流，由于工厂排出的污水含有铅氧化物，河流中的鱼全部死亡，那些吃了死鱼的动物也相继死亡。莱茵河，这条德国的母亲河由于长期的污染，河里的鱼几乎灭绝。19 世纪初，市民们还可以在莱茵河下游捕捉到鲟鱼；19 世纪末，已经不见鱼的踪迹。工业化带来的环境污染，特别是水污染在我们的现实生

1　陈瑞杰. 试论 19 世纪中后期英国河流的污染和治理问题［D］. 华东师范大学硕士论文，2008：8.

2　梅雪芹. 19 世纪英国城市的环境问题初探［J］. 辽宁师范大学学报（社会科学版），2000（3）.

3　陈瑞杰. 试论 19 世纪中后期英国河流的污染和治理问题［D］. 华东师范大学硕士论文，2008：8 –9.

图 4－6　城市预防瘟疫的宣传单

活中一直上演着。

其次是空气污染。在工业革命的发源地英国，这种情况尤为明显，伦敦成为举世闻名的“雾都”。工业革命一方面使煤炭的产量激增，另一方面也使煤炭的消费激增。19 世纪中叶，英国的煤产量占世界总产量的 2/3；19 世纪 80 年代，伦敦的煤炭消费每年为 1000 万吨。由于工厂林立，以煤炭为原料的蒸汽机大规模使用，英格兰到处可见高耸的烟囱，城市的空气中弥漫着煤灰。再加上英国独特的地理与气候因素，使得空气污染情况非常严重。英国属温带海洋性气候，温暖湿润，每到秋冬季节，从海洋上吹来的暖湿气流与岛内的冷气流交汇，形成浓厚的雾气，伦敦尤为如此。工业革命之后，伦敦的工厂遍地开花，如雨后春笋般出现，城市内到处是高大的烟囱。再加上市民的生活用煤，一年到头城市内烟雾缭绕，是谓“伦敦特色”。空气污染与混浊绝不是伦敦独有的现象，也发生在其他的工业城市，如曼彻斯特、兰开夏等地。现实主义文学家狄更斯这样描述兰开夏：到处呈现不自然的红色与黑色，像被涂抹了花脸一般；城市到处是机器和高耸的烟囱，无穷无尽长蛇似的浓烟，一直不停地从烟囱之中冒出来，怎么也直不起身子来。在英国制碱工业区朗科恩、韦德尼斯等地，生产的过程中会释放出类似臭鸡蛋味道的硫化氢，这种气味令本地的城市居民痛苦不堪。此外，由于空气的污染，天空中的大气具有毒性与污染性。1872 年，英国人罗伯特·史密斯首次使用“酸雨”一词，用以描述工业城市曼彻斯特受空气污染的情况。具有污染性与腐蚀性的浓雾使得植物的叶子无法进行光合作用，纷纷枯萎与死亡。这些酸性的空气会腐蚀建筑材料与金属制品，使得它们掉色并损坏。

水与空气的污染使得城市瘟疫与疾病流行，这是城市病早期的表现之一。近代早期的大城市几乎隔一段时间就会发生大规模的瘟疫与流行病，造成市民巨大的生命与财产损失。1603 年，伦敦发生瘟疫，约有 3 万人丧命。1625 年在查理一世统治期间，伦敦城发生了瘟疫，死亡 4 万多人。1665 年伦敦大瘟疫造成 8 万多人死亡。工业革命时期，由于城市居民的急剧增多，加之生活用水的污染，霍乱等瘟疫再度流行。1831 年 10 月，桑德兰地区爆发霍乱，不久蔓延到约克、利物浦等大城市。1832 年 2 月传播到伦敦，造成伦敦众多市民死亡。1838 年，霍乱死亡率达 38%；1843 年，霍乱死亡率达 40%。1848 年，英国再次爆发霍乱，并蔓延到全国，整个英格兰与威尔士死亡人数超过 7 万。英国人最初认为瘴气是导致霍乱的原因，传染病特别是霍乱最主要的传播原因是潮湿、污染以及腐烂的食物，这些使得空气混浊不堪。1849 年，约翰·斯诺医生发表了一篇文章，认为霍乱并非通过呼吸道传染，而是通过食道传染。染病者的粪便中带有霍乱病菌，这种病菌如果污染饮水源，细菌就会传染给别人。卫生条件恶劣的城市，特别是水被污染的地区，非常容易传播霍乱。1854 年 8 月，伦敦城再次爆发霍乱。约翰·斯诺医生通过调查发现，在霍乱爆发的地区有一处饮水源受到了污染，周围地区的几百户市民都靠它获取饮用水。于是约翰·斯诺采集了该处水源的水样，经观察发现水中有微小的悬浮物。随后，他把最近因为霍乱而死亡的病例标示在一张图上，图上清楚地显示，几乎所有的死者都居住在该水源地的附近，由此可见该水源地与霍乱疫情的关联。还有一个现象引起了约翰·斯诺医生的注意：在离该地不远的一家酿酒厂中，没有一名工人死于霍乱。经过调查发现，该酿酒厂的工人不是以啤酒作为饮料，就是饮用厂内的井水。通过这些情况的分析，约翰·斯诺医生指出：污染的水源是霍乱传播的重要途径。于是市政当局填埋了这处水源地，从此该地区的霍乱发病情况得到根本好转。受到污染的水不仅导致霍乱的爆发，还会使市民染上腹泻和伤寒等疾病。成年人得了腹泻会严重地呕吐；婴儿与儿童得了腹泻，就会不能进食变得消瘦，严重的会导致抽搐、脱水，乃至最终死亡。在伦敦，由于泰晤士河的严重污染，市民患有腹泻等疾病的情况增多。1853—1854 年，伦敦工人约有 1/4 死于腹泻。1874—1883 年，兰开斯特郡死于腹泻的人为 7%；伯明翰为 4%；布里斯托尔为 2%。1850—1880 年，婴儿死亡率高的一个重要原因就是腹泻：1855 年为 60%；1860 年为 65%；1865 年为 65%；1870 年为 70%。[1] 伤寒是市民致死的另一疾病。1850—1870 年，伦敦每天有 4 人死于伤寒，甚至维多利亚女王的丈夫也因为得了伤寒而去世。

由于城市空气的污浊，生活在城市中的市民，特别是工人大多数患有各种呼吸道疾病，纺纱厂的工人们多患有肺结核、支气管炎和肺炎。大多数的工人寿命都很短，在 19 世纪上半叶的工业城市曼彻斯特，工人的家庭成员的平均寿命仅 20 岁左右。在苏格兰的格拉斯哥，工人因病死亡率非常高：1821 年为 2.8%，1838 年上升为 3.8%，1843 年达到 4%。在 19 世纪八九十年代的三次烟雾污染事件中，死于支气管炎的人数分别比正常年份高出 130%、160% 与 90%。

城市病的另一个表现是城市消防隐患严重，许多城市都曾毁于大火。近代早期城市的房屋通常是木制的，城市街道拥挤，因此蕴藏着巨大的火灾隐患。巴黎、伦敦、纽约等著名城市都曾经历过多次火灾。最为著名的就是 1666 年发生的伦敦大火。一个清教徒牧师描述道：“现在大火烧到了考恩希尔那条宽阔的大道，很快冲过摆放在路边没有搬走的一长排木头垛，那原本是从房子上拆下来防止火势蔓延的。火舌舔遍了整条大道后离开了，把最底下的地窖和酒窖也烧了个底朝天，路两边的房屋一扫光，发出了伦敦城里从来没有听到过的响声……接着，城里开始山摇地动，市民瑟瑟发抖，惊恐地从房子里四处逃散出来，以免火焰把他们吞噬。呼啦啦，呼啦啦，火焰发出的声音冲击着耳膜，好像有千百辆铁战车击打在石头上。如果谁睁眼看看街面上，可以看见火苗迎面扑来，瞬间整个街道大火熊熊燃起，向前突进，好

1　陈瑞杰. 试论 19 世纪中后期英国河流的污染和治理问题［D］. 华东师范大学硕士论文，2008：13.

像对面窗户里有那么多的大铁匠铺，聚到了一起，形成一个巨大的火球，吞下了整个街道。这时，你也许可以看见房屋轰隆隆地，从街道这头一直倒塌到街道的另一头，只残留下烧光的地基，裸露在苍天之下。”[1] 这场大火烧毁了伦敦170多公顷的地区，其中市区被烧毁了150多公顷；郊区烧毁了近30公顷。这场大火持续了4天时间，破坏房屋13000多处，包括皇家交易所、关税大楼、圣保罗教堂等重要建筑，损失近1000万英镑，8万人无家可归。18世纪时，巴黎的许多房屋仅用石料做墙基，上面用木头修建。1718年巴黎发生火灾，木制的房屋无一幸免。当时“像一座大石灰窑在燃烧，但见房梁整条整条地坠毁”。幸好有一些石制房子起到了屏障作用，阻断了火势，使一些地区得以幸存下来。[2] 在美国，防范火灾也是城市的一项重要任务。1698年，南部最大的城市查尔斯顿发生了一场大火，使众多的市民无家可归。1835年12月16日纽约发生火灾，由于时值寒冬，城市消防栓冻结而无法发挥作用。近3000名消防人员奋力扑救，用水罐车拉水到火灾现场，再用人工水泵加压灭火，但是无法阻止大火的势头。最后只得用炸药炸毁一部分房屋，形成一道防火隔离带，才阻止了火势的继续蔓延。在这场大火之后，纽约全城一片瓦砾，大片的商业区以及股票市场大楼都付之一炬。那些受灾的市民一贫如洗，丧失了自己的家园。在这场大火之后，纽约市民接受了教训，积极支持“克罗顿水渠”的修建。“克罗顿水渠”从哈德逊上游引水到城市，一直供水到曼哈顿岛的最南端，总长几十千米。该工程在1842年完工，竣工之日，纽约市民举行了盛大的庆祝仪式。后来又建了一座喷泉纪念这一伟大的工程。1871年，美国中西部最大的城市芝加哥发生了大火，芝加哥2/3的建筑化为灰烬，10万多市民无家可归。

工业革命在创造了巨大社会财富的同时，不仅打破了人与自然的和谐，也断裂了传统社会人与人之间的社会纽带。造成了严重的贫富不均，产生了一个新的阶级——工人阶级。虽然工人阶级辛勤劳动，但是他们却无法享受工业革命的成果。近代欧洲城市病在社会关系中的表现就是工人阶级生活状

1　马克曼·艾利斯. 咖啡馆的文化史［M］. 孟丽译. 桂林：广西师范大学出版社，2007：45－46.

2　布罗代尔. 15至18世纪的物质文明、经济和资本主义：第一卷［M］. 顾良，施康强，译. 北京：生活·读书·新知三联书店，1992：316.

况恶劣。

第一，工人阶级的居住条件恶劣。城市中的房屋可以分为四类：一是有钱人富丽堂皇的豪宅；二是普通市民的房子；三是出租的房屋；四是工人们居住的贫民窟。出租房与工人居住的贫民窟称为“人间的地狱”。城市中的出租房间阴暗潮湿，条件简陋，卫生状况恶劣，室内污秽不堪。在巴黎，租住房屋的多是外省来巴黎谋生的穷人、短工、手工业者、妓女以及亡命的逃犯。有人曾经描述了18世纪末期的一间出租房的情况。这里面生活着三个孩子以及祖母和徒工。“前面有一个大房间，在里面劳动，也用来作为起居室，祖母住在朝向农庄的房间；这两个房间之间是一间小厨房，它只能从祖母房里的窗户借一些光亮，所以室内很暗。紧靠着中间窗户下面的是一个大铁砧，旁边是一张拉床；炉子在门的对面……因为几乎每天都在熔炼金子或银子……所以烧的是煤……除了烧煤以外，还有煮饭用的劈柴和泥煤。在烟雾和总也散不去的蒸气中几乎无法做任何事情，能借助的光亮只有炉火。”[1] 至于工人阶级居住的地方。恩格斯写道：“英国一切城市中的这些贫民窟大体上都是一样的，这是城市中最糟糕地区的最糟糕的房屋，最常见的是一排排的两层或一层的砖房，几乎总是排列得乱七八糟的，其中的许多还有住人的地下室。这些房屋每所仅有三四个房间和一个厨房，叫作小宅子，在全英国（除了伦敦的某些地区），这是普通的工人住宅。这里的街道通常是没有铺砌过的、肮脏的、坑坑洼洼的，到处是垃圾，没有排水沟，也没有污水沟，有的只是臭气熏天的死水洼。城市中这些地区的不合理的杂乱无章的建筑形式妨碍了空气的流通，由于很多人住在这样不大的空间里，所以空气质量如何，是容易想象的。此外，在天气好的时候街道被用来晒衣服：从一幢房子到另一幢房子，横过街心，拉上绳子，挂满了湿漉漉的破衣服。”[2] 具体到特定的地区，工人阶级的生活状况更是令人震惊。恩格斯引用了伦敦一位教区牧师的自述：“这里有1400幢房子，里面住着2795个家庭，共约12000人。安插了这么多人口的空间，总共只有不到400码（约370米）见

1　里夏德·范迪尔门. 欧洲近代生活：家与人［M］. 王亚平，译. 北京：东方出版社，2003：63.

2　恩格斯. 英国工人阶级状况［M］. 北京：人民出版社，1956：61－62.

方的一片地方，由于这样拥挤，往往是丈夫、妻子、四五个孩子，有时还有祖母与祖父，住在仅有的一间10—20英尺（5米左右）见方的屋子里，在这里工作、吃饭、睡觉。我认为，在伦敦的主教唤起公众注意这个极端贫穷的教区以前，城市西头的人们知道这个地方并不比知道澳洲和南洋群岛的野人更多一些。只要亲眼看一下这些不幸的人们的苦难，看一看他们吃得多么坏，他们被疾病和失业折磨成什么样子，我们面前就会呈现出这样一个无助和贫穷的深渊，仅仅是这个深渊有可能存在，像我们这样的国家就应该引以为耻。我在工厂最不景气的三年间在哈得兹菲尔德附近做过牧师，可是，我从来没有遇见过像在拜特纳－格林看到的穷得毫无希望的情形。全区在10个当家人中，很难找到一个除了工作服还有其他衣服的人来，而且工作服也是破破烂烂的；许多人除了这些破烂衣服，晚上就没有什么可以盖的，他们的床铺只是装着麦秸或刨花的麻袋。”[1] 城市中工人阶级的住房拥挤不堪，缺乏基本的卫生措施，更无法顾及私人隐私，工人与其说是生活，还不如说是“活着”。利兹城，工人居住区的街道大多数既没有铺砌过，也没有污水沟与下水道。在艾尔河泛滥的时候，工人的房屋与地下室常常积满了水，住户不得不用容器舀出去。即使在有排水沟的地方，水也会从这些水沟里涌上来流入地下室，形成瘴气一样的饱含硫化氧的水蒸气，并留下令人作呕的沉淀物。

贫民窟的形成是城市化进程中一个普遍的现象。在这些贫民窟中，工人和贫民们居住在拥挤的环境中，条件恶劣，缺乏基本的照明、卫生与通风条件。美国《太阳报》的一个年轻记者雅各布·里斯曾经对纽约的贫民窟进行过实地采访，他收集了大量的一手材料，写出了《那一半人怎样生活》一书，在美国社会引起了强烈的反响。他写道：“这些楼层的全部新鲜空气都是从那扇永远乒乓作响的过道门和那些黑洞洞的卧室窗户透过来的……过道里到处都是污水坑，所有的住户都由此出入，因而在炎夏之际都要忍受这些臭气熏天的污水坑的毒害……几堵阴暗的砖墙之间的空隙是(所谓的)院

1　恩格斯．英国工人阶级状况［M］．北京：人民出版社，1956：64－65．

子，那上边有一狭长的烟尘弥漫的天空才是这里居民所能望到的苍天。”[1]工业革命后期，工人的居住条件依然拥挤与恶劣。以德国汉堡为例。1896年一篇描写汉堡缝纫业情况的文章写道：“胡德恩大街的一座院落里住着在一家时装店工作的一名工人。如果你想拜访一下他的住宅，你就得先穿过一条狭窄的半明半暗的过道，大约有10米长。在通向大街的一端它有1米宽，到了中间只有86厘米宽了。从这条过道你走进一个小小的院子，就可以看见汉堡著名的后院偏房了。通向二层楼上的一架窄楼梯，楼梯陡峭，上去时必须分外小心，否则很容易在梯级上碰伤膝盖。下楼时尤其危险。据这名工人说，孩子们下楼时经常摔下来，不过他们已经习以为常了。等你走进了屋子，眼前展现的是一幅贫困的景象。用具是你能设想的最简陋的。……用作作坊的那一间里有一张工作台，一架机器和一个立柜，剩下的空间勉勉强强可以容下两个人。另一间房里有一张兼做卧榻的旧沙发、一个带抽屉的柜子、一张桌子和两把椅子……第三间‘屋子’是没有窗户的，很阴暗，全靠邻室采光和通风。这是一间卧室，但小到只能放下两套被褥。房屋都很低矮，一个中等身材的男人可以毫不费力地摸到天花板。住在这套住宅里的一家有6口人：父亲、母亲和4个孩子。”[2]

第二，工人们的饮食非常简单与不卫生，吃饭是为了填饱肚子。恩格斯写道：“在英国的大城市里，各种最好的东西都可以买到，但是价钱很高；而工人必须用他那不多的几文钱来养家，他们是花不起这样多的钱的。加之工人一般都是在星期六晚间才领到工资——不错，有些地方星期五就发了，但是这个很好的办法还远没有普遍实行起来。所以工人要到星期六下午4点、5点或7点钟才能上市场去，而资产阶级在上午老早就把最好的东西挑走了。早晨市场上有的是最好的食品，但是等到工人来的时候，最好的东西都卖光了，即使还剩下一些较好的，工人大概也买不起。工人买的土豆多半都是质量很差的，蔬菜也不新鲜，干酪是质量很坏的陈货，猪板油是发臭的，肉又瘦、又陈、又硬，都是老畜的肉，甚至是病畜或死畜的肉，往往半

1　王旭．美国城市发展模式［M］．北京：清华大学出版社，2006：128．

2　爱德华·傅克斯．欧洲风化史·资产阶级时代［M］．赵永穆，许宏治，译．北京：海豚出版社，2012：57－58．

腐烂了。做工人的生意的多半是些小商贩。他们售卖次货，所以才能够卖得这样便宜。最贫穷的工人为了用不多的钱买到必需的食品，哪怕是质量很差的食品，也不得不采取一种特殊的办法：因为星期六晚上 12 点钟所有的商店都要关门，而星期日又完全停市，所以在 10—12 点的时候商店就把那些不能保存到星期一的货物以想象不到的贱价出卖。但是，这些到晚上 10 点钟还没有卖出去的东西，十之八九到星期日早晨就不能吃了，而最贫穷的工人阶级星期日的餐桌上正是用这些东西点缀起来的。他们买到的肉常常是不能吃的，但是既然买来了，也就只好把它吃掉。”[1] 食品变质与不卫生都可以顺利出售，那么商家以次充好就更是平常之事了。《利物浦信使报》描述道：把咸黄油冒充新鲜的出售，不是在一块块的咸黄油上涂一层新鲜的黄油，就是把 1 磅新鲜的黄油放在上面让人先尝一尝，尝过以后却把咸黄油卖出去，或者洗掉盐再把黄油当作新鲜的出售。糖里面掺上米粉或其他价钱便宜的东西，却照净糖的价钱出卖。制造肥皂时剩下的废弃物也掺上东西冒充糖卖。咖啡粉里掺上菊苣及其他价钱便宜的东西；甚至没有磨过的咖啡里也掺假，而且假货酷似咖啡豆。可可里面常掺有捣得很细的褐色黏土，这种黏土是用羊脂油擦过的，掺在可可里简直难辨真假。茶叶里往往掺上黄荆叶子及其他类似的杂物，或者把泡过的茶叶晒干，放在烧热的铜板上烘烤，使它恢复原来的颜色，然后当作好茶叶出卖。胡椒里掺上豆荚磨成的粉末及其他东西。葡萄牙红葡萄酒干脆就是假造的（用颜料、酒精等制成），因为大家都知道，在英国喝掉的葡萄牙红葡萄酒比整个葡萄牙所生产的还要多。在市面上行销的各种各样的烟草里掺上了各种令人作呕的东西。[2] 在食不果腹的时代，工人们吃着低劣的、过期的与伪劣的食物艰难度日。

第三，工厂制度中童工的使用。英格兰的儿童从事体力劳动是一件特别普遍的事情，中世纪英国普通家庭的生活异常艰辛，通常有 3—5 个孩子，仅仅凭父母两个人的工作与劳动无法养活整个家庭。因此，较大的孩子要替父母分担一些家务，或者到别人的家庭做奴仆，是一个较为常见的现象。既

1　恩格斯．英国工人阶级状况［M］．北京：人民出版社，1956：108－109．

2　恩格斯．英国工人阶级状况［M］．北京：人民出版社，1956：110－111．

增加了父母的收入，减轻了家庭的负担，又锻炼了孩子。一个刚会走路的孩子就要进行劳动。“我母亲总是拍打筛子上棉花，然后把它放进一个棕色的深桶内，又倒入很浓的肥皂水，然后她把我的小外衣卷起来，卷到我的腰部，然后把我抱进桶内，要我用力把棉花踩到桶底。……这件事需要从头到尾不停地做下去，直到棉花把桶装满，再也站不住为止。这时，她拿过来一把椅子，放在旁边，让我扶着椅背。”[1] 当然，儿童们还有着快乐的时光，如“快乐英格兰”所描绘的那样：“在每年的忏悔节，学校的孩子们在老师面前玩斗鸡游戏，整个上午都沉浸在这种欢乐中；晚餐后，所有的年轻人都去田地里踢球，每个学校的学生都有自己的球队；城里的富人和市民骑着马前来观看这些年轻人的运动，孩子们灵活、机敏的动作为他们带来了乐趣。”[2] 18 世纪 80 年代之前，英国儿童是经济生活的一个重要组成部分。作为一种社会现象，儿童从事劳动的问题真正引起社会注意却是在工业革命时期。究其原因，家庭劳动虽然艰苦，但是间歇性的，当儿童感到乏累之时，即使是严厉的父母也不会太无情。在近代工厂制度之下，儿童除了从事长时间的劳作之外，还面临着现代工厂严格的劳动纪律，以及机器对工人肢体与精神的伤害。E. P. 汤普森说：工厂制度的罪恶就是在没有家庭作为补偿的情况下，继承了家庭工业制度中最坏的特征，它使得儿童遭受残酷而长久的剥削；在工厂制度下，机器支配着劳动的环境、纪律、速度、节奏以及劳动时间——不管工人们，特别是儿童们是否虚弱或者健壮。[3] 这种现象通常发生在一个工厂密集的区域之中，更容易给有良知的人带来极大的心理与视觉的震撼。随着理查德·阿克莱特发明了以水力为动力的水力纺纱机，纺织厂的生产效率得以极大地释放，越来越多地需要劳动力。但是，习惯于家庭劳动或者小作坊工作的工人对于工厂纪律开始并不适应，因此在早期要招到成年工人比较困难。在这种情况下，工厂主大批地雇用妇女，特别是儿童，儿童所具有的特点又加剧了这种选择。保尔·芒图归纳了几点：一是纱厂工作

1　E. P. 汤普森. 英国工人阶级的形成［M］. 钱乘旦，等译. 南京：译林出版社，2001：383.

2　亨利·斯坦利·贝内特. 英国庄园生活［M］. 龙秀清，孙立田，赵文君，译. 上海：上海人民出版社，2005：231－232.

3　E. P. 汤普森. 英国工人阶级的形成［M］. 钱乘旦，等译. 南京：译林出版社，2001：386.

技术含量低，容易学会，不需要太大的力量，对于某些工序来说，儿童的矮小身材以及纤细的手指更适合操作；二是儿童的软弱、温顺使得工厂主能随心所欲地役使他们；三是童工的工资非常低，仅是成年工人工资的几分之一，非常适合工厂原始积累阶段；四是儿童受到学徒法律的限制。[1] 总之，为了求得利益最大化以及管理成本的最小化，工厂主愿意雇用更多的童工，由此这些无辜的儿童就被卷入了工厂劳动的浪潮之中。随着蒸汽机的运用以及“骡机”的出现，对于劳动力的需求更为旺盛。以阿克莱特的工厂为例，其工厂中就大量使用少年工人。在“空想社会主义者”罗伯特·欧文的工厂中，1799 年，70% 是 18 岁以下的工人，其中绝大多数是 13 岁以下的儿童。[2] 这种情况在当时是一种普遍的现象。在兰开夏，罗伯特·皮尔爵士的工厂里就有 1000 名以上的儿童。[3] 按照保守的估计，英国工厂特别是纺织厂中，一半以上的工人都是儿童。

这些儿童是怎样进入工厂中并成为学徒的呢？首先，孩子的父母迫于经济与生活的压力，把孩子送入工厂或者作坊充当学徒，谋求一技之长以应付未来的生活。其次，传统观念的作用。工业革命时期，一个工人家庭有好几个孩子，限于经济条件，这些孩子没有条件进入学校接受教育。社会舆论认为，这些孩子如果不进入工厂干活，就有可能在街头闲逛惹是生非，从而产生社会问题，因此一些教区官员以及慈善团体倾向于把孩子送到工厂劳动。教区官员有时候会从那些没有活干的儿童中选出一部分，送到工厂充当学徒。1801 年，在埃塞克斯的一个百户区，治安法官命令教区官员挑出那些 12 岁及以上没有活干的孩子送到其他地区当学徒或仆人。这一年，有超过 500 名儿童成为学徒。几年中，每年都有 150—200 名儿童被送到外地充当学徒。[4] 由此可见，众多的儿童进入工厂充当学徒或者工人，一方面是社会普

1　保尔·芒图. 十八世纪产业革命［M］. 杨人楩，陈希秦，吴绪，译. 北京：商务印书馆，1983：334.

2　Norma Landau（ed）. Law、Crime and English Society，1660—1830［M］. Cambridge University Press，2004：233.

3　保尔·芒图. 十八世纪产业革命［M］. 杨人楩，陈希秦，吴绪，译. 北京：商务印书馆，1983：334.

4　Norma Landau（ed）. Law、Crime and English Society，1660—1830［M］. Cambridge University Press，2004：235.

遍的意愿，另一方面是经济发展与产业革命的需要。问题的关键在于，这些儿童进入工厂后的工作状况和工作条件是否能为儿童提供一个基本的环境。工厂的现实异常残酷，资本家的本质是唯利是图，他们为了追逐经济利益与产出，完全不顾那些鲜活的生命；特别是对还没有发育完全的儿童来讲，工厂简直就是地狱，工厂的生活就是儿童的一场梦魇。

1785 年，在工业革命的发源地——英格兰北部的曼彻斯特，医生们进行了一次调查，发现工厂的环境与卫生状况令人担心，在这种环境中儿童的身心遭受到严重的伤害。为了增加产量，儿童们被迫夜里也工作；为了减少支出，儿童们生活在没有基本卫生条件的环境中。恶劣的环境加上超负荷的工作，经常发生学徒儿童死亡的情况。在许多工厂中，雇主与监工虐待学徒儿童的情况屡见不鲜。1801 年，在米德尔塞克斯郡有一个工厂主虐待 17 名学徒致死。[1] 1800—1801 年，诺丁汉郡发生了 30 名学徒死亡的极端事件。理查德·奥斯特勒是一名有良知的中产者。1830 年 9 月，他访问了布雷德福德（Bradford）地区的一家工厂，在这里，他见识了童工悲惨的生活状况。这次经历使他异常震惊，1830 年 10 月 16 日他给《利兹使者》报写了封信，揭露了工厂中儿童所受的悲惨遭遇。“在约克郡，这个议会所认为的反对奴隶制度的地方，却存在着另一种‘奴隶制度’，而且这种‘奴隶制度’比殖民地的奴隶制度更为令人震惊与惊骇，也显得更为野蛮。约克郡的街道上洒满了童工心酸的泪水，因为工厂主的贪婪，童工被迫在工头与监工的驱赶下来到工厂工作。成千的儿童——主要是女童——从 7—14 周岁不等，每天被迫从早上 6 点一直工作到晚上 7 点，仅仅有半个小时被允许吃饭与休息。英国人，当你读到这些情况时，你难道不感到脸红与羞愧吗！可怜的孩子，他们是贪婪的牺牲品，在我们这个标榜自由与权利的国度中，儿童却成了劳动的动物了！”[2] 奥斯特勒的信在英国社会中引起了巨大的反响。代表新兴资产阶级利益的自由主义者却认为：奥斯特勒的描述夸大了实际的情况，也没有给工厂主表达的机会，因此并不可信。1831—1832 年全英童工劳动调查特别

---

1 Norma Landau（ed）. Law、Crime and English Society，1660—1830［M］. Cambridge University Press，242.

2 Derek Fraser. The Evolution of the British Welfare State［M］. Macmillan Press，1984：254.

委员会的报告也描述了相似的情况。报告指出：在工厂工作的女童工每天工作 19 个小时，她们凌晨 3 点开始，一直工作到晚上 10 点。每天花费 1 刻钟吃早饭，半小时吃晚饭，1 刻钟时间用于喝水。假如工作太忙的话，只能回到家再吃饭。工头很早就把孩子们叫醒，这些孩子们每天的睡觉时间不到 4 个小时，以至于许多儿童在吃饭的时候就睡着了。高强度的劳作以及没有安全保护，使得工作中经常发生工伤事故，孩子的手指头被压断的情况时有发生。发生了工伤事故之后，工厂主们并不再支付儿童工资，孩子只能到医务室进行治疗。[1] 1833 年，以查德威克和斯密斯为首的调查委员会也向议会提交了一份报告，客观地阐述了实际的情形：长时间的劳动严重地损害了工人们的身心健康，由此产生的许多疾病是无法治疗的，特别是儿童所受到的伤害更为严重，他们无法接受教育，也无法培养良好的习惯。

在城市发展的过程中，城市病伴随着城市化进程的加速表现得越来越明显，它涉及环境、卫生、住房、治安、教育、交通等诸多方面，深刻地影响着城市市民的生活。

1　Derek Fraser. The Evolution of the British Welfare State［M］.［S. l.］: 1984: 255.

第五节　近代市民生活

从总体来看，近代城市市民生活逐渐地走向稳定与富裕，饮食与住房得到改善，休闲生活也变得丰富多彩，城市生活趋向更加文明与进步。

从中世纪向近代过渡的过程中，城市的粮食供应日益充足，但尚未达到衣食无忧的程度。遇到好的年成，城市的粮食与蔬菜供应没有问题；遇到自然灾害或者瘟疫等情况，城市中的穷人们，便无法度过艰苦的岁月。从宗教改革到法国大革命期间，欧洲发生过多次的饥荒，1770—1772 年的大饥荒给人们留下了深刻的回忆。

普通市民的主食是粥加面包。粥通常是用燕麦熬制的，也有用荞麦、大麦或者小麦熬制的。面包的制作需要专门的烤炉，市民们自制的面包口感与质量比较差，但是出于成本方面的考虑，市民大多自己烘制。18 世纪以后，从美洲引进的土豆成为市民的重要食物。土豆原产于南美洲安第斯山，是印第安人培育的一种作物。16 世纪时，西班牙殖民者把土豆带回欧洲，这时土豆并不为欧洲人所知晓。1580 年，英国舰队在加勒比海打败了西班牙人，得到了土豆的种子，并带回到英国。由于英国的气候与土壤适合土豆的生长，土豆的产量高且管理粗放，因此土豆很快就成为英国人的重要粮食作物。1719 年，爱尔兰移民把土豆带到了美国。1840 年，欧洲爆发马铃薯瘟疫病，爱尔兰发生大饥荒，大批的爱尔兰人移民到美洲。事实上，欧洲人对土豆的价值并不是从一开始就意识到的，土豆的价值是通过饥荒得到体现的。流传下来的一份 1618 年德国慕尼黑一个市民的财产清单，列举了时人的日常食谱。[1] 周日中餐为粥、熏肉、团子与卷心菜；晚餐为卷心菜、肉排与牛奶。

1　里夏德·范迪尔门. 欧洲近代生活：家与人［M］. 王亚平，译. 北京：东方出版社，2003：73.

周一早餐是粥与酸奶汤；午餐是粥与卷心菜；晚餐是牛奶、卷心菜与豆子。周二早餐是粥与汤；午餐是团子、卷心菜与汤；晚餐是卷心菜、胡萝卜以及牛奶。周三早餐是粥与汤；午餐是粥、薄肉排与卷心菜；晚餐是粥、牛奶与卷心菜……不外乎粥、卷心菜、汤等。可见普通市民的日常饮食比较简单。

市民的饮食方式向文明的方向发展。中世纪时，经常把整头的牲畜端上餐桌，有些禽类的身上还带有羽毛。这些食品在端上餐桌之后才被分割，人们坐在桌子周围用手抓着吃，共用一只盘子。后来社会上层开始使用叉子、桌布和餐巾，富裕的城市市民为了显示其富裕与文明，备有全套的餐具。人文主义者伊拉斯谟曾在一本书中规劝人们吃饭时注意仪态。如有餐巾的话，应该把餐巾放在左肩或者左臂上；与有身份的人共进晚餐，必须脱下帽子，并注意自己的头发整齐；不要当其他人还没有坐稳就已经把手伸到盘子里；吃饭时面包放在左边，酒杯和刀放在右边；不要把手指头伸到调味汁里去，如果要吃什么，就用刀和叉；假如有人用汤匙递给你一块蛋糕，你应该用盘子去接，或者接过别人递过来的汤匙，把食物放在自己的盘子中，然后把汤匙还给原主……[1]社会上层饮食仪态要文明一些。有一段文字记载了16世纪中叶查理五世进餐的情况："食品每次都是由年轻的诸侯和伯爵端上来的，共有4份菜肴，每份里有4道菜，放在他面前的桌子上，一道一道地拿下来。他不想吃的，就摇摇头，想吃的就点点头，把碗挪到面前……他留下了烤仔猪、小牛头等。不用切开，刀子用得也不多，只是把面包切成块，大小正好能放进嘴里。把想吃的菜放在他喜欢的角落里，用刀子切开，用手指拿起一块，把碗端在下颌下，吃得那么自然，又很干净、很优美，人们从中可以看到他的乐趣。"[2] 查理五世的饮食仪态可能是大臣们为了美化国王形象而写出的。17世纪至18世纪一直有礼仪的规范：放在盘子里的餐巾是用来使衣服免受食物沾染的，用餐时应该尽量把餐巾铺开；汤匙、叉子与刀等餐

1　诺贝特·埃利亚斯. 文明的进程：第一卷［M］. 王佩莉，译. 北京：生活·读书·新知三联书店，1998：169.

2　里夏德·范迪尔门. 欧洲近代生活：家与人［M］. 王亚平，译. 北京：东方出版社，2003：75.

图4－7　19世纪初市民的餐具

具应该放在自己的左边，匙用于食用汤与汁，叉子用来吃肉；刀、叉脏了应该用餐巾擦拭，而不应该用台布擦拭；盘子脏了应该换一个；用手指去擦拭叉或刀是不文明的行为。

这种上层社会主导的礼仪在18世纪逐渐为市民阶层所接受。19世纪中叶，英国还有有关用餐仪态的说法。与欧洲大陆国家相比，英国的许多地区流行吃“带骨头的牛羊腿肉”。在宴会上，英国人会把大块肉端到餐桌上，并由主人切肉分肉。在英国市民中，这种习俗是一种常见的用餐方式，但是显得不太雅观，一些有教养的人对此持批评态度：“我们最为感激这些新方式的是，它取消了那种笨拙的野蛮状况，即吃带骨的大块腿肉的习惯。大块带骨头的腿肉看上去一点儿也不雅观。它使主人埋头其上，为忙于切割而弄得狼狈不堪。事实上，除非胃口特别好，否则的话，光是看到这么多肥肉，便会让人难以下咽。那些大块的带骨腿肉使讲究饮食的人看了感到厌恶。吃这种肉时，应该将其置于旁边的桌上，避开人们的视线。”[1]

关于饮品，欧洲市民经历了从啤酒到咖啡再到茶的一个转变，当然这种

1　诺贝特·埃利亚斯．文明的进程：第一卷［M］．王佩莉，译．北京：生活·读书·新知三联书店，1998：207－208．

图 4－8　啤酒馆文化

转变在欧洲各国城市中并不完全一样。欧洲大陆的市民比英国人喝咖啡要晚一些，并且咖啡并没有被茶所取代。

饮酒一直是欧洲市民日常生活中最爱之一，不论是英国人、法国人，还是德国人，都喜爱喝酒。普通市民饮用的是啤酒，至于葡萄酒，由于只在一些地区种植葡萄，因此它的消费范围相对较小。英国人喜欢度数较高的葡萄烧酒，在喝酒时法国人常嘲笑英国人，因为他们只知道一口气喝完酒，而不知道细细品味。许多历史著作记载，德国士兵开怀畅饮后烂醉如泥。16 世纪至 17 世纪的德国版画中描绘了德国人畅饮后醉酒的情形。至于巴黎市民，光顾小酒店畅饮葡萄酒是一种生活方式。巴黎城之外有许多的小酒店，这些小酒店不需要缴纳税，它的售价比城里便宜不少，因此是市民们休闲的好去处。有打油诗写道："小市民、手艺人和风流女工统统走出巴黎，光顾小酒店：两块船板当桌子，不用餐巾和桌布，开怀痛饮四大杯，只付一半钱。酒神宠爱此地，大家喝个够，肚里装不下，两眼流出的也是酒。"[1] 大革命前夕，每个巴黎市民每年大约消费 120 升的葡萄酒。这些葡萄酒不仅为他们提

1　布罗代尔. 15 至 18 世纪的物质文明、经济和资本主义：第一卷［M］. 顾良，施康强，译. 北京：生活·读书·新知三联书店，1992：276.

供了热量，也使得人们借此逃避烦恼与忧伤，因此有人称酒为“忘忧物”。由于小酒店的生意红火，一些酒店老板非常有名，他们的名声甚至超过了“启蒙运动之父”伏尔泰，这并不是一个夸张的说法。法国是葡萄酒的主产地之一，波尔多号称“葡萄酒的王国”。特别是巴黎市民更倾向于葡萄酒，他们认为啤酒是穷人的饮料，只有在经济不景气时市民们才会大量饮用啤酒，经济一旦好转，他们就会改喝葡萄酒。1750—1780 年，巴黎啤酒酿造厂从 75 家减少到 23 家，啤酒的产量下降了 70%。1781—1786 年，巴黎市民平均年消费葡萄酒量为 7130 万升，相比之下，啤酒消费量为 540 万升。[1]

英国市民热衷于口味清淡的啤酒。生产啤酒主要用小麦、燕麦、黑麦或者大麦等发酵，早期英国啤酒中没有添加啤酒花，因此口感并不是很好。啤酒花起源于 8 世纪的修道院，德国较早采用了在啤酒中添加啤酒花的工艺，直到 15 世纪英国才运用这一技术。有诗歌为证：“啤酒花、啤酒、宗教改革和桂冠同年一起降临英格兰。”[2] 普通市民泡啤酒馆是寻常的事情，对于工人阶级来讲，小酒馆可以为他们提供自由的空间与场所。在啤酒馆内打架斗殴是常事，有时还会发展成群殴。啤酒馆也是妓女聚集的地方，市民们在此喝得酩酊大醉，找妓女寻欢作乐。在德国这种情况也好不了多少。一位英国旅行者是这样描述的：“在萨克森，总是两个人喝一杯酒，一个人喝完了递给一起喝的另一个人，让他看某个记号或者在杯子里面做的记号，这个人要和那个人喝得一样多。有时候他们一次拿三个杯子，用手指钩着一个杯子，一气喝干。他们把这叫作皇帝的加冕。”[3]

17 世纪，咖啡进入了英国人的生活，并成为市民的日常饮料。咖啡本是土耳其人流行的一种饮品，在君士坦丁堡工作以及旅行、经商的英国人把它带到了不列颠。1652 年，伦敦出现了英国第一家咖啡馆。咖啡馆的出现并取得了成功，引得其他地方纷纷效仿。1656 年，亚瑟·提亚德在牛津大学附近

1　布罗代尔. 15 至 18 世纪的物质文明、经济和资本主义：第一卷［M］. 顾良，施康强，译. 北京：生活·读书·新知三联书店，1992：279 - 280.

2　布罗代尔. 15 至 18 世纪的物质文明、经济和资本主义：第一卷［M］. 顾良，施康强，译. 北京：生活·读书·新知三联书店，1992：279.

3　里夏德·范迪尔门. 欧洲近代生活：村庄与城市［M］. 王亚平，译. 北京：东方出版社，2004：138 - 139.

开设了新的咖啡馆，受到了许多科学家与学者的青睐，咖啡馆成为科学家们海阔天高地闲聊而激发科学灵感的地方。到 1660 年时，牛津大学附近又开设了几家咖啡馆。1665 年，伦敦发生了瘟疫，一些议会议员为了躲避瘟疫来到牛津，这里特意为议员们新开了一间咖啡屋，供他们聊天与商讨时事。在剑桥，大学校务会起初对咖啡馆持消极的态度，认为咖啡馆与啤酒馆性质都一样，会使学生们无法集中精力学习。不久，学者们意识到，咖啡馆是科学思想发生碰撞的地方，也是政治信息传播交流的场所。1670 年，布里斯托尔、约克、都柏林、爱丁堡等地都有了咖啡馆。马克曼·艾利斯认为："17 世纪 60 年代末，咖啡馆已经在英国深深扎下了根。几乎每个英国城市里至少都有一家咖啡馆，人们聚集在那里谈论新闻、做生意。咖啡馆还传播到了海外，特别是那些有相当数量英国商人的城市，尽管这些咖啡馆典型地由地中海血统的人开办。"[1] 在共和国期间，伦敦市民们像他们的先辈一样，热情地关注着时局的发展，咖啡馆又一次成为市民们聚会的场所。持相同政见的聚在咖啡馆一起探讨时局的发展，持不同政见的在咖啡馆激烈地辩论着，针锋相对，甚至拳脚相加。

1669 年，奥斯曼帝国派到法国的大使苏里曼，在巴黎任职期间经常举办招待会，宴会上，他用咖啡招待客人，并热情地向巴黎人介绍煮咖啡的方法。1671 年，巴黎第一家咖啡馆正式开张。一个叫哈达里文的亚美尼亚人在巴黎圣日耳曼市场开设了一家铺面，经营咖啡的生意。这时候的咖啡属于底层消费，在咖啡馆里，人们抽烟聊天，有身份的市民不愿意光顾咖啡馆。这种情况一直持续到 17 世纪 80 年代。在圣日耳曼一个意大利西西里商人的咖啡馆开业，他对咖啡馆进行了精心的装修，里面有挂毯、明亮的镜子、绘画以及大理石的桌子，天花板上安装了吊灯。从此改变了巴黎市民对咖啡馆的不良印象，许多有身份的人竞相光顾。巴黎的学者们也时常光顾咖啡馆，在此探讨学术问题。著名的普罗柯普咖啡馆就是许多社会名流光顾的地方，像百科全书派的代表人物狄德罗、启蒙运动的倡导者伏尔泰与卢梭等。到了 18 世纪，巴黎共有咖啡馆七八百家。法国的咖啡馆还可以经营酒类，如白兰地

1　马克曼·艾利斯. 咖啡馆的文化史［M］. 孟丽，译. 桂林：广西师范大学出版社，2007：85.

与果酒，成为咖啡馆与小酒馆的混合体，深受市民们的喜爱。1872 年，有人对市民们的咖啡消费情况进行了调查：“法国的咖啡消费增长了两倍；没有哪个市民家庭不以咖啡敬客；没有一个女店员、厨娘或者侍女早餐时不喝牛奶咖啡。在首都的市场和几条商铺集中的街道，有店铺向居民兜售所谓的牛奶咖啡，即用咖啡渣上色的劣质牛奶，而咖啡渣则是店主们从王侯府邸的管家或咖啡馆老板那里买来的。装着这种溶液的白铁桶配有龙头，以便随时取用，另有炉子供保温之用。这种小铺子边上通常设有木制长凳，你会惊奇地发现中央菜场的一个女摊贩或者一个苦力走过来买咖啡喝。女店主把饮料灌在叫作‘日尼欧’的大陶杯里端给他们。可敬的主顾站着就喝，而不放下背篓。除非为了仔细品味，他们才愿意卸下重负，在长凳上坐下。”[1]

19 世纪末，在欧洲大陆，咖啡馆成为城市生活方式的标志。随着工业革命的进行，工人们逐渐地争取到了休息与休闲的时间，他们不再整日在工厂矿井中没日没夜地工作，在工作之余，他们也开始享受生活。19 世纪末，城市的社会关系开始发生断裂与变化。17 世纪法国兴起的上流社会沙龙与市民沙龙已经不适应市民新的生活方式。传统沙龙讲究的是私人交往，它与某个贵妇人或者社会名流联系在一起，要参加沙龙得通过私人的关系才能进入这个圈子。在沙龙里，有着严格的礼仪规范和等级观念，对于一般市民来讲，进入沙龙的圈子非常不易，即使进入了沙龙圈子，也有可能由于财力与身份等因素被排除出来。因此，19 世纪也是欧洲大陆“沙龙文化”向“咖啡馆文化”转变的时期。雅克・杜加斯特认为：“1880—1900 年，以巴黎的咖啡馆为模式的文学艺术咖啡馆在欧洲各地大量涌现，独领风骚的是 18 世纪初设立的普罗柯普咖啡馆，这些咖啡馆一开始就是作为沙龙的对立面而出现的。它们是公共场所，从性质上说向所有人开放，不涉及任何入门条件、任何特别的社会身份，不需要公开声称归属于某个等级或圈子。如果说人们很早就发现思想文化领域内的某些咖啡馆有专门化的趋向，那通常是由于某种偶然的结合而造成的，大部分是短暂的现象，它从来不导致公开的排他性。

1　布罗代尔．15 至 18 世纪的物质文明、经济和资本主义：第一卷［M］．顾良，施康强，译．北京：生活・读书・新知三联书店，1992：304．

图 4－9　18 世纪贵妇喝咖啡

某个人或某群人之所以经常光顾某个咖啡馆，这首先与某种纯属自愿的选择有关。……咖啡馆很快就成为有利于各个最不相同的阶层的聚会场所，成为文化同质化的特殊空间。”[1]

17 世纪 60 年代，中国的茶叶传到欧洲的荷兰与葡萄牙。1662 年，葡萄牙公主卡特琳娜嫁给了英国国王查理二世。公主把自己喜爱喝的茶叶作为嫁妆也带到了英伦，她用茶叶招待来访的客人，于是饮茶的风气在英国上层社会流行。饮茶的风俗逐渐地传给了普通市民。1750 年前，咖啡一直占据上风；1750 年后，咖啡的销量开始下降。历史学家通过对普通市民的遗嘱清单研究后发现，到了 18 世纪，越来越多的家庭拥有茶具，而拥有咖啡用具的则很少。社会的上层优雅地品着春茶；普通的市民，特别是工人阶级用粗糙的陶瓷茶杯饮用劣等的茶叶。饮茶，虽然在英国社会非常流行，但是这种消

1　雅克·杜加斯特. 19 世纪和 20 世纪之交的欧洲文化生活［M］. 黄艳红，译. 北京：中国人民大学出版社，2007：106－107.

图4－10　18世纪的茶具

费文化更多地体现了家庭的色彩，在城市里却没有几家茶馆。

维多利亚时代，饮茶发展为独特的下午茶习俗。当时英国社会的饮食习惯是丰盛的早餐，午餐比较简便，正餐是晚上8点左右的晚餐。这就面临着一个尴尬的局面，即如何打发下午漫长的时间。下午茶的出现与贵妇人安娜有关。安娜是公爵夫人，常常无所事事，一天下午4点左右她感觉有些饿，于是吩咐女仆为她准备一壶红茶和几片烤面包与奶油。她的私家花园风景宜人，边吃点心边饮茶，人生好不惬意。此后，她每天下午都要吃茶点。她的许多闺中密友下午来访，看到公爵夫人的惬意生活，非常羡慕，纷纷模仿。很快，这种生活方式就在英国上流社会流行开来。上有所好，下必效焉，于是这种休闲方式逐渐为市民以及工人阶级所接受和效仿。英国天气阴湿寒冷经常下雨，特别是冬季夜长昼短，从午餐到晚餐间隔过长。工人们辛苦工作了一天，下班后，往往天色已经暗了，但晚餐时间还未到，这时他们又冷又饿，就需要一些点心来充饥。当时英国工厂都有短暂的下午茶时间，工人们利用下午茶时间返回家中，喝一点热茶，吃一点面点，然后再返回工厂继续做工。这样不仅补充了能量，也使他们心情舒畅。正宗的英国下午茶非常讲究，具有鲜明的英国市民文化特色。首先是下午茶的地点，一般情况下是在优雅舒适的客厅或整洁干净的花园中。为了准备下午茶，女主人通常会提前准备好各种点心。当客人们到来后，主人一边与客人聊天，一边吩咐仆人取来茶叶盒子，当着客人面打开。一方面显示主人对客人的尊重，另一方面表明茶叶的品质。在当时英国这是一种奢侈消费。有一些茶叶非常昂贵，主人通常会在茶盒上加一把锁，防备别人偷拿。英国人喝茶的茶具非常讲究，通常是细瓷杯碟或银质茶具，包括茶壶、过滤网、茶盘、茶匙、茶刀，三层点心架、饼干夹、糖罐、奶盅瓶、水果盘、切柠檬器。有人认为，由于英国气候多雨，平常缺乏阳光，而银质茶具闪闪发光，给人一种亮晶晶的感觉。更为重要的是，这是当时欧洲上流社会的普遍认识，即银制餐具代表身份。参加下午茶是正式的社交活动，因此宾主都要衣着得体。贵妇人赴下午茶，要穿缀了花边的蕾丝裙，将腰束紧，举止要仪态万方；绅士参加下午茶，要身着燕尾服，戴高礼帽，手持雨伞，举止彬彬有礼。喝茶时的仪态非常重要，茶要慢慢品味，点心要细细品尝，相互交谈聊天时要低声细语。普通市民利用下午茶的时间走亲访友，女主人殷勤地沏好茶，烤制好样式不太精美但用料绝对实惠的点心，供客人享用。一般来讲，下午茶的专用茶为红茶，若是奶茶，则是先加牛奶再加茶。点心用三层点心瓷盘装盛，第一层放三明治，第二层放传统英式点心，第三层放蛋糕及水果；由下往上吃。茶点的食用顺序遵从味道由淡而重、由咸而甜的法则。

在市民的出行方面，随着经济的发展以及新型交通工具的出现，城市市民的出行方式发生了巨大的变化，耗时少、出行舒服成为时代的潮流。虽然没有完整的公路体系，但交通旅行的条件不断改善。1625 年起，英国出现了往返于主要城市之间的出租马车。随着法令的完善，英国的道路状况日益改善。1800 年，英国的公路增加到 1600 多条，[1] 使得城市之间的交往更为便捷，如，从曼彻斯特到伦敦，4 天就能抵达伦敦；30 年后又缩短了一半时间。在英国，1790—1836 年，大城市公共马车的数量增加了 8 倍，总共有 700 辆邮车和 3300 辆公共马车经常性营运。1838 年，运输行的老板 W. J. 查普林生意做得很大，拥有 680 辆马车和 1800 匹马。[2] 公路交通的改善促进了

1　阿萨·勃里格斯. 英国社会史［M］. 陈叔平，译. 中国人民大学出版社，1991：254.
2　阿萨·勃里格斯. 英国社会史［M］. 陈叔平，译. 中国人民大学出版社，1991：255.

图4－11　18世纪的交通工具：马车

近代旅游业的发展，很多人乘坐马车到温泉城市与海滨城市度假。18世纪中期，工业革命进入起步阶段，日益增长的人员和物资的运输，给原来的交通体系造成了严峻考验，于是兴起了运河建设的高潮。据波特尔估计，到1838年英国已开凿了3540千米运河，加上天然河道，构成连接各地的运河网。运河运输在当时的成本是公路运输的1/2—1/4，不仅方便了人员和物资流通，也大幅度降低了市民的出行成本。河流运输工具也得到了改进，蒸汽轮船是一项革新。泰晤士流域的小城马盖特早在18世纪70年代就引进蒸汽轮船，用于人员和物资运输。1830年，有超过10万的游客通过轮船来到该城，一时间马盖特游客如云，成为英国第一个真正的“大众”度假胜地。19世纪的铁路列车又给市民们带来了新的旅行方式，并成为大众旅游的最佳交通工具。英国的铁路交通经历了跨越式的发展，逐渐发展起来的铁路网，使得英国人可以方便地到达内地适合休闲的小城镇。据估计，在1840—1871年，仅英格兰和威尔士乘火车旅行人数就增加20倍。1850年布莱顿的火车通车，在一周时间内就运送了73万人；19世纪50年代，每年有12万人乘坐火车前来旅游度假胜地布兰克浦尔度周末，1861 年已达到 135 万人。[1] 快捷是铁路旅行的特点。火车发明之初每小时 20 千米，这已大大高于当时的大部分交通工具的速度；到 1845 年时速高达 60 千米；1883 年，对 407 列火车所做的计算，平均时速超过 66 千米。布赖顿与伦敦之间距离 80 千米，乘火车 2 个小时以内即可到达。19 世纪后期，乘坐火车出去旅游成为城市市民的首选。铁路的建设与发展为市民假日旅行创造了条件，温泉休闲、海滨休闲以及城市间的旅游随着铁路的发展逐步兴起。

在文化生活方面，随着近代经济与社会的发展，普通市民也积极参与到各种各样的文化活动之中，成为日常生活的一部分。首先是阅读的兴起。市民阅读率得益于教育的发展，普通人识字率逐渐提高。以英国为例，16 世纪到 17 世纪英国民众的识字率只有 20%，18 世纪中叶，识字率已经超过 50%。19 世纪英国教育更是进入了迅速发展时期。1820 年的国会报告显示，英格兰和威尔士地区各类学校总数达到 2.5 万余所，在校人数超过百万。这些学校为普通市民的教育提供了良好的场所。19 世纪晚期，英国为了提高国民素质开始了义务教育，使读书识字成了每个公民的基本素质，识字能力得到普及。印刷技术的改进为民众阅读创造了客观条件。在手工抄写制作书籍的时代，一个抄写员一年只能生产两本书，价格极其昂贵。印刷工厂出现后，读物的数量剧增，价格迅速下降，歌谣集的价格是 0.5 便士或 1 便士；骑士传奇、犯罪故事或新闻报道小册子只需几个便士；1712 年报纸在征税之前是 1 便士，1757 年也只要 1.5 便士或 2 便士，1776 年只需花 3 便士。真正的大众娱乐休闲读物是近代小说。《汤姆·琼斯》是那个时代最为流行的小说，大众读者对小说趋之若鹜。1742 年出版的《约瑟夫·安德鲁斯》，在 13 个月里出了 3 版，共销售了 6500 册；《阿美丽亚》第一版 5000 册在一个星期之内销售一空。1814 年斯科特的《威弗利》第一次印行 1000 册，几周之内就售光了，到 1829 年售出了 4 万册之多；斯科特的散文小说《马米安》4 年之内销量超过 2.8 万册。阅读小说成为市民们茶余饭后消磨时光的最好方

1　John walton. The English Seaside Resort: a Social Hhistory, 1750—1914 [M]. Leicester University Press, 1983: 19.

图 4-12　1753 年建立的大英图书馆（大英博物馆的前身）

式。报纸也是市民们喜爱的大众读物。1621 年，报纸的先驱——新闻书出现了，17 世纪二三十年代，英国销售的新闻书高达 500 万册。到 18 世纪，新闻书基本上被文风简约、报道及时、价格便宜的报纸所取代。《伦敦公报》是英国创办较早的报纸，主要登载国事要闻。1702 年伦敦第一家商业日报《克兰特日报》创办，此后不断有新创刊报纸加入竞争的阵营。到 1790 年，伦敦已经拥有 13 种晨报、1 种晚报、7 种每周出版 3 次的报纸和 2 种每周出版 2 次的报纸。在报纸种类增多的同时，读者人数也快速扩张，如 18 世纪早期《手工艺人》的发行量达到 1.3 万份。据报刊史家米歇尔·哈里斯统计，1746 年每个星期六至少有 4.5 万份报纸出售，读者近 50 万人次。19 世纪早期，报纸发行量进一步扩大。《世界新闻报》发行量达 3 万份，《政治纪事报》的发行量曾经达 4 万份，《挑战者》为 2.2 万份，《黑矮人报》为 1.2 万份。[1] 经过 1836 年和 1861 年印花税改革后，报纸的价格更低，读者群体更大了。卡林汉姆统计，到 1900 年，每五六个成年人中就有 1 人阅读日报，每三个人中就有 1 个人阅读周报。

图书馆和读书俱乐部是市民日常阅读消遣的重要场所。公共图书馆在很

1　E. P. 汤普森. 英国工人阶级的形成［M］. 钱乘旦，等译. 南京：译林出版社，2001：844.

图 4－13　18 世纪罗马城市运动会

早的时候就建立了。剑桥大学和牛津大学以及很多教堂中都附设图书馆，这些地方的藏书以学术性或宗教性为主，对于民众阅读来说针对性不是很强。市民能够借阅书报的图书馆是商业性的收费图书馆，也称为流通图书馆。流通图书馆有的是从书店发展而来的，书商在购销书报杂志的同时，还开办借阅业务，使自己的书店变成了一个流通图书馆。1692—1693 年，米德兰的书商威廉·贝利首开向亨廷顿伯爵收取了 2 便士借阅费的纪录。1720 年，伦敦已经有很多租阅机构，花 1 便士便可借阅 1 册图书。到 18 世纪末，这类图书馆有近 1000 个，其中，伦敦一家图书馆的藏书达到 8000 册。19 世纪中期，几乎每个城镇至少有一个或大或小的图书馆，这些商业性图书馆为市民阅读提供了良好的服务。除了流通图书馆之外，还有一种俱乐部性质的商业图书馆，实行会员制。最先出现这类图书馆的城市是利物浦，随后瓦灵敦（1760 年）、麦克里斯费尔德（1770 年）、谢菲尔德（1771 年）、布里斯托尔（1773 年）、布莱福德（1774 年）、惠特比和赫尔（1775 年）、利兹、哈立法克斯和卡里斯尔（1778 年）等城市相继建立了这种图书馆。和流通图书馆相比，商业图书馆读者对象要狭小得多，所订阅的书籍专业色彩浓厚。例如，利物浦商业图书馆的藏书主要以奴隶贸易相关书籍为主，曼彻斯特以技术类著作见长，布里斯托尔藏有大量关于利凡特、地中海和北美等与贸易相关的游记和著作。在所有的这类图书馆中，布里斯托尔和利兹的图书馆最好。布里斯托尔的一家商业图书馆会员达到 200 人，藏书约 5000 种；利兹的藏书超过 4500 册，订阅者约为 450 人。会员多为城市中等阶层人士，如陶器制造商、铁匠、海员、画师、外科医生、教师、律师、酿酒师、杂货店老板等。

市民日常娱乐也包括观看赛马、戏剧、音乐等形式。现代赛马会的源头可以追溯到 18 世纪英国各地举办的赛马会。这些赛马会一般举行为期数天的赛马活动，在夏秋季节举行，比赛场地通常由城市政府提供。例如，1728 年，金斯顿市政府捐助 10 英镑给比克顿黑斯赛马会，两年后又赞助了 10 英镑。17 世纪初期，英国的戏剧业蒸蒸日上，大众剧院日益繁荣，观看戏剧逐渐成为城市居民的日常娱乐。由于社会的偏见，人们普遍认为女子到剧院这种声誉不佳的地方去，不符合礼仪规范，可是女士们挡不住诱惑，还是有不少人到剧院里去看戏，不过一般由男士陪同。在 17 世纪中期戏剧走向衰落。1642 年议会颁布法令，要求关闭所有的剧院，禁绝一切戏剧演出，如有违反，演员将受到刑事追究，观众也会被罚款。17 世纪后期，戏剧业逐渐复苏，人们开始重新建造剧院。1673 年，耗资 4000 英镑重建的德鲁里巷剧院重新开张，此后一些大众剧院也恢复了演出。这一时期，戏剧界出现了一些变化，女性开始上台演出，这是一个巨大的进步。由于伦敦已经有了街灯，所以演出时间也有所变化，原来戏剧演出多在下午 3 点钟开演，现在推迟到下午 6 点演出。18 世纪时，英国的戏剧业逐渐走向了大众化的道路。休闲城镇如巴斯、斯卡伯勒、布莱顿等地，新兴工业城市如布里斯托尔、曼彻斯特、利兹、诺丁汉、伯明翰、约克等都有很漂亮的剧院，演出也非常红火。有的城市有自己的常驻戏班进行演出，特别是伦敦的剧团经常巡回演出。在音乐厅欣赏音乐也是市民休闲的一种方式。1830 年，英国出现音乐厅。1843 年的法案要求：酒吧中的音乐室从酒吧中分离出来，这使大多数酒吧音乐室变成了音乐厅。此后，音乐厅发展迅速，成为英国 19 世纪中后期最主要的市民文化娱乐场所。这时歌曲的内容以风流韵事、爱情、友谊等为题材，表现出浓郁的市民生活气息。玛丽·罗伊德和乔·威尔森都是当时的流行文化英雄，获得了市民们的广泛爱戴。为了抓住听众，这些歌唱家们使尽浑身解数，运用各种肢体技巧，穿着各种奇装异服。

旅行度假是市民休闲生活的另一个组成部分，并成为现代城市生活方式的一个重要特征。一是工业革命对城市环境的破坏，使得市民们渴望自然安静的生活；二是交通运输工具的进步，使得市民们可以方便地到温泉城市与海滨城镇；三是近代假日制度的出现，使得工人阶级有时间休闲。

市民们旅行休闲通常有两个去处：一是温泉城市，二是海滨城市。首先介绍温泉城市，我们以巴斯为例。在英格兰西南部，距离伦敦不到 160 千米有一座美丽的城市——巴斯。巴斯是英国著名的休闲城市，有着英格兰“休闲之都”的别称。巴斯城的兴起与发展就是人们对大工业城市生活的反思。巴斯是一个小地方，埃文河蜿蜒曲折地流穿该城。最让英国市民青睐的是它的温泉，温泉水既可以用来饮用，又可以用来治病。巴斯的温泉最早可以追溯到罗马人统治不列颠期间。1 世纪，罗马人发现了巴斯的温泉，于是他们进行了开发，这也非常迎合罗马人洗温泉的爱好。在罗马统治期间，城市兴建了众多的温泉浴池。罗马人离开不列颠后，巴斯的温泉保存了下来，到了 12 世纪中叶，巴斯成为风湿病患者的医疗中心。随着时间的流逝，这座城市的功能开始削弱。直到 18 世纪，巴斯重新获得了新生。1702—1703 年，汉诺威王朝的安妮女王来到巴斯度假，为巴斯的发展提供了一个难得的契机。在纳什、艾伦和伍德等三人的努力下，一座崭新的休闲城市初具雏形，巴斯城的规划设计与建筑成为城市建筑的典范。刘易斯·芒福德认为：甚至在今天，巴黎、伦敦、爱丁堡等地的最好的例子也比不上巴斯市中心的设计质量。巴斯的规划设计是如此优秀杰出，……它能灵活地使这个城市适应地理上和历史上现实的挑战。……巴斯保存了花园般的环境，这点是引人注目的，同样，它那儿住宅后面的家庭小花园，面积非常大，令人印象深刻……简而言之，18 世纪巴斯的城市规划像它的温泉一样令人鼓舞而又有益于健康……[1]在巴斯，喜欢看戏的人可以到皇家剧院，喜欢读书报的人可以到流通图书馆借阅。在当地图书馆中按月订阅的读者有 500 人。酒吧则遍地都

1　刘易斯·芒福德. 城市发展史［M］. 宋俊岭，倪文彦，译. 北京：中国建筑工业出版社，2005：第 37 章.

是，1704年为58家，1749年增加到150家，此后经历了一段波动，1780年达到163家。18世纪中后期，咖啡厅和茶室随处可见。很多人来到温泉城，一方面是出于休闲疗养的目的，另一方面是为了风花雪月，所以温泉城聚集了一批风尘女子。一个到巴斯温泉疗养的教士在日记中写道："当我在巴斯的街道上行走时，看到街上到处都是妓女，其中的一些姑娘明显不会超过十四五岁，对此我毫不奇怪。"[1] 此外，赌博也是很多人喜欢的娱乐，到温泉城来疗养的市民大多嗜好此道。赌博业每年给城市带来大量的收入。以巴斯为例，1712—1720年，巴斯地方财政来自赌博业的收入增长了3倍，有人认为赌博业是这个城市发展的重要因素。巴斯的情形就是其他温泉地的缩影，它的发展经历也代表着其他温泉城镇的历程。随着温泉度假成为市民休闲的一种方式，温泉城镇在17世纪末也加速发展，我们可以从巴斯的相关统计数据看出这一点。在马车旅行时代，从伦敦前往巴斯的马车在1766—1811年间增长了8倍之多。在公路交通和铁路交通发展之后，来到巴斯的游人就更多了。据估计，1749年巴斯的游人每年大约有1.2万人，1800年，将近4万人造访该城。随着游客人数的增多，当地城市人口也日益增长，城市规模越来越大。1700年，巴斯的房屋为669幢；1743年时翻了一番，达1339幢；1771年超过了2000幢；1801年接近4000幢。从居民人数来看，1743年为1万人，在当时的英国已经是比较大的城市；1771年为1.5万人；1789年为2.2万人；1801年为3.3万人；1831年达5.1万人；1851年为5.4万人。1851年以前，巴斯一直是英国最大的旅游度假城市。

在温泉城市蓬勃发展的同时，也隐含着许多的缺陷。由于温泉地相对狭小，所能容纳的人数有限，因此到这里来的主要还是社会的中上层人士。随着铁路运输时代的到来和海水疗养的兴起，社会中下层民众也有了休闲的可能，漫长的海岸线解决了温泉城地域狭小的问题，铁路运输的廉价费用也适应大众经济能力，于是海滨成为大众旅游休闲的主要场所，海滨城市日益兴起。英国有很多优良的海滩，宽阔的海岸显示其得天独厚的优势，吸引了越来越多的城市市民。17世纪60年代，就有一些医生研究海水的疗效。18世

1 R. S. Neale. Bath, 1680—1850 [M]. Routledge, 1981: 22.

图 4－14　英国海滨休闲城市 Scarborough

纪中期，越来越多的人相信海水的治疗作用，于是海水浴成为温泉疗养的有力竞争者，并且发展更为迅猛。海滨休闲发展的早期，社会上流人士引导了海水洗浴的风气。从 1783 年起，威尔士王子数次造访布莱顿；1789 年威廉三世驾临威茅斯；1798 年阿里米娅公主临幸沃尔辛；1801 年夏洛特公主光顾南开普敦。18 世纪末 19 世纪初，越来越多的人来到海边玩乐，人们来到海滨的目的不再是为了治病，而是为了休闲消遣。随着越来越多的城市市民来到海滨度假旅游，为了争夺更多的游客，各个度假地开始加强基础设施建设以吸引游客。布莱克浦尔的市政委员会大力进行基础设施建设。1865—1870 年，投资 6 万英镑修建基础设施，又花费 6 万英镑进行客栈和各类娱乐设施以及防波堤的建设；与此同时，还花费了 35 万英镑拓宽海滩。伯恩茅斯大力进行休闲场地建设，1861 年 9 月建起了一个长 300 米的洗浴码头，可以容纳很多人在码头上散步与洗浴。19 世纪 70 年代中期，市政府又把木质码头改建成铁质码头，投资近 2.3 万英镑，后来又花费了 8 万英镑用于码头后续建设，直到 1914 年才完工。码头建设带来了丰厚的回报，伯恩茅斯的旅游收入成倍增长。为了加强本地的文化娱乐气息以吸引游客，英国各个海滨休闲城镇纷纷组建自己的乐队，在维多利亚时代和爱德华时代，各个海滨城市的散步场边都建有演奏台，乐队的演奏增加了城市的吸引力。休闲城市为了在冬天也能吸引旅行者来此度假，建起了冬季花园和各种小商品市场，以尽量满足游客多方面的需求。为了扩大本地的知名度，海滨度假城市加强了对外宣传力度。从19世纪80年代起，布莱克浦尔市政府建立广告宣传委员会大力进行宣传，1879年花费了500英镑广告费，1895年为2000英镑，1901年为3600英镑，1914年达4000英镑。远至诺丁汉、伯明翰和谢菲尔德的游客蜂拥而来，布莱克浦尔逐步发展成为英国大众休闲城镇中规模最大、发展最好的旅游度假地。1863—1873年，每年来布莱克浦尔度假的各阶层人士达到数十万人。1883年游客人数达100万，1893年达200万。在这些游客当中，绝大多数是城市的市民。据说，任何一个年收入超过100英镑的家庭都能到海滨度假旅行。19世纪70年代，一个四口之家从伦敦往返布莱顿的车费只需9先令，不要说中产阶级，就是工人中工资高一点的人都能花得起。总体看来，19世纪中后期越来越多的民众参与到海滨度假旅行中来，直接刺激了英国海滨城市的发展。1851年，有9座海滨休闲城镇的人口达到1万人以上，其中包括布莱顿、大雅茅斯、多佛、黑斯廷斯、格雷夫森德、拉姆斯盖特、塔克威、斯卡伯勒和马盖特等城市。1881年，著名的海滨城市布莱顿的人口超过了10万人，还有很多海滨度假城镇从当初的小村庄发展成为超过1万人的中等城镇，如伊斯特伯恩、福克斯通、伯恩茅斯、惠特比、威茅斯、布莱克浦尔和沃尔辛等。

第五章 20世纪以来的城市生活

20世纪之后，一方面是美国城市大发展的阶段，另一方面，欧美城市又经历了城市的郊区化过程，这其实是一个问题的两个方面。在经历了第二次和第三次产业革命之后，城市的生活达到了无以复加的繁荣程度，与此同时城市病也更为明显地体现出来。在新的时代，如何理解城市生活成为摆在全人类面前的重要课题，中国正在进行这方面伟大而艰苦的实践。

第一节　产业革命与都市化

20 世纪是一个不平凡的百年：人类经历了两次世界大战，也经历了两次产业革命；战争摧毁了城市，城市又重建；产业革命让城市获得了新的活力，又让城市发展陷入困惑之中。在这样的纠结中，西方城市经历了都市化与郊区化发展阶段，市民的生活发生了翻天覆地的变化，同时深陷城市病中难以自拔。人类文明又翻开了新的一页。

19 世纪后半叶，科学取得了长足的发展，最突出的成就在物理学、生物学等领域，此外化学、地质学等领域也取得了巨大的发展，由此开启了人类新的科学时代。在科学技术取得革命性进展的同时，新技术成果被广泛应用于工业生产，人类迎来了第二次工业革命。第二次工业革命从 19 世纪 70 年代开始到 1914 年基本完成，它使得人类从“蒸汽时代”进入“电气时代”，这场工业革命极大地影响了人类特别是城市市民的生活方式。

1831 年，英国科学家迈克尔 · 法拉第发现了电磁感应现象，使得人们更加深入地了解了电。1866 年，德国工程师维尔纳 · 西门子成功制造出发电机。1870 年，世界上第一台商用直流发电机研制成功，实现了电能与机械能的转换。但直流电成本高并且常出事故。19 世纪 80 年代，人们研制出交流电，通过变压器控制任意变化电压。1885 年意大利科学家法拉第提出旋转磁场原理，这对交流电机的发明有重要的意义。1891 年，较为经济并可靠的三相制交流电得以推广，电力工业的发展进入新阶段。电力的发明与改进使得它以多种方式被加以利用，城市家庭成为电力的主要使用者之一。1879 年，英国人斯旺发明了白炽灯，但是电灯寿命短，不具有普遍应用的价值。同年，美国发明大王爱迪生发明了发光时间更长的白炽灯，电灯开始成为市民的日常用品。电力的发明与使用使得城市生活变得与乡村生活迥然不同，塑造了一种不分昼夜的生活方式，人们不再依据太阳的升起与落下决定生活的安排，随着电灯等一系列电器的发明，人们可以根据自己的需要来安排生活。第二次工业革命在技术上的另一个重大突破是内燃机的发明与使用。在这一领域，德国人一直处于领先的地位，他们先后发明了以煤气、汽油、柴油为燃料的内燃机，使得交通运输领域发生了一场革命。1876 年，德国工程师奥托制造出一台以煤气为燃料的内燃机，这种功率较小的机器颇受欢迎。1883 年，德国工程师戴姆勒制造出以汽油为燃料的内燃机，这种内燃机具有马力大、重量轻、体积小、效率高等优点，是交通工具理想的发动机。1885 年，德国工程师本茨研制出三个轮子的汽车，这辆汽车的时速约 15 千米。1892 年，德国工程师狄塞尔发明了柴油机，柴油机虽比使用汽油的内燃机笨重，但非常适用于重型运输工具。内燃机的出现解决了交通工具的动力问题，迅速取代了传统的蒸汽机，成为 20 世纪最为重要的动力。19 世纪 80 年代，以内燃机为动力的汽车作为一种新的运输工具迅速发展。19 世纪 90 年代，世界各国生产的汽车每年只有几千辆，1914 年之后，世界的汽车年产量已猛增到 50 万辆。汽车的出现改变了城市市民的生活方式，传统的以步行、马车等为主的交通方式逐渐让位于汽车，它扩大了人类的活动半径。内燃机的发明和使用推动了石油开采业的发展，加速了石油化工工业的产生。最早的石油油井出现在美国的宾夕法尼亚州，石油最初只用于日常生活照明。随着内燃机的广泛应用，对燃料的需求猛增，人们开始大量开采和提炼石油，石油的产量迅速增长。1900 年，世界石油的产量达到了 2000 万吨。

第二次世界大战后，欧美进行了第三次科技与产业革命，这次技术革命以信息技术为核心，并在航空航天、原子能利用、生物医药等领域取得了重大的进展。1946 年，在美国的宾夕法尼亚大学诞生了世界上第一台计算机，它体积大，耗能高，使用不方便。1947 年，美国新泽西州贝尔实验室制成第一根晶体管，俗称半导体。晶体管比电子管耗能少、体积小、重量轻，晶体管的运用使得计算机运行速度提高了上千倍，因此被迅速运用于电子信息领域。1959 年，美国研制出第一台大型晶体管计算机，开启了第二代电子计算机的时代。1964 年，美国 IBM 公司研制成功集成电路计算机，将电路中的晶体管、电阻、电容等集成在一小块半导体上，然后再进行互联形成一个电子器件，标志着第三代计算机的诞生。这种集成电路的计算机，无论体积、重量以及性能等方面，都比以前的计算机更为先进，运行的速度大为提高。1971 年，微处理器的发明引发了计算机产业的又一场革命。在微处理器出现之前，计算机技术的应用主要集中于大型机与小型机领域。微处理器的出现使得计算机体积更小、成本降低，并且它的存储与处理功能更为强大。1973 年，施乐公司成功地研制出世界上第一台微型计算机。1976 年史蒂夫·乔布斯创立的苹果电脑公司推出苹果Ⅱ型微机，该机型价格适中操作简便，有人称之为第一台真正意义上的个人电脑。1981 年，美国计算机巨头 IBM 公司也推出了个人电脑品牌。随后，计算机的发展进入新的阶段，成为市民生活不可或缺的用品。伴随着计算机硬件的发展与进步，计算机软件也在 20 世纪 70 年代发展起来。在大型计算机的年代，软件只是计算机系统的一个配套部件。从 20 世纪 60 年代开始，美国出现了编写软件的专门公司，如 1968 年 IBM 公司决定把软件与机器分离，将它们分别出售。20 世纪 70 年代，随着微型计算机特别是个人电脑的发展，软件市场迅速扩大。1975 年，微软公司创立，成为软件产业发展的里程碑。1981 年，微软公司开始为 IBM 公司的个人电脑开发操作系统；1985 年，微软发布 Windows 操作系统，由此开启了新的信息时代。20 世纪 80 年代，因特网技术取得了迅速发展，市民借助计算机与网络实现足不出户就可以了解世界的愿望。现在许多城市都已经进入了无线网络的时代，信息流的发展是以前人们无法想象的。这些技术的进步深刻地影响着世界城市的发展以及城市居民的日常生活，改变了人们的生活方式和思维方式。

伴随着两次产业革命的进行，西方世界的人口也不断增长。1870—1914 年，欧洲的人口由不到 3 亿增加到 4.5 亿。1881—1911 年，英国的人口由 3490 万增加到 4520 万；法国的人口由 3740 万增加到 3910 万；德国的人口由 4520 万增加到 6490 万。[1] 20 世纪 50 年代之后，世界人口进入有史以来的第三次快速增长时期。据联合国统计，1960—1965 年，世界人口年平均增长

1　菲利普·李·拉尔夫. 世界文明史：下卷［M］. 赵丰，等译. 北京：商务印书馆，1998：419.

图 5-1　芝加哥北郊的巴哈伊神庙（汤善鹏　摄）

率为 1.99%。美国人口普查局公布的资料显示：1965—1970 年，年平均增长率为 2.11%。世界人口在 1800 年时为 10 亿；1930 年增加到 20 亿；1960 年增加到 30 亿；1975 年增加到 40 亿；1987 年世界人口达到了 50 亿；现在世界人口已经超过了 62 亿。在 20 世纪的这 100 年间，世界主要城市的人口规模都获得了快速增长。伦敦 1900 年城市人口为 200 万，到了 1960 年人口达到了 800 万。纽约在 1900 年城市人口为 300 万；1920 年城市人口为 560 万；1950 年人口总数约为 790 万。在人口增长的基础之上，欧美各国，特别是美国出现了大都市区的现象，形成了功能相当集中的市中心商业区与以居民生活居住为主的郊区。

“大都市区”，学术界对此的定义不一。1910 年，美国首先使用了大都市区这一概念。是指人口在 10 万及以上的城市，周围 16 千米范围内的郊区人口，或者与中心城连绵不断、人口密度每平方千米达到 58 人的地区。随着城市的发展，美国政府不断修改这一标准与概念。在 20 世纪之前，虽然城市的发展迅速，但是这时候的城市还没有具备影响周围地区的力量。20 世纪 20 年代，美国城市人口首次超过了农村人口，但是城市在发展的同时，自身也存在着诸多问题，如交通的拥挤、住房的紧张以及市区生活成本的高昂等。在这种情况之下，许多城市市民从原来的市中心搬离，开始向郊区转移。城市中心商业化与郊区生活化共同构成了大都市区的两个基本要素。在美国，大都市区的发展分为两个阶段："第一阶段为1920— 1940 年，大都市区的规模和数量普遍增长。1920 年，美国有 58 个大都市区，占美国总人口的比例为 33. 9%，1940 年，大都市区增加到 140 个，占全国人口的比例为 47. 6%，接近全国人口总数的一半。而且，大都市在地域分布上也成为全国性的现象，即使在城市发展迟缓的美国南部，1940 年，有 33 个大都市区，占美国总人口的比例为 20%。至此，大都市区已成为'全国所有地区的主要发展模式'和社会生活的主体，美国学术界称 1940 年以后为'大都市区时代'。第二阶段为 1940—1990 年，大型大都市区优先增长。在这 50 年中，大都市区数量上升到 268 个，人口达 2 亿，相当于全国总人口的 79. 6%。其中，人口在百万以上的大型大都市区数量由 11 个增加到 40 个，人口由 3490 万增加到 1. 329 亿，占当时大都市区总人口的比例达 68%，占美国总人口的比例由 25. 5% 上升到 53. 4%。"[1] 第二次世界大战以后，在世界范围内都出现了大都市圈现象，具有重要影响力的有纽约都市圈、伦敦都市圈、巴黎都市圈、东京都市圈等。20 世纪末期，中国改革开放后，经过 35 年的努力，社会经济迅速发展，产生了重要的都市圈，如以广州为中心的珠三角都市圈、以上海为中心的长三角都市圈、以北京为中心的首都都市圈。

成为大都市应具备哪些条件呢？[2] 第一，优良的自然条件。像纽约是五大湖经济区的出海口，有纵深的港湾，具有深、宽、隐蔽、潮差小、冬天不结冰、常年可以通航的优点。从纽约湾入海的哈德逊河水流平稳，无水土流失，也没有泥沙淤积，港口码头岸线总长达 1200 多米，是世界海港中码头

1　王旭. 美国城市发展模式［M］. 北京：清华大学出版社，2006：307 - 308.

2　陆军. 世界城市研究［M］. 北京：中国社会科学出版社，2011：23 - 40.

岸线最长的港口。伦敦的伦敦港位于泰晤士河下游的南北两岸，从河口开始向上游延伸经过蒂尔伯里港区越过伦敦桥，直至帕丁顿码头，长达 80 千米，水域面积达 207 万平方米，这里拥有大量的封闭式港池群。第二，良好的经济腹地。世界上大都市均依托发达的城市经济区，如纽约都市圈以纽约为中心，再加上波士顿、费城、华盛顿等城市；伦敦都市圈以伦敦为中心，再加上伯明翰、利物浦、曼彻斯特等城市。第三，良好的基础设施条件，具有发达的城市内外交通网络体系、发达的航空运输体系、发达的信息基础设施。如伦敦有希斯罗机场、盖特威科机场、伦敦城市机场、斯坦斯特机场、卢顿机场 5 座机场，其中希斯罗机场是欧洲最大的机场。纽约有肯尼迪机场、纽瓦克机场、拉瓜地机场 3 座机场，每年经过纽约飞往世界各地的旅客超过了 7500 万人次，其中国外旅客达到 2300 万人次。肯尼迪机场是美国东海岸最重要的国际机场，吞吐量占全美国 30% 以上的国际客运和 50% 以上的进出口货运。第四，发达的跨国集团总部与高度发达的现代服务业。纽约和伦敦是跨国公司以及大型企业总部首选地。这些大城市不仅具有活跃以及高效率的金融服务网，可以提供综合融资市场，而且能够提供相应的专业人员。以纽约为例，这里集中了外国银行机构在美国雇员的一半，而其业务占全美外国银行业务的 3/4，全球五大会计师事务所中的 4 家总部在纽约；全美国排名前 100 位的法律事务所的 34 家总部设在纽约；全美排名前 40 位的管理咨询公司中的 17 家总部也在纽约。纽约汇聚了全球最专业的为大公司提供服务的网络。伦敦拥有近 3000 家会计师事务所，超过 2000 家律师事务所，欧洲最大的 15 家律师事务所中 14 家在伦敦。此外，美国最大的 10 家律师事务所中有 8 家在伦敦设有分部，绝大多数的国家咨询公司将其欧洲总部设在了伦敦。[1]

纽约都市圈是当今世界最为重要的大都市圈，它北起缅因州，南至弗吉尼亚州，地理范围跨越了美国的 10 个州。纽约都市圈的中心城市是纽约，包括波士顿、费城、巴尔的摩、华盛顿等 4 个重要大城市，以及 40 个 10 万人以上的中小城市。纽约都市圈长约 960 千米，宽 50 千米—160 千米，总面

1　屠启宇，金芳．金字塔尖的城市［M］．上海：上海人民出版社，2007：46.

积约 13.8 万平方千米，占美国面积的 1.5%。[1] 纽约都市圈内人口有近 6500 万，占美国总人口的 20%，都市圈中城市化水平达到 90% 以上，它的制造业产值占全美的 30% 以上，是美国的经济中心。作为世界上最成功的都市圈，纽约都市圈有着合理的产业分工格局，具有很好的互补性。

首先是纽约的中心地位。纽约是 1626 年荷兰殖民者用欺骗的手段从印第安人手中取得的，取名新阿姆斯特丹。1664 年英国人打败了荷兰人，取名新约克。纽约城早期发展主要集中于曼哈顿岛的南部，北部是开阔的地域，市民们经常到北部野餐、垂钓或者散步。1783—1788 年，美国宪法会议选取纽约作为临时首都，纽约的经济与政治地位逐渐提升，城市规模迅速扩大，市区开始向北部发展。19 世纪时纽约的发展大致分为两个阶段：第一阶段是 1820—1840 年，纽约积极发展交通，使得与内地的联系密切起来。1825 年，伊利运河开通，纽约成为美国的经济中心，随之而来的是移民的大量涌入，纽约发展成为大城市。第二阶段是 1840—1870 年，这是纽约发展的黄金时期。1842 年纽约敷设了自来水管道；1859 年纽约市中央公园建成并对外开放。美国南北战争结束后，纽约充分利用伊利运河和伊利铁路，使得纽约的经济优势更为明显。与此同时，市区面积快速扩张，扩展到整个曼哈顿岛，并向南扩张到后来的布鲁克林区。19 世纪 70 年代有轨电车出现在纽约的街道上；19 世纪 80 年代纽约有了电灯。19 世纪末，为了对抗芝加哥的发展，纽约开始合并周围的城市，成立“大纽约市”。1895 年布朗克斯并入纽约市；1898 年布鲁克林并入纽约市；同年皇后市也并入纽约，接着斯泰腾岛也并入纽约。至此纽约现代大都市形成，成为全美最大的大都市。随着“大纽约市”的建立，纽约开始了新一轮城市建设的高潮。连接皇后区与曼哈顿岛的威廉斯堡大桥于 1903 年完工；1904 年纽约地铁开通；1909 年皇后区曼哈顿大桥完工。第一次世界大战之后，随着世界经济重心从欧洲转移至美国，纽约的城市建设特别是摩天大楼进入快速发展阶段。1930 年，克莱斯勒大楼建成，高达 77 层，这是汽车业巨头克莱斯勒公司的象征。1931 年，102 层的帝国大厦落成，它的建筑速度在当时堪称奇迹，此后的 40 年时间内，帝

1　陆军. 世界城市研究［M］. 北京：中国社会科学出版社，2011：46.

图5-2　华尔街（屠振宇　摄）

国大厦雄踞世界第一高楼的地位，成为纽约的象征。1932 年，占地近 7 公顷的洛克菲勒中心完成；1951 年利华大厦建成；1973 年，历经 7 年修建的世贸大楼完工。世贸大楼共 110 层，411 米高，是由几幢建筑物组成的综合体。世贸大楼主体（北楼和南楼）呈双塔形，地基扎在坚固的岩石层上。大楼采用钢结构，楼的外围有密置的钢柱，墙面由铝板和玻璃窗组成，有“世界之窗”之称。大楼所有的机器设备都用电脑控制，不论什么季节，均能自动调节，被誉为“现代技术精华的汇集”。大楼有 84 万平方米的办公面积，可容纳 5 万名工作人员。“9·11”事件中，世贸大楼被夷为平地。纽约是全球经济的引擎，它所拥有的世界 500 强企业总部总数位居世界第一。纽约最为重要的地区就是全长仅有 500 多米的华尔街，云集了纽约证交所、高盛、美林、摩根士丹利等响当当的金融机构，是国际金融界的“神经中枢”。在纽约的上班族当中，35% 的人集中在金融行业。2003 年，纽约市的生产总值达到了 4888 亿美元，有人曾经做过比较，假如纽约作为一个州的话，它的生产总值可以在美国排名第 6 位；假如纽约作为一个国家的话，它的生产总值全世界排名第 16 位，可见国际大都市所蕴含的巨大能量。

在纽约都市圈中，波士顿处于重要的地位。但是波士顿并没有仿照纽约的发展模式，它没有重点发展金融业，而是重点发展高科技，并形成了著名

图5-3 伦敦塔桥

的波士顿128公路区。位于波士顿郊区的128号公路两侧聚集了数以千计的研究机构和高科技企业，这里享有“美国东海岸硅谷”的美誉。在波士顿128公路区兴起和发展的过程中，附近的麻省理工学院、哈佛大学和波士顿大学等著名高校扮演了极其重要的角色。第二次世界大战之后，美国联邦政府出于冷战的需要，投入巨资进行军事技术开发，国防部的大部分资金都投入了128公路附近的公司和麻省理工学院实验室中。1950—1960年，仅从美国国防部就得到60亿美元的订货合同。整个20世纪60年代，在联邦政府巨额研制资金和军事订单强有力的支持下，波士顿128公路地区的创新活动极其活跃，发明层出不穷，新公司不断涌现，晶体管、半导体芯片、电子计算机都是这一时期的成果。与波士顿相类似，费城主要发展国防、航空、电子产业；巴尔的摩主要发展矿产业和航运业。在纽约都市圈中，美国首都华盛顿的地位颇为独特，它是美国的政治中心，白宫、国会山、五角大楼、美联储，这些标志性建筑不仅为华盛顿带来了源源不断的游客，也为华盛顿的城市经济提供了强有力的支撑。2000年，联邦政府一年在华盛顿特区的公务花销达750亿美元，几乎占到了华盛顿财政收入的2/3。旅游业是当地的第二大经济来源，此外，出版业、服装业也是华盛顿重要的经济来源。整个纽约都市圈，多样性与综合性的整体功能远远大于单个城市功能的简单叠加。

图 5－4　夜色伦敦眼

以纽约为核心，其他重要城市根据自身特点，错位发展，制造业带、交通带、城市带融为一体，形成了多核心的城市群体系。

伦敦都市圈是欧洲最为重要的都市圈之一，包括伦敦、伯明翰、利物浦、曼彻斯特等城市集群，形成于 20 世纪 70 年代。伦敦都市圈包括大伦敦地区、伯明翰、谢菲尔德、利物浦、曼彻斯特等大城市和众多的小城镇，这是英国主要的生产基地和经济核心区，总面积约 4.5 万平方千米，人口为 3650 万，约占英国总人口的一半。

在伦敦都市圈内，主要城市各具特色，发挥着不可替代的功能，其中尤以伦敦最为重要。伦敦的国内生产总值占英国全国的 1/5，伦敦的第三产业比重极高，占就业人口的 4/5，只有 1/5 的人口从事第二产业。伦敦既是英国的经济与金融中心，又是世界金融中心之一，在伦敦金融区分布有众多的银行、保险公司和金融机构。大约一半以上的英国百强公司和 100 多个世界 500 强企业均在伦敦设有总部。全球大约 31% 的货币业务在伦敦交易，伦敦金融区每年外汇成交总额约 3 万亿英镑，是世界最大的国际外汇市场。伦敦城还是世界上最大的欧洲美元市场，石油输出国的石油收入成交额有时一天可达 500 多亿美元，占全世界欧洲美元成交额的 1/3 以上。1991 年时，伦敦共有 500 多家银行，银行数居世界大城市之首，其中外国银行有 470 家，拥

图 5-5 罗素广场秋色

有资本总额达 1000 多亿英镑。英国中央银行——英格兰银行以及 13 家清算银行和 60 多家商业银行均设在这里。最有名的是巴克莱、劳埃德、米德兰和国民威斯敏斯特四大清算银行。伦敦是世界上最大的国际保险中心，共有保险公司 800 多家，其中 170 多家是外国保险公司的分支机构。在伦敦保险业中，历史悠久、资金雄厚、信誉最高的是劳埃德保险行业。伦敦股票交易所为世界四大股票交易所之一。此外，伦敦城还有众多的商品交易所，从事黄金、白银、有色金属、羊毛、橡胶、咖啡、可可、棉花、油料、木材、食糖、茶叶和古玩等贵重或大宗的世界性商品买卖。伦敦是世界最大的国际港口和航运市场之一，世界主要航运、造船和租船公司都在这里设有代表机构。伦敦港是英国最大海港，是仅次于鹿特丹、纽约、横滨和新加坡的世界著名港口之一。

伦敦都市圈的形成经历了一个较长的发展过程。1937 年，英国政府成立了“巴罗委员会”，着手编制伦敦发展规划，1944 年完成了总体性规划报告。当时的规划方案是在距伦敦中心半径约 48 千米的范围内建设 4 个同心圈：第一圈是城市内环，第二圈是郊区圈，第三圈是绿带环，第四圈是乡村外环。大伦敦的规划结构为单中心同心圆封闭式系统，采取放射路与同心环路直交的交通网络连接。1946 年《新城法》通过后，伦敦掀起了新城建设运动。20世纪50年代末，在离伦敦市中心50千米的半径内建成8个被称为伦敦新城的卫星城，以解决城市人口集中、市民住房条件恶化、工业发展用地紧缺等问题。新城注意避免工业部门单一化，为新城居民提供相当数量的工作岗位。在新城区，配有完善的基本生活服务设施，满足居民工作和日常生活需要。20世纪60年代中期，伦敦再次编制发展规划，该规划试图改变同心圆封闭布局模式，使城市沿着3条主要快速交通干线向外扩展，形成3条长廊地带，在长廊终端分别建设3座具有“反磁力吸引中心”作用的城市，以期在更大的地域范围内解决伦敦及其周围地区经济、人口和城市的合理均衡发展问题。20世纪70年代，英国政府调整了疏散大城市及建设卫星城的有关政策。1992年，伦敦战略规划委员会提出了“伦敦战略规划白皮书”，突出体现了四点指导思想：第一，重视经济的重新振兴；第二，强化交通与开发方向的关联性；第三，重视构建更有活力的都市结构；第四，重视环境、经济和社会可持续发展能力的建设。1994年，该委员会又发表了新的伦敦战略规划建议书，其基本前提是强化伦敦作为世界城市的作用和地位。2004年，伦敦战略规划委员会再次提出伦敦的发展战略规划，内容包括：支持和协调亚区域的主动性与能动性；重视东伦敦区域相对其他区域城市更新的优先性；进一步发展中央活动区以及与此相关的区域；通过良好的公共交通便利性和多样性提高镇级中心在整个伦敦市区中的作用；优先发展新区域的社会服务功能等。

巴黎都市圈是世界重要的都市圈之一，它以法国首都巴黎为中心，沿着塞纳河与莱茵河延伸，巴黎都市圈覆盖法国的巴黎、荷兰的阿姆斯特丹、比利时的安特卫普与布鲁塞尔以及德国的科隆等重要城市，涵盖40多座10万人以上的城市，总面积近15万平方千米，人口4600万。[1] 巴黎都市圈是世界上最为重要的跨国都市圈，中心城市是巴黎。巴黎不仅是法国的政治首都，也是法国的经济中心。1990年，大巴黎地区的国内生产总值约为3000亿欧元；2002年，为4300亿欧元。大巴黎地区的面积占法国的2.2%，人口为1100万，约占法国总人口的18%左右，国民生产总值占法国的29%，

1 陆军. 世界城市研究［M］. 北京：中国社会科学出版社，2011：49.

工业产值占法国的 23%，第三产业占法国的 31%。大巴黎地区的主要产业包括：能源、电子、机械、造船、高档纺织品、奢侈品、印刷与出版等。拥有巴黎国民银行、法国农业信贷银行、法国兴业银行等法国最重要的银行。到 2003 年，大巴黎地区 83% 左右的人从事第三产业。巴黎是法国最大的交通枢纽和欧洲重要的交通中心之一，它是法国铁路交通网的中心，公路网与地铁是城市交通的主体。巴黎也是国际重要的航空枢纽，有欧洲重要的机场戴高乐机场，由巴黎到伦敦、阿姆斯特丹、科隆以及布鲁塞尔的航程均在一小时之内。作为世界历史名城，巴黎有着众多的历史文化遗产、旅游胜地和丰富的都市文化生活。世界著名的法兰西学院、巴黎大学、巴黎高等师范学校以及国家科学研究中心都在巴黎。巴黎还有众多的图书馆、博物馆以及各种剧院。巴黎有 75 个图书馆，其中国立图书馆规模最大，该馆创建于 14 世纪，藏书达 1000 万册。巴黎有 50 个剧院、200 个电影院、15 个音乐厅。巴黎歌剧院是世界上面积最大的歌剧院，位于市中心的奥斯曼大街，整个建筑兼有罗马建筑风格和中世纪哥特式建筑风格。在巴黎拥有众多的名胜古迹，埃菲尔铁塔、凯旋门、爱丽舍宫、凡尔赛宫、罗浮宫、巴黎圣母院等，都是游客们流连忘返的地方。罗浮宫位于巴黎市中心，是世界三大博物馆之一，占地面积为 24 公顷，建筑物占地面积为 4. 8 公顷。罗浮宫始建于 12 世纪末，以收藏古典绘画和雕刻而闻名于世。罗浮宫分为希腊罗马艺术馆、埃及艺术馆、东方艺术馆、绘画馆、雕刻馆和装饰艺术馆等 6 个部分，其中最著名的是镇馆三宝——维纳斯像、胜利女神像（即尼卡像）和达·芬奇的名画蒙娜丽莎。巴黎圣母院大教堂位于法国巴黎市中心西堤岛上，它是天主教巴黎总教区的主教座堂。圣母院约建造于 1163—1250 年，属典型的哥特式建筑，以巴黎圣母院为题材，产生出众多的文学作品。塞纳河畔有巴黎著名的旧书市场，这里每天都有外国的游客与学者到此购买心仪的旧书。巴黎的街头艺术也非常著名，泰尔特尔艺术广场是世界著名的露天画廊，这里每天有许多画家在此作画出售。巴黎也是世界重要的旅游胜地，1989 年，法兰西岛地区接待了 2000 多万游客；2000 年，法兰西岛接待了 3600 多万游客，其中 2400 万是外国游客。在城市发展规划方面，1994 年制定了大巴黎地区 20 年内的总体发展目标。该规划认为，当前世界城市的竞争日益激烈，城市综合规模

图5-6 巴黎远景（屠振宇 摄）

成为决定性的因素。巴黎具有成为欧洲首都以及世界城市的优势，但是仅仅靠巴黎或者大巴黎地区还远远不够，必须以区域整体力量参与竞争，甚至应该考虑到整个法国，否则的话，巴黎很有可能丧失城市吸引力而被遗忘在欧洲发展带之外。因此，规划提出要打破行政边界的隔阂，加强城市之间的联系，通过人才与资源等方面的合理分配，从而更好地发挥大巴黎地区在软件和影响力方面的优势，从而实现发展的互补性，实现合理、有序、科学的区域发展，以此提高区域整体的竞争力与吸引力。规划将对社会、文化、环境等人文因素的关注体现在城市空间整合、自然空间保护以及交通设施建设等诸多方面，提倡区域在不同层面上的平衡发展。明确提出：要建设所有人的城市，保护城市社会的多元化特点，并将加强城市的文化功能视为提高地区吸引力和竞争力的重要途径，对城市的绿化建设、环境保护、污染的治理等给予了前所未有的重视。[1]

此外，美国的洛杉矶、德国的法兰克福等大都市也具有自己鲜明的特色。洛杉矶在文化产业方面占据领先的地位。美国的文化产业有三大支柱，

1 屠启宇，金芳．金字塔尖的城市［M］．上海：上海人民出版社，2007：450.

分别是好莱坞的电影业、迪斯尼的游乐业以及百老汇的演艺业。洛杉矶占据了其中的两项。位于洛杉矶市西北部的好莱坞是世界电影制作的中心，好莱坞拥有世界顶级的娱乐产业和奢侈品牌，引领并代表着全球时尚的最高水平，梦工厂、20 世纪福克斯、哥伦比亚公司、索尼公司、环球公司、华纳兄弟等都是举世闻名的企业，它们在世界电影市场中占据着中心的位置。此外，迪斯尼更是赢得了全世界孩子的青睐，唐老鸭与米老鼠等经典的动画片熏陶了一代又一代的孩子们。它们是美国文明的象征，更为美国带来了巨额的经济利润。1997 年迪斯尼乐园文化产值达到了 225 亿美元。

第二节　从城市化到郊区化

20 世纪城市发展的另一个特点是城市向郊区化发展，看起来与城市都市化是相互矛盾的，实际上是欧美城市发展内涵转变的一个重要体现，即市区商业化与郊区生活化。

“城市郊区化”，是指一些大城市在经历了中心城区集中发展之后，由于面临交通拥挤、住房紧张、生活成本过高以及市民社会归宿感的变化等因素，城市有计划有目的地向郊区转移的一种现象。一般而言，大城市郊区化发展经历了以下主要过程。第一，人口居住郊区化。特别是白领阶层白天到市中心区上班，晚上回到郊区的家中休息生活。第二，工商业郊区化，由于这些具有较强消费能力的市民迁居郊外，使得市中心商业以超级市场或购物中心向郊区和居民地带延伸其服务范围。第三，服务业和办公场所郊区化，原来城市中心区的旅馆、科技教育、文化娱乐等服务性行业大规模向郊区扩张，这一阶段属于城市郊区化的成熟阶段。城市向郊区发展在 19 世纪城市化过程中就已经出现，但是直到 20 世纪，郊区化特征才更为明显。有学者研究了美国城市郊区化的动因：“概括地说，这些因素主要包括：（1）交通和通信技术的飞跃，如汽车的广泛使用、公路的大量铺设、航空事业的发展、电话的普及、电脑的使用；（2）经济结构的变革，如产业规模的扩大、地区结构的变迁、后工业经济的崛起等；（3）联邦住宅保险政策向郊区的倾斜；（4）美国黑人向城市的高度集中，以及黑人与白人矛盾的激化；（5）白领阶层的扩大和对中产阶级地位的追求等等。”[1]

1　孙群郎. 美国城市郊区化研究［M］. 北京：商务印书馆，2005：131.

郊区化的一个前提就是城市交通方式的发展。从 19 世纪到 20 世纪初，欧美的城市交通不断改进，从早期的蒸汽渡船、公共马车，到有轨马车、蒸汽火车，再到 20 世纪流行的有轨电车，及其后的汽车与地铁的广泛使用，市民白天在市区上班，晚上生活在郊区成为可能，特别是汽车的普及，彻底地改变了城市市民的生活方式。与传统的交通工具相比，汽车速度快、操作简单、机动性强，普通市民驾驶汽车可以方便地到达方圆半径 100 千米左右的区域，汽车拓宽了市民们的生活空间与范围。汽车的普及与公路的大规模修建密切相关。19 世纪末 20 世纪初，各国的道路都很差，要么是土路，要么是煤灰路，石板路造价昂贵不易普及，遇到下雨天，道路更是泥泞不堪，市民们的出行非常不便。在美国，最早由自行车骑手们倡议发动了一场全国性的“道路改善运动”，这一倡议很快得到了民众的响应，特别是城市市民对此热情更高。在民众的推动下，美国掀起了修建公路的热潮，在这股浪潮中，城市化程度最高的纽约市是其代表。1911 年，世界上第一条汽车专用公路——长岛汽车林荫大道建成；1923 年，25 千米长的布朗科斯河林荫大道建成，此后还有一些林荫大道相继建成。这些汽车专用道路的建成使市民从郊区到曼哈顿上班的长途通勤成为可能，其半径可以达到 48 千米左右。随后，洛杉矶等城市也相继修建了汽车公路。公路的修建得益于联邦政府的资助。1916 年，美国联邦政府通过了《联邦资助道路建设法案》，正式确定了联邦与州政府合作修建公路的原则，并同意 5 年之内向各州提供 7500 万美元的援助。1921 年，国会再次通过公路法，授权各州修建州际公路与县际公路，联邦政府对这些公路的修建给予资助。真正在公路修建工程中起主导作用的是地方政府。为了建设公路，各州相继发行了数额巨大的公路债券，甚至有一些州开征汽油税，以弥补修建公路的资金缺口。1919—1929 年的 10 年间，以西部为例，西部各州共修建了 16 万千米长的高速公路。[1] 1940 年，加州修建了一条 10 千米的高速公路，双向四车道，该条道路实现了全封闭化，这是现代高速公路的先驱。不久，美国修建了宾夕法尼亚高速公路、纽约地区高速公路等。在罗斯福执政期间，政府的“区际公路委员会”曾经主

1　孙群郎. 美国城市郊区化研究［M］. 北京：商务印书馆，2005：130.

张城市人口以及城市就业应该有计划地分散，为了实现该计划，该委员会建议修建3万千米左右的高速公路系统。第二次世界大战之后，联邦政府加大了资助修建高速公路的力度。1956年，美国联邦政府通过了《联邦援建公路法》，计划在12年内拨款250亿美元修建州与州之间的高速公路网，贯通全美国的高速公路系统，联邦政府资助的份额提高到全部投资的90%。按照时任美国总统艾森豪威尔的说法，这是美国历史上最为伟大的公共工程计划。在这一好消息的刺激下，美国各州政府修建高速公路的热情大增，相继出台了配套工程。到20世纪70年代，美国的高速公路总里程达到了8万千米。在这些高速公路中，有8000千米是位于城市地区的环城公路以及辐射状公路，它们的建成便利了城市与郊区之间的通勤。20世纪90年代初，美国的州际高速公路网全部建成，实际花费1000亿美元。相应地，美国的公路里程也迅速增长，到20世纪70年代，公路里程接近500万千米。这样联邦、州、地方三级公路网络密布全美大地，改变了美国的交通状况。

在美国城市的郊区化过程中，最为典型的是莱维敦城，莱维敦是莱维特父子公司在东部郊区修建的城镇的总称。[1] 莱维敦是美国纽约的一个郊区，原先是一个小村落。20世纪30年代，由于马铃薯灾荒，该地的大片土地以非常低廉的价格出售，当时一个名叫阿伯拉罕·莱维特的律师趁机购买了一块土地，他原本希望出售给房地产开发商进行商业开发。不久，美国遭遇了1933年的经济危机，原来的房地产商人无法进行开发，他只好收回了土地，与自己的两个儿子组建了莱维特父子公司，进行房地产开发。在获得了最初的成功之后，他们决定继续购买土地修建新的住房。该公司采用了规模化的开发模式，大大提高了建房的效率，降低了建房的成本，公司生意逐渐兴旺起来。随着第二次世界大战的结束，大量的美国士兵退伍回国，随之而来的是结婚人数的激增，新生儿的激增。人口的大量增加意味着社会需要大量的住房，据估计，当时美国房屋缺口达到500万套左右。许多军人退伍之后无房可住，只好与他们的父母挤在一起，或者租用地下室甚至工厂的厂房。由于意识形态的原因，美国政府认为，让美国公民居住在体面的房屋是民主制

1　王旭. 美国城市发展模式［M］. 北京：清华大学出版社，2006：200－214.

度的一个特征，于是修建体面的独户住宅成为时代的潮流。为了保证战后建房计划，特别是解决退伍士兵的居住问题，杜鲁门政府在政策上也给予了支持。莱维特父子公司抓住了这一历史机遇，1947 年购买了 1600 多公顷的土地，宣布修建 2000 套住宅，这些房屋结构紧凑，空间合理，使用方便，配有日常的家用设施。在建房的过程中，莱维特父子公司实现了装配流水线作业，以大规模批量生产方式建造住房，从分散的企业加工变成了装配线的工业，既节约了成本，又提高了建房的效率。这些房屋的租金每月只有 60 美元，因此在短时间内，就有大量的房屋被预订。1947 年，莱维特父子公司完成了预定的修建计划，公司开始进入受益期。由于这些房子出租后，还有很多退伍士兵继续申请，于是公司决定扩大修建计划，再建 4000 套类似户型的房屋。1948 年，美国政府出台了住房法案，莱维特父子公司决定不再建房出租，而是直接建房销售，它迅速成为长岛地区最大的房地产开发商。公司决定修建面积更大的、更现代化的“牧场主住房”，这种房屋的售价为 8000 美元左右，退伍士兵要想买房子也非常简单，只需要缴纳 90 美元的押金，之后每个月付 58 美元即可。这种牧场主式的房屋除了购买方便之外，房屋的基本家电设施一应俱全，烤箱、洗碗机、冰箱、洗菜盆等都是当时先进的设备，后来房屋还增加了开放式车库以及家庭电视机等。到 1951 年，莱维特父子公司在纽约长岛修建了近 2 万套房屋，容纳城市居民近 10 万人，形成了一个规模巨大的城市郊区社区。1950 年，威廉·莱维特成为美国《时代》杂志的封面人物。1951 年，莱维特父子公司开始在宾夕法尼亚建立第二个莱维特社区，这一居民区占地 2400 公顷，主要为钢铁厂的工人们提供住房。这一住宅项目一经推出就受到市民们的热捧，在两个多月的时间内，卖出了 3500 套住房，这些住房既有经济型平房，又有乡间别墅住房。住宅区共有居民近 7 万人，配有 3 个学校、5 个游泳池、1 个社区中心，此外还有图书馆与公园。不久又修建了购物中心，使得社区居民能方便购物，而不必跑到很远的地方去。1955 年，莱维特父子公司又在新泽西的伯灵顿县修建了第三座莱维特社区，这个社区共有 1.2 万套住房，分为 10 个邻里社区，每个社区有 1 所小学、1 个游泳池以及 1 个操场。莱维特公司在长岛、宾夕法尼亚以及新泽西修建的社区，对战后美国城市郊区化产生了深远的影响，成为“世界上最著名的郊区开发模式”。从第二次世界大战后到20世纪60年代，美国修建了1400万套此类住房，遍布于城市的边缘，取代了以前的农田、马铃薯地以及葡萄园，推动了美国城市的郊区化。

在欧洲，英国伦敦的郊区化是通过新城与城市绿带实现的。英国是世界上第一个工业化国家，也是第一个实现城市化的国家。19世纪的城市化给英国民众带来了深刻的影响，他们经历了城市的贫穷、拥挤、不卫生，因此英国人对于城市和城市化一直处于探索思考的过程中。如空想社会主义者欧文，提出消灭资本主义制度中城市与乡村的对立，试图借助农村的优点修正城市的弊病，创造出城乡优势兼得的“理想城市”。1800年，他在苏格兰的新拉纳克进行了“新合作村”的试验，欧文的试验虽然是乌托邦式的，但是他影响了后来的思想家们与改革者们，如泰特斯·索尔特的“模范村庄”。

在众多的实验者中，埃比尼泽·霍华德是英国田园城市理论的倡导者与践行者。1898年，霍华德出版了《明天：一条通往真正改革的和平之路》一书，提出了“花园城市”的设想。霍华德指出：人们之所以向大城市集中，主要是由于城市就业机会多，并且工资高；但是城市的弊病也明显，即到工作单位的距离远，阴暗肮脏的贫民窟以及人的孤独感。同样，乡村也是一个两面体，一方面是乡村生活的安静，空气新鲜，人际关系熟悉；但是乡村生活单调沉闷，缺少娱乐生活，工资也低。霍华德认为：人们居住在拥挤的大城市中是错误的糟糕的，应该把乡村与城市的优点结合起来，形成一种令人向往的生活空间。那么该如何实现这一目标呢？霍华德说：事实上，并不是人们通常所说的那样，只有两种选择，即城市生活与乡村生活，而是有第三种选择，可以把生动活泼的城市生活与美丽愉快的乡村环境和谐地结合在一起。为此，霍华德提出了一系列的改革计划：“这些任务就是：为贫民窟城市建设家园城镇；为拥挤的宅院设置花园；在被淹的洼地建筑美丽的水道；建立一个科学的分配体制以代替混乱；建立一个公正的土地租赁体制以代替我们希望废弃的自私的体制；为现在监禁在贫民习艺所中的贫苦老人建立享有自由的抚恤金；在堕落的人的心田中消除绝望，唤起希望；平息愤怒的叫嚣，唤醒兄弟情谊和友好的轻柔音符；让强壮的手拿起和平和建设的工具，从而减少无用的战争和破坏的工具。这些任务可使许多劳动者挽起手臂，利用起那种由于现在没有充分利用而造成半数贫困、疾病和痛苦的力量。”[1] 霍华德规划的“田园城市”占地约有400公顷，在这400公顷城市的范围之外，是2000公顷永久性农业地区，整个2400公顷的城市——农村区域内所有权性质是一致的。这种花园城市是工商业城市，在城市内实行功能分区：公共建筑与娱乐设施规划在城市中心约2公顷左右的区域内，在这一区域的外面是商店、公园、住宅等，城市的边缘是工业区，这些工业区交通发达，可以实现货物的快速运输。市民居住的房屋都有花园，与商店、工厂、学校、田野等接近。城市中保留一个露天的农业区，市民很容易到达乡村绿地。在霍华德的设想中，花园城市具备这么几个基本要素：城市人口被严格控制；市民们可以方便地接近绿地，城市的绿地随处可见；绿地不得被侵占；工业多样性，城市经济平衡发展；城市为全体市民服务。1899年，英国建立了田园城市协会，以后更名为田园城市与城市规划协会，后来称为城乡规划协会。田园城市协会进行了许多的实际工作。1903年，他们成立了第一个田园城市公司，开始修建第一座田园城市。后来，田园城市成为世界性的潮流，特别是英国和美国城市与郊区的发展产生了重要的影响。坦率地讲，霍华德的这一规划并不具有普遍性与实际操作性。他的设想排除了社会与政府因素，促使田园城市成为一项处于真空之中的实体。但是他对于城市概念与城市理想产生了重要的影响，使得人们重新考虑什么是城市生活，生活的本质是金钱还是生活。有人认为：“更为重要的是，霍华德关于理想城市的观点深深影响了几代英国人，对英国城市规划的发展和英国城市的独特面貌的形成，产生了深远的、决定性的影响，这一影响至今还在起作用。人们可以在英国众多的城市中发现他的思想光芒的结晶。”[2]

第二次世界大战后，伦敦新城建设与绿带的形成。1944年，英国制定了大伦敦规划，宗旨是解决城市人口的过度拥挤，解决交通的拥挤，改善市民的居住环境，控制伦敦人口的过快增长等。由此伦敦确定了四条环城带。第一条是内城带，即大伦敦的辖区范围；内城外面是郊区带；郊区带外面是一

1 埃比尼泽·霍华德. 明日的田园城市［M］. 金经元，译. 北京：商务印书馆，2010：121.

2 徐强. 英国城市研究［M］. 上海：上海交通大学出版社，1995：8.

图5－7　伦敦郊区景色

条8千米宽的永久性开放绿带，由农田、林场、草地、湖泊等组成；最外面的是远郊农村带地区。为了分流中心城区的人口，按照规划，在远郊农村带地区新建10座左右的新城，这样可以使伦敦市区近100万人居住于此。同时为了方便在远郊地区居民的出行，伦敦还修建了两条环城公路，以解决交通问题。按照规划，1946年英国政府通过了《新城法》，为新城的建设提供法律支持。1946—1949年，在距离伦敦市中心约60千米的地区建成了8座新城，这些新城基础设施完备，生活环境舒适，并且为居民们提供了足够的工作岗位。到20世纪60年代，政府又在距离伦敦80千米—130千米的范围内新建了3座新城，这些举措在一定程度上缓解了伦敦中心区的人口压力。20世纪60年代，英国政府相继颁布了新的《新城法》，这些新城都建立在大都市的周边地区，生活出行很方便，环境也比较宜人。现在英格兰与威尔士共有新城22座，其中11座新城是为了缓解伦敦城区的压力，苏格兰有5座，爱尔兰有4座。新城计划实施以来，有大约200万英国人居住在新城之中，在这些新城中，学校、超市、公园、图书馆、艺术中心、教堂等公共设施一应俱全。与新城计划几乎同时进行的是对现有城镇的改造，因为新城的建立需要巨额的资金，而现有城镇的改造所需要的资金相对来讲少些。1952

年，英国颁布《城镇发展法》，确定对现有的一些城镇进行改造与扩展，提升这些城镇的社会与服务功能。自第一批现有城镇扩展计划开展以来，已经有超过 70 个城镇进入了相应的改造。伦敦曾经与附近的城镇进行合作，有计划地把伦敦一些占地大、劳动密集型的产业迁往这些城镇，由此带动市区的相关产业人口来到郊区。例如斯文顿（Swindon town），该镇在 1951 年时有人口约 7 万人，为了承接伦敦的人口转移，该镇计划把人口规模定在 25 万左右，并为进入本地的伦敦市民提供住房等优惠条件。英国伯明翰、曼彻斯特等大城市，为了缓解中心城区的人口压力，也都采取过类似的措施。按照彼得・霍尔的看法：新城是所有城市扩展问题中独一无二的英国式解决方法，从各方面来评估都是成功的。它改变了工业的作用力，使得外部上下班交通保持在最低的水平，它的商业中心比那些老城更好地适应了汽车时代的到来，吸引了远道而来的购物者。[1]

1　徐强. 英国城市研究［M］. 上海：上海交通大学出版社，1995：49.

第三节　高新城市的出现

20 世纪城市发展的另一个显著特征是高新城市的兴起，这是科技与城市生活结合的产物，也是工业化发展到新阶段的体现。高新城市的出现与科技的发展密切相关。一般认为，半导体、计算机和生命科学技术是最重要的高技术产业部门。在世界众多的高科技城市中，美国的硅谷最为著名。

硅谷位于加州北部旧金山湾附近，它不是一个正式的地理概念，其空间范围包括圣克拉拉县、圣马特奥县、阿尔梅达县以及圣克鲁斯县。在这里聚集了当今世界最著名的高科技企业，特别是信息领域的高科技企业。美国人说：事实上，信息技术的每一次重大进步都由在硅谷的企业所领导。英特尔公司领导了集成电路的发展；苹果公司领导了个人计算机的潮流；惠普公司领导了工作站的发展；甲骨文公司领导了数据库的潮流；思科公司领导了网络计算。此外，在硅谷还聚集了包括雅虎、eBay、谷歌等互联网业的弄潮儿。硅谷被人们称为“创新和创业的栖息地”。硅谷这个词最早是由唐·赫夫勒（Don Hoefler）在 1971 年创造的。之所以有一个“硅”字，是因为当地的企业多数与由高纯度的硅制造半导体及电脑相关，“谷”则取自圣克拉拉谷。当时的硅谷就是旧金山湾南端沿着 101 公路，从门罗公园、帕拉托经山景城、桑尼维尔到硅谷的中心圣克拉拉，再经坎贝尔直达圣何赛的这条狭长地带。

硅谷的成长是一个历史的过程。[1] 20 世纪初，斯坦福大学在电子学领域处于世界领先的地位，它的毕业生创建了硅谷地区早期的高科技企业。埃尔

1　韩宇. 美国高科技城市研究［M］. 北京：清华大学出版社，2009：第四章。

维尔是硅谷最早的电子公司的创立者，1909 年斯坦福大学毕业生埃尔维尔在帕洛阿尔托创立了普尔神无线电话电报公司，为太平洋海岸提供无线电话电报服务。不久该公司成为美国同类公司中最大的一家，1911 年公司改名为联邦电报公司。联邦电报公司最重要的客户是美国海军，在第一次世界大战爆发之前，该公司就获得了海军的许多订单。美国参加第一次世界大战之后，联邦电报公司获得了海军巨额的订单，被称为“第一次世界大战期间海军的宠儿”。随着第一次世界大战的结束，海军的订单急剧下降，联邦电报公司最终被别的企业收购，但是埃尔维尔所创立的联邦电报公司对硅谷后来的发展产生了深远的影响。首先是该公司衍生出后来硅谷重要的几家电子公司，如费希尔研究实验室与利顿工业公司；其次联邦电报公司在 1912 年成功地研制出三极真空管。三极真空管提高了电子系统的功能和可靠性，同时极大地降低了成本、耗电量和体积，具有良好的市场潜力。三极真空管的诞生宣告了电子时代的开始，正是在这个基础上，科学家们才研制出晶体管、电视、集成电路以及电子计算机。惠普公司创始人之一休利特，将三极真空管的发明者德福雷斯视为硅谷的先驱。在硅谷的发展历程中，惠普公司的成立是具有里程碑意义的重大事件，该公司的创始人是斯坦福大学的两个毕业生威廉·休利特和戴维·帕卡德，他们的创业得益于斯坦福大学弗雷德里克·特曼教授。特曼教授发现，由于斯坦福地区没有民用高科技企业，虽然这里有很多好的大学，可是学生们毕业之后，却选择到东海岸寻找工作机会。于是特曼在学校里选择了一块很大的空地用于不动产的发展，并设立了一些方案鼓励学生们在当地发展他们的“创业投资”事业。在特曼教授的指导下，他的两个学生威廉·休利特和戴维·帕卡德在一间车库里凭着 538 美元建立了惠普公司。这间车库现在已经成为硅谷发展的见证，被加州政府公布为硅谷发源地。1951 年，特曼教授又有了一个更大的构想，那就是成立斯坦福研究园，这是第一个位于大学附近的高科技工业园区，由此掀开了硅谷发展的新的一页。20 世纪 40 年代，斯坦福大学为了实现与东部高校的竞争，希望吸引高水平的教授加入，但是当时的学校资金紧张，与此同时，大量的高科技企业希望在斯坦福附近设厂，以便利用该校的智力资源。斯坦福大学就把园区里较小的工业建筑租给小的科技公司，现在这些公司是重要的技术诞生地，可是在当时却并不为人所知。后来入驻的公司越来越多，他们不但利用大学最新的科技，同时又租用该校的土地，这些地租成为斯坦福大学的经济来源。1955 年，园区内有 7 家公司；1960 年，增加到 32 家；1970 年，园内企业有 70 家。为了满足租户的土地需求，斯坦福大学不断扩大工业用地，1955 年园区面积为 90 公顷；1956 年增加到 140 公顷；1977 年园区面积达到 260 公顷。

特曼教授是对硅谷发展最为重要的一个人，他被称为“硅谷之父”。特曼生于 1900 年，在他 10 岁时随同父亲来到加州。高中毕业之后，特曼考取了斯坦福大学，1920 年他获得学士学位，之后他到麻省理工攻读博士学位，师从著名的模拟计算机发明者万尼瓦·布什。在万尼瓦·布什教授的培养下，特曼不仅学到了知识，更重要的是学到了理念。布什认为，大学不应该是关门不问世事的象牙塔，大学可以而且应该在科研成果开发和应用方面大有作为，他的观点深深地影响了特曼。1924 年，特曼回到斯坦福大学，在从事教学与科研的同时，他积极鼓励并支持学生们进行创业活动，惠普公司的诞生就是一个非常著名的例子。特曼不仅指导了威廉·休利特和戴维·帕卡德的科学研究，而且还为他们筹措资金。当第一个产品生产出来之后，特曼又帮助他们推销产品。第二次世界大战期间，特曼被调动到哈佛大学，1946 年他返回母校。在东部城市的经历使得特曼深感西海岸的落后，他认识到：“一个强大的独立的产业必须发展自己的科学技术方面的智力资源。依赖外部的智力和二手信息的产业活动只能是永远处于劣势。”特曼决心留住最好的人才，并加强科技的创新以此带动斯坦福的发展。他一方面重金聘请著名的教授来学校任教，另一方面鼓励教师与学生了解当地的企业，组织学生进行实地参观考察。他还在各种场合宣传斯坦福正在从事的科学研究，以便更多的企业了解学校的最新成果，斯坦福科学园就是校企合作的杰出代表。

1955 年，在硅谷发展的历史中又发生了一件重要的事情，威廉·肖克利创建了肖克利半导体实验室。威廉·肖克利是斯坦福大学的毕业生，他曾经受聘于设在东部新泽西州的贝尔实验室。1947 年他与别人合作发明了晶体管，并在 1956 年获得诺贝尔物理学奖。但是由于与以前同事无法相处，1955 年他在硅谷成立了自己的半导体实验室，从事新型晶体管和其他半导体设备的研发与生产，这是硅谷第一家专门从事半导体生产的企业，在这之前，尚未成型的半导体工业主要集中在美国东部的波士顿和纽约长岛地区。为了公司的发展，他特意从东部招来 8 位年轻人，有罗伯特·诺伊斯、戈登·摩尔、查尔斯·斯波克等杰出的工程师。但是肖克利这位科技天才并不是一个优秀的管理者，他不顾其他同事的反对意见，坚持研制四层二极管，并拒绝研发硅晶体管。在遇到研发困难时，肖克利变得偏执，他要求对职员进行测谎，并公布他们的薪金，这些事情惹恼了大家。1957 年，8 位优秀的年轻人集体跳槽，并在纽约银行家阿瑟·罗柯的帮助下，成立了仙童半导体公司，这是当时硅谷唯一一家专门从事研制硅晶体管的企业。仙童半导体公司得到了美国空军和 NASA 的大量订单，公司发展迅速，到 1963 年该公司的销售额达到了 1.3 亿美元，这在当时是非常高的销售额。1959 年，仙童半导体公司的罗伯特·诺伊斯发明了半导体平面制作工艺，并成功地研制了世界上第一块具有实用和商业价值的集成电路，这项发明推动了半导体产业的迅速发展。更为令人称道的是，仙童半导体公司衍生出众多著名的高科技企业，这家公司的最初 8 位创始人都离开母公司创立了自己的企业。1967 年初，查尔斯·斯波克等人离开仙童半导体公司，自创国民半导体公司，总部位于圣克拉拉。1968 年，罗伯特·诺伊斯与戈登·摩尔等人创立了举世闻名的英特尔公司，今天的英特尔公司是世界上最大的半导体集成电路厂商，占有世界 80% 的市场份额。1969 年，仙童公司行销经理桑德斯出走公司，创立了 AMD 公司。20 世纪 60 年代，在硅谷诞生的 31 家半导体公司中，大多数都与仙童公司一脉相承，这是硅谷在 20 世纪 60 年代的发展历程，肖克利点燃了硅谷之火。肖克利将半导体技术带到了硅谷，使得半导体产业在硅谷生根。从肖克利实验室衍生出的仙童公司又衍生出众多的高科技半导体企业，而这些衍生出的企业再衍生出其他高科技企业，他们一起成为硅谷半导体产业的中坚力量，硅谷在 20 世纪 60 年代迅速崛起。

1971 年，英特尔公司的霍夫发明了微处理器，微处理器的问世使得生产体积小、价格更便宜的计算机成为可能，由此引发了计算机产业的又一次革命。与此同时，硅谷由于微处理器的发明更加巩固了其在半导体产业的优势地位。随着个人计算机这一新兴高科技产业的蓬勃发展，它在 20 世纪 80 年代成为新的主导产业。在个人电脑发展的历程中，已故的天才史蒂夫·乔布斯是最为杰出的代表，他引领了一个时代。凭借着风险投资家投资的 8 万美元以及借贷的 25 万美元，两位好友史蒂夫·乔布斯和斯蒂夫·沃兹尼亚克在硅谷创立了苹果公司。1976 年，他们推出苹果Ⅱ型微机，1982 年，这款机型销售达到了 5 万台，苹果公司成为第一家年收入超过 10 亿美元的个人计算机企业，它只用了 5 年时间就跻身于世界 500 强企业之列。1984 年，苹果公司推出的苹果机（Macintosh），被广泛应用于出版与平面设计等领域。随后的岁月中，苹果公司不断推出自己的产品，引领电子时代的潮流。1997 年苹果推出彩色 iMac 电脑；2001 年推出 ipod；2010 年推出 ipad 与 iphone，这些产品都成为城市时尚生活的符号。2012 年 4 月苹果公司以 5200 亿美元的市值成为全世界最富有的上市公司。20 世纪 80 年代，硅谷的发展着重体现在计算机相关产业上。80 年代末，硅谷计算机领域的重要企业包括：生产硬盘的希捷公司；网络与通讯产品生产商 3COM 公司；彩色显示器生产商 Radius 公司。80 年代末，软件业也在硅谷兴起，出现的著名企业包括数据库软件公司甲骨文与 Adobe 等公司。80 年代也是与高科技企业相关的服务业快速发展的时期。企业的发展，特别是高科技企业的发展需要风险投资、金融、法律、会计等方面的专业人才与服务。在此之前，相关的企业大多数在其他地方，80 年代之后，越来越多的服务性企业来到硅谷，他们以专业的金融、投资、财会以及高科技法律知识服务于硅谷的发展。

20 世纪 90 年代，随着互联网的迅速发展，硅谷凭借着雄厚的科研实力再次成为互联网时代的领导者。1992—1999 年，硅谷增加了 25 万个就业岗位，其中大多数来自软件业与互联网业。网景公司、思科公司等成为互联网时代的弄潮儿，巩固了硅谷的霸主地位。开启互联网时代浪潮的是网景公司，该公司成立于 1994 年，创始人是马克·安德森。1994 年，网景公司成功地开发出网景（Navigator）浏览器，随后又推出网络服务器软件。它仅仅用了一年时间就占据了互联网服务器软件市场的 40%，互联网 80% 的客户端软件是该公司的浏览器。第二年网景上市，成为世界上第一家上市的网络公司，市值达到 20 亿美元。1995 年，斯坦福大学的两名研究生创立的雅虎公司又是在硅谷上演的互联网时代的传奇。1996 年雅虎上市成功，仅仅 3 年，雅虎公司的市值已经达到了 400 亿美元。1998 年，斯坦福大学的博士生谢尔盖·布林与拉里·佩奇创立了谷歌公司，成为互联网时代搜索引擎的佼佼者，2011 年该公司的年销售额达到 380 亿美元。硅谷是美国高科技人才的集中地，更是美国信息产业人才的集中地。目前在硅谷，聚集着美国各地和世界各国众多的科技人员，获诺贝尔奖的科学家就达 30 多人。硅谷是美国大学生心驰神往的圣地，也是世界各国留学生的竞技场和淘金场。2006 年，硅谷总共有 20 多万个高技术职位。以高技术从业人员的密度而论，硅谷居美国之首，每 1000 人里有 286 人从事高科技业。高技术职位的平均年薪居美国之首，达到 15 万美元。2008 年，硅谷人均 GDP 达到 8.3 万美元，居全美第一；硅谷的 GDP 占美国总 GDP 的 5%，而人口不到全国的 1%。在硅谷，公司都实行科学研究、技术开发和生产营销三位一体的经营机制，硅谷的科技人员大多是来自世界各地的佼佼者，他们不仅母语和肤色不同，文化背景和生活习俗也各异，所学专业和特长也不一样。这些科技人才聚在一起，必然思维活跃，互相切磋中很容易迸发出创新的火花。

英国高科技城市的兴起与发展开始于 1971 年苏格兰赫瑞·瓦特大学（Heriot – Watt）“科学园”以及剑桥大学“科学园”的建立。20 世纪 70 年代末期，由于世界市场竞争日益激烈以及全球产业结构的重组，英国特别是英格兰中部与北部地区传统的工业衰落，英国的地方政府把思路放在了“科学园”的建设之上，希望借助高科技促进英国经济的复苏。与此同时，保守党重新执政，政府开始削减公共开支，许多大学从政府获得的经费来源大幅度减少，大学也不得不开始考虑自己的经费问题。在这种情况下，英国的地方政府、大学、企业以及相关的部门开展了科学与经济之间紧密的合作。20 世纪 80 年代开始，英国的科学园迅速发展。英国的科学园致力于 7 个方面与领域的企业活动，即计算机硬件与软件开发、电信技术、生物医药技术、技术咨询业务、能源领域、环保领域、高端服务领域。据 1999 年统计资料，科学园的众多企业中，计算机与通讯产业占据主导位置，约为 39%；其次是生物医药企业，占企业总数的 15%；工业技术领域的企业占 13%；电子商务与技术咨询等性质的企业占22%；环保能源等性质的企业为11%。[1] 在英国，最为著名的科学城是剑桥，风景如画的剑桥有英国第二个科学园，这是英国规模最大、发展速度最快，也是取得最大成就、最有影响力的科学园。剑桥大学是世界著名的科学中心，产生过50位左右的诺贝尔奖获得者。从20世纪60年代起，剑桥地区兴起了许多高技术企业，经济发展欣欣向荣，被称为“剑桥新气象”。剑桥科学园是“剑桥新气象”的一个重要组成部分。剑桥科学园设在剑桥大学的三一学院，三一学院历来产生新思想，又在城郊拥有一块适于建园的地皮。1975年，面积40公顷的科学园正式成立。剑桥科学园建园方针是使学校高技术成果向市场和商业转移，并借助科学园同工业界交换信息。科学园高科技企业众多，它们同剑桥大学各个学院保持密切联系。这是一个充满生机和活力的区域，形成了以大学、新兴公司和大型跨国公司密切协作的产业网络，并不断吸引着来自全世界的投资。在过去的30年中，科技园区每年增加5000个就业机会，园区平均每年的国民生产总值增长率达到了6.3%，大大高出英国3.4%的国民生产总值增长率。剑桥科学园累计为英国创造税收550亿英镑，出口总值达到了280亿英镑。这样一个经济效益日益增加和技术日趋先进的高科技园区已成为英格兰东部地区的发展中心。

在欧洲大陆，法国的索菲亚－安蒂波利斯科技城是一个成功的范例。索菲亚－安蒂波利斯科技城位于法国蓝色海岸之滨，是环境优美的旅游胜地；在交通方面，有尼斯国际机场，可以方便地到达欧洲的其他城市。开始的时候，这里的科技基础几乎是空白，除了尼斯大学外，周围没有其他高校和工业。1969年，巴黎矿业学校校长皮埃尔·拉菲特教授建议在法国东南部的尼斯附近创建科技城，很快就得到各方面的响应。不久，索菲亚－安蒂波利斯协会成立，开始了科学城的规划与建设。通过银行的贷款，在离尼斯城16千米处的索菲亚－安蒂波利斯买下125公顷土地。科学城着手基础设施建设，然后出售土地，由进入的企业自建办公楼和实验室。1974年，科技城增

1　胡细银．英国城市发展的理论与实践及对深圳的借鉴［M］．北京：北京大学出版社，2004：177.

加 1200 公顷土地作为森林保护区，后来科技城总面积已扩大到 2300 公顷。科技城建立以后，巴黎矿业学校、尼斯地区商会、电信学校、法国石油研究院、国家科研中心以及许多的公司加盟科技城。为了加强科学城的科技力量，又组建了计算机科学研究所、欧洲技术研究所，由此形成多学科、高水平、国际性的科学技术中心。现在的索菲亚－安蒂波利斯科技城有 1300 多家高科技企业，包括 200 多家信息和通信技术公司、50 多家卫生设备公司、64 家研究和教育机构以及 617 家服务性公司等，共有来自 70 多个国家的 3 万多名工程师集聚在此。科技城由 3 个“技术中心”组成：信息—长途电信—电子中心区、制药—生物—化学中心以及能源中心。在公司构成方面，大公司有得克萨斯仪器公司、数字设备公司、汤普森平德拉公司、法兰西航空公司国际订票服务中心以及长途电信公司。经过多年的经营，索菲亚－安蒂波利斯科技城成为欧洲最负盛名的科技园区。

第四节　多元的市民生活

20 世纪是科学技术迅速发展的世纪，在这 100 年中，世界发生了翻天覆地的变化，第三次工业革命、两次世界大战，这些都极大地改变了人类的生活方式与生活质量。伴随着这些技术、政治的变化，城市的性质也发生了改变。城市变成了新生活方式的发源地、时尚休闲的展示区以及社会矛盾的聚居地。19 世纪末以及 20 世纪出现的电器与电子产品，如电影、电视以及电脑等，深刻地改变了几千年来城市市民的休闲方式。汽车、地铁等新型交通工具的出现与运用，改变了市民的出行方式与生活半径。城市都市化以及城市郊区化，一方面使得中产阶级生活与工作得以调节，另一方面也产生了城市贫民窟、种族歧视和移民问题，成为城市生活中的阴影。20 世纪是一个经济快速发展的世纪，也是社会急剧变迁的时代，城市处于巨变之中，市民也经历了变革的生活方式。他们一方面享受物质财富的极大丰富，另一方面也感受到传统伦理观念与情感联系纽带的瓦解，他们努力地重建新的情感纽带，也不得不面对无数的困惑与迷茫。总之，这是一个多元的变迁的时代。

首先，出行方式的变化。20 世纪以来，城市公共交通体系逐渐形成，汽车走进了市民们的日常生活。19 世纪 60 年代之前，市民的出行方式主要是步行与乘马车。19 世纪 60 年代，随着蒸汽机车的广泛应用，有些城市试图把蒸汽机车用于市内交通，但是机车体积庞大，不宜在市区的街道行驶。为了解决这一问题，有些城市就修建高架道路供蒸汽机车使用，1867 年，美国纽约架设了第一条高架铁路，随后高架铁路在芝加哥等城市流行开来。高架铁路更适合远程运输，短途运输的成本太高。城市交通的重大突破是随着电力的广泛应用而进行的。19 世纪 80 年代，电力的发明为城市带来了一种新

图5-8 通用汽车总部（屠振宇 摄）

的能源方式。19世纪80年代末，美国人首先进行了有轨电车的实验，有轨电车与以前的市内交通工具相比，在造价、安全性以及运输能力上均具有明显的优势。随着有轨电车技术的改进，到19世纪末，它很快就在美国的大城市流行开来。1890年，美国有超过50个城市开通了有轨电车；1895年，美国有轨电车轨道的总长接近1.6万千米。

真正对市民出行方式产生革命性影响的是汽车。从运输的角度来看，马车有着几千年的历史；自行车比汽车更便宜，更容易为大众所接受；火车的运载能力比汽车更大；飞机的速度也比汽车更快。但是与它们相比，汽车却比人类历史上任何其他运输工具对社会生活方式的影响都大。汽车生产的关键是内燃机，德国人在这一领域做出了最为重要的贡献。1885年，德国工程师戴姆勒研制出的内燃机是汽车动力装置的最初原型；1886年，戴姆勒研制的内燃机带动汽车试验成功，人们通常把1886年称为世界汽车的诞生年，由此一种新的交通工具诞生了。欧洲人发明了汽车，却是美国人使得汽车得以普及，并得到大发展。1908 年，福特汽车公司推出了著名的 T 型车，这种售价不足 500 美元的汽车是当时同类汽车价格的 1/4 甚至 1/10，美国一个普通工人用一年工资就可以购买到。福特的 T 型车使汽车成为真正意义上的大众交通工具。1913 年，福特公司首先在生产中使用流水线装配汽车，这给汽车工业带来了革命性变化，美国随即出现了普及汽车的高潮。在美国，汽车得以迅速普及也得益于美国的文化。它符合美国人的价值观：强调个体，尊重个体的隐私，认为个人应该选择自由，并且通过个人的努力实现自我的价值，由此实现个人对自然和社会的控制。随着汽车价格的降低，美国人特别是城市市民成为这一新事物的支持者。1907 年，美国注册的汽车数有 15 万辆；1917 年，美国汽车的拥有量达到了 500 万辆；1930 年，美国每五个人就拥有一辆汽车。在美国的西海岸城市，汽车更是成为市民日常生活不可缺少的工具。1915 年，9 个洛杉矶人仅拥有一辆汽车。1919—1929 年，洛杉矶的人口翻了一番，城市市民汽车的拥有量增长了 5 倍。洛杉矶市共有 80 万辆汽车，平均每个家庭拥有一辆，洛杉矶也成为美国乃至世界上第一个“车轮上的城市”。1904 年，有几千人开着汽车穿越美国，实现了汽车度假的梦想。1916—1929 年，汽车制造技术日趋成熟，越来越多的中产阶层拥有汽车。在美国经济大萧条前夕的 1929 年，美国汽车销量突破 500 万辆。第二次世界大战之后，世界的汽车工业更是取得了长足的发展。1958 年，世界汽车的产量达到了 1000 万辆；1969 年，世界汽车总产量达到了 3000 万辆；1999 年，世界汽车的总产量达到了 5000 万辆。美国是世界上汽车生产与汽车保有量最多的国家。1994 年，美国生产汽车 1200 多万辆，拥有汽车 1.8 亿辆，平均 1.3 人拥有 1 辆。此外，德国平均不到 2 人拥有 1 辆车；英国和法国等国平均 2—3 人拥有一辆车。[1] 进入 21 世纪，世界汽车的产量随着新兴国家，特别是中国汽车消费的发展更是节节攀升。

城市交通方式的变化也体现在地铁发展方面。19 世纪后半叶，城市地下交通得到发展，在 20 世纪初，地铁得到了较大的发展。世界上最早的地铁出现在英国伦敦。随着工业革命的进行，伦敦的城市人口规模不断地扩大，

---

1 曹南燕，刘立群．汽车文化［M］．济南：山东教育出版社，1996：81．

图 5－9　世界第一条地铁线的贝克街站（张颖　摄）

地面交通日益拥挤，为了解决交通堵塞问题，伦敦市政府专门对这一问题进行了讨论，并征询市民的意见。有人提出修建“伦敦中央火车站”的设想，认为只要火车通到城市中心就可以从根本上解决交通拥堵的问题。还有人主张在伦敦修建一条地下道路，这样可以改善交通。于是这两种想法结合起来，形成了我们现在所熟悉的地铁概念。1861 年，伦敦开始修建地下铁路，但是谁也不知道这种地下铁路会是什么样子。早期的地铁修建方法简单，先把地上部分的住户全部搬迁，工人们从地面向下挖掘一条 10 米宽、6 米深的大壕沟，用砖加固沟壁，再搭成拱形的砖顶，然后将土回填，在地面上重建道路和房屋。早期的火车用蒸汽机车牵引，为了把蒸汽机车排出的浓烟引出地下，建好的隧道还要钻通风孔。在修建的过程中，不时地会发生土方坍塌的事故，工程修建也是时断时续。1862 年，6 千米长并有 7 个停靠站的地下铁道基本完工，1863 年正式通车。伦敦地铁的修建有效地缓解了市区的交通拥堵，不久伦敦开始修建第二条地铁线路，工程师提出了环形的概念，伦敦地铁的修建进入新的阶段。现在伦敦已经建成了 12 条地铁线路，总长 400 多千米，每天的客流量为 200 万人次，年客流量为 8 亿多人次，成为最重要的市区交通工具。美国的地铁建设始于 19 世纪末。1897 年，波士顿建成了

图 5－10　伦敦历史与自然博物馆

美国第一条地铁线路，总长 2100 多米。这条地铁线路非常成功，运行的第一年就运送旅客 5000 万人次。1904 年，纽约地铁开通。20 世纪 30 年代，美国掀起了建设地铁的高潮，芝加哥等城市也修建了地铁。现在的纽约地铁线路有 31 条，总长度达到 440 千米，设有 500 多座车站，24 小时运营，纽约每天有近 7 成的市民坐地铁上班，为世界上最大的地铁系统之一。19 世纪末，巴黎开始修建地铁。1900 年 7 月，巴黎地铁第一条线路随巴黎世界博览会开幕启用。20 世纪二三十年代，巴黎又开通两条线路，分别连接市区西南部与市中心。1939 年第二次世界大战爆发，巴黎的交通建设停止，部分城市基础设施也遭到了严重的破坏。1945 年第二次世界大战结束后，巴黎市政府又开始修建地铁。为了有效地推进城市地下交通建设，1948 年巴黎大众运输公司成立，该公司负责巴黎市的公共交通运营，这其中自然也包含整个地铁网。20 世纪 50 年代到 70 年代是巴黎地铁最辉煌的时期，1969 年快线地铁开通。快线地铁位于地下深处，是介于普通地铁和火车之间的交通工具，开往巴黎远郊，又和市区地铁紧密衔接。这种地铁具有速度快、价格便宜的特点，由此巴黎人乐意在郊区购房定居。此外，1973 年自动检票机投入使用，1975 年地铁磁卡月票问世。这一时期也是法国的地铁理念向外输出的时期，

图 5－11　市民在博物馆里进行互动活动

墨西哥城和里约热内卢等城市均采用了法国地铁技术及模式。现在巴黎地铁线有 16 条，里程接近 200 千米，承担了巴黎主要的交通任务。

在文化生活方面，现代城市市民拥有无法比拟的丰富资源，特别在一些大都市，这方面的优势更为明显。伦敦有大约 400 个公共图书馆，还拥有众多的博物馆与美术馆，最为著名的是大英图书馆。大英图书馆拥有英国出版的每一册书、每一份报纸与期刊。大英图书馆立足于英国，服务于全世界，它是世界学术研究和创新的主要源泉之一。伦敦大英博物馆成立于 1753 年，1759 年正式对公众开放，是世界上历史最悠久、规模最宏伟的综合性博物馆。博物馆收藏了世界各地的文物，藏品之丰富、种类之繁多，为全世界博物馆所罕见，目前大英博物馆拥有藏品 600 多万件。在艺术演出场所方面，伦敦城内有超过 100 座剧院与音乐厅，有 5 个世界级的交响乐团，如著名的伦敦交响乐团等，此外，还有皇家歌剧院和伦敦歌剧院。在体育设施方面，伦敦有近 500 处体育设施，其中有 219 个公共体育馆，33 个运动场，131 个游泳池，22 个室内网球场，5 个溜冰场，72 个赛马场。在足球方面，伦敦拥有切尔西、阿森纳等世界顶级的足球俱乐部。此外，还有 3 个顶级的橄榄球俱乐部和 4 个板球俱乐部。在公园方面，伦敦有 140 多处公园、149 座纪念

图5－12　欧洲冠军杯比赛

碑以及600多个历史广场。[1] 在文化传媒方面，伦敦是全球传媒的中心之一，世界上著名的报刊《泰晤士报》《金融时报》《卫报》等都在伦敦；电视传媒的巨头英国广播公司（BBC）也设在伦敦。

纽约作为世界性的大都市，是世界文化生产与传播中心。全美最大的3家电视台：哥伦比亚广播公司、全国广播公司以及美国广播公司的总部都设在纽约。在纽约出版有《纽约时报》《华尔街日报》《时代周刊》以及《新闻周刊》等影响美国甚至世界舆论的报刊。《纽约时报》是在纽约出版并全世界发行的报纸，1851年创刊。《纽约时报》是美国第一份全国性的报纸，它在美国社会中具有重要的影响力。1999年该报被评为世界最佳报纸的第二位，仅次于伦敦的《金融时报》。在文化硬件方面，纽约的图书馆服务由纽约公共图书馆、纽约皇后公共图书馆、布鲁克林公共图书馆等3个独立系统构成，全市共有208家地方性图书馆分支机构和曼哈顿所属的4个研究性图书馆。纽约的图书馆系统拥有377个电子数据库和超过6000万册图书与期刊，2005年，图书流通量达到近5000万册。此外，每年纽约图书馆系统还

1　屠启宇，金芳. 金字塔尖的城市［M］. 上海：上海人民出版社，2007：247—248.

举行众多的讲座与会议，为市民们提供各种学习机会。在博物馆方面，纽约大都会博物馆是与英国伦敦的大英博物馆、法国巴黎的罗浮宫齐名的博物馆。该博物馆占地 13 万平方米，目前藏有埃及、巴比伦、亚述、远东和近东、希腊和罗马、欧洲、非洲、美洲前哥伦布时期和新几内亚等各地艺术珍品 330 余万件，包括古今各个历史时期的建筑、雕塑、绘画、素描、版画、照片、玻璃器皿、陶瓷器、纺织品、金属制品、家具、古代房屋、武器、盔甲和乐器。在公共体育设施方面，纽约市拥有 1400 多个体育设施，包括 5 个大型露天运动场、800 多块运动场地，550 多个网球场、52 个室外游泳馆、11 个室内游泳池、36 个娱乐中心、22 千米长的海滩、13 个高尔夫球场、6 个室内溜冰场。此外，市内还有近千处社区活动场所。在公园方面，纽约市公园系统拥有将近 1700 个公园、超过 2000 个街角景点、15 个生态中心、13 个海滨广场以及 4 个动物园，超过 1000 个纪念碑、雕塑和历史性标志。[1]

20 世纪，电视成为市民休闲生活的主要方式。1924 年，英国人贝尔德经过 18 年的不懈努力，研制成功世界上第一台电视原型，但是这时候的电视图像不清晰。1925 年，贝尔德的实验有了突破，他将一个人的图像发射到屏幕上，图像十分逼真，眼睛、嘴巴甚至眉毛和头发都清晰可见，一台有实用意义的电视机宣告诞生了。1936 年，英国广播公司开始在伦敦播放电视节目；1941 年，贝尔德又研制成功了彩色电视机；1946 年，英国广播公司第一次播放彩色电视节目。20 世纪后半叶，随着电视产业的迅速发展，电视进入千家万户，电视的节目非常丰富。随着互联网技术的进步，网络电视又成为市民的另一种选择。

电影是当代市民休闲的另一种方式，它被称为“第七位缪斯女神”。电影的发明在 19 世纪末，流行在 20 世纪。1888 年，法国人埃米尔・雷诺发明了“光学影戏机”，观众可以在幕布上看到几分钟的活动影像，这是电影的雏形。不久美国发明家爱迪生发明了用电的放映机，即俗称的“西洋镜”。西洋镜的外形像一个大木箱子，人们可以通过一个小孔看见放大到胶片上的活动影像。西洋镜只可以供一个人观看，无法满足更多观众的要求。后来法

1　屠启宇，金芳．金字塔尖的城市［M］．上海：上海人民出版社，2007：247—248.

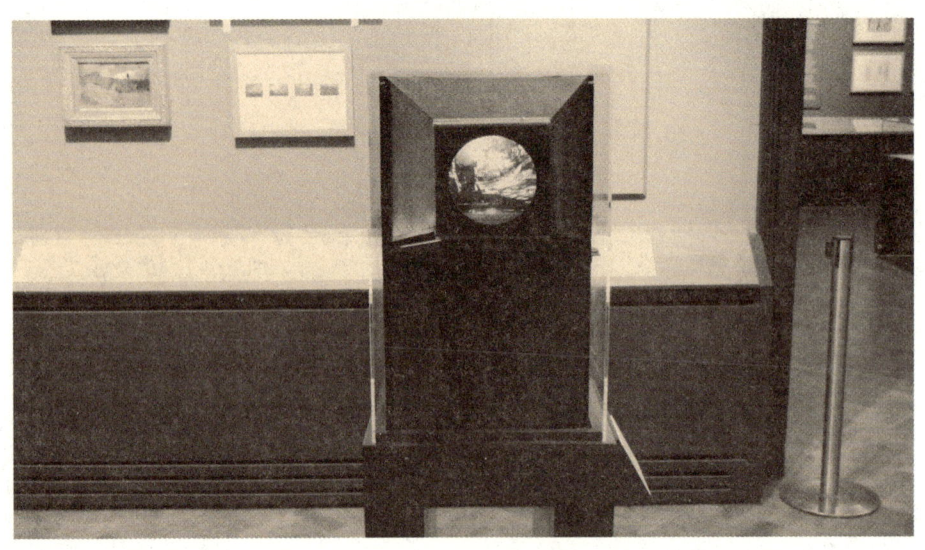

图 5－13　早期的“西洋镜”

国人在幻灯机的基础上把西洋镜改进成了放映机，并于 1895 年公映了影片，由此标志着一个新娱乐休闲媒体的诞生。1895 年 12 月的一天，在法国巴黎的一个咖啡馆里挤满了人，大家都在等待观看一个新鲜的玩意儿——电影放映机。当咖啡馆的灯光暗下来之后，从放映机里射出了一束白光，这束白光打到墙上，巴黎人第一次看到了现代意义上的电影：一座小火车站，乘客们零零散散地在站台上等火车，突然一个冒着浓烟的火车从远处驶来。这一场面使得第一次观看的市民们感到惊慌，他们以为火车会冲向他们。当电影结束之时，观看的巴黎市民们仍然没有从梦幻的世界中清醒过来，好久之后他们才爆发出雷鸣般的掌声。这是人类第一次从银幕上看到自己的真实生活，此后电影成为市民生活的一个重要的组成部分。最初由于观看的市民太多，巴黎市政府不得不出动警察维持秩序。自第一部电影成功放映之后，这个设在咖啡馆地下室的电影院生意一直兴隆，当时每张门票是 1 法郎，该电影院有时门票收入每天有 2500 法郎。不久，随着摄影棚等新技术的出现，电影走向了快速发展的时期。这一时期出现一个伟大的导演，就是美国人格里菲斯，人们称他为“电影之父”。1915 年，格里菲斯导演了电影史上不朽的名作《一个国家的诞生》，这是一部反映美国内战与重建的电影。在《一个国家的诞生》拍摄之前，电影都是些只有 10 分钟左右的小短片，没有复杂的情节，容易使观众产生厌倦的心理。格里菲斯的《一个国家的诞生》具备了当代电影的基本元素：扣人心弦的故事情节、大投入、大明星、大制作，以及铺天盖地的宣传，由此电影从不入流的杂耍成为一门艺术。早期的电影是无声电影，1927 年有声电影问世，更加增添了电影的魅力，华纳兄弟影片公司拍摄并上映了音乐故事片《爵士歌王》。该片运用当时的录音技术，以豪华的歌舞场面吸引了观众，标志着有声电影的诞生。同年，时代华纳在美国俄亥俄建立了世界上第一家商业影院，在电视还没有普及之前，电影成为城市市民休闲娱乐的主要方式。以美国为例，1927—1929 年，美国电影院的上座人数从 6000 万人上升到 1. 1 亿人次，而当时美国的人口不过 1. 2 亿人。在一些大的城市，如芝加哥，城市里有专门面向工人的小型影院，放映的时间与工人们的作息时间对应，这些电影院使得工人们在工作之余得以放松。到了 1946 年，美国好莱坞达到了鼎盛时期，观众人数达 46 亿人次，票房收入 300 多亿美元。[1] 20 世纪六七十年代，电影在经历了一段时间的萧条之后，重新焕发出新的活力。在一批新导演的努力下，欧美的电影与电视之间的竞争已经形成了平衡。以美国为例，电影观众保持在 10 亿人次左右，并且有越来越广阔的海外市场。在电影发展的历史中，产生了许多的票房纪录。以 1997 年上演的《泰坦尼克号》为例，它的票房收入达到了 18 亿美元，许多的观众都是观看了好几遍。2009 年，另一部大片《阿凡达》上演，这部投资 5 亿美元的巨片，最后的票房与相关产品的收入竟然达到了 35 亿美元。可见电影在市民文化休闲方面的重要性。

在城市的底层，流行着另一种文化——嘻哈（HipHop）。HipHop 一词源于美国黑人词汇，Hip 的意思是屁股，Hop 的意思是跳跃，嘻哈文化发源于 20 世纪 60 年代美国纽约曼哈顿的布鲁克林区。布鲁克林区是纽约著名的贫民区，这里的居民生活艰辛，由于穷困，家长无法供养子女上学，于是无所事事的黑人青少年就整日在街头以唱歌跳舞或者打街头篮球为乐。黑人具有独特的音乐天赋，再加上身体柔韧，逐渐形成了特有的歌舞形式。这些黑人

1　邵泽慧. 电影的历史［M］. 北京：华文出版社，2009：52.

青年买不起好的音响设备，只好提着老式的大录放机去场地；他们没有钱买流行的衣服，只能穿他们父母的大号衣服，于是又形成了特有的服饰文化。逐渐地，嘻哈文化演变成为全球性的青少年文化运动，“嘻哈”成了流行的时尚，穿着宽松但昂贵的衣服与球鞋，包着著名品牌的头巾或戴运动帽，戴着耳机，并装饰一堆亮闪闪的金属饰物，踩着那种有点摇晃的步伐。

随着生活与工作节奏的加快，城市市民在饮食方面也发生着变化，携带方便、做法简单、营养丰富的食品成为城市上班族的首选。美国人用餐一般不在精美细致上下功夫，而更讲求效率和方便，除去最常见的三明治、汉堡包和热狗外，市场上还有速溶咖啡、速饮橙汁、速食面包、速食糕点以及快熟面、罐头汤、电视餐等。美国的大街小巷到处可见挂有“麦克唐纳”招牌的店，麦克唐纳公司是美国专营汉堡包和热狗的连锁企业。汉堡包中通常有牛排和洋葱，吃起来可口方便，深受人们欢迎。至于热狗的问世，还有一段有趣的插曲。传说热狗的发明者是德国移民安东·弗奇特万根。1904 年，他在圣路易斯开了一家食品店，出售牛肉与香肠等，因为他买不起太多的银制刀叉，只好把手套发给顾客，让大家用手拿着香肠吃。不久，他发现经常有人吃完饭后“顺手牵羊”把手套也带走，而且洗手套既费事，费用又高。弗奇特万根最后想出一条妙计：他把香肠夹在一种细长的面包里出售，不但方便而且好吃，很快便畅销各地。由于这种食品形似酷暑里伸着舌头的狗，所以人们称它为“热狗”。当然，现在全球最流行的两个快餐品牌是麦当劳与肯德基。1940 年，理查德·麦当劳与莫里斯·麦当劳兄弟在美国加利福尼亚州创建了“Dick and Mac McDonald”餐厅，这是现在麦当劳餐厅的原型。1948 年，餐厅引入“快速度服务系统”，简称“快餐厅”。1960 年，餐厅更名为“McDonald's”。麦当劳餐厅是大型的连锁快餐集团，遍布全世界 100 余个国家，在全球大约拥有 3 万家分店，主要售卖汉堡包、薯条、炸鸡、汽水、沙拉等。肯德基是另一家世界著名的快餐企业，它的创始人是美国人哈兰·山德士。1952 年，哈兰·山德士创建了肯德基餐厅，主要出售炸鸡、汉堡、薯条、汽水等西式快餐食品。从最初的街边小店到现在的快餐帝国，肯德基成为城市市民休闲与饮食经常光顾的地方。在世界上无数的角落，我们都会看到一个老人的笑脸，他花白的胡须，穿着白色的西装，带着黑色的眼镜，这位和蔼可亲的老人就是肯德基餐厅的标志。现在的肯德基在全球 100 多个国家拥有超过 3 万家的连锁店，员工总数超过了 80 万人。

20 世纪城市生活的另一个变化是超市与大商场成为市民购物的主要场所。超市最早产生于 1930 年的美国，美国人迈克尔·库仑在纽约州开设了第一家超级市场——金库仑联合商店。当时美国正处在经济大危机时期，迈克尔·库仑根据多年的销售经验确定了低价策略，它的超级市场平均毛利率只有 9%，而当时美国一般商店的毛利率是 25%—40%。为了保证售价的低廉，必须做到进货价格的低廉，只有大量进货才能压低进价。迈克尔·库仑以连锁方式开设分号，建立起保证大量进货的销售系统。他首创了自助式销售方式，采取一次性集中结算。第二次世界大战后，特别是 20 世纪五六十年代，超市在世界范围内得到较快的发展。最初超市主要经营各种食品与饮料等，以后经营的范围逐渐扩大，服装、家电、电子产品、花卉、家庭日用杂货等也进入超市的销售范围。1962 年，美国人山姆·沃尔顿在阿肯色州创建了沃尔玛百货有限公司，经过 40 多年的发展，它已经成为世界最大的连锁零售企业，多次荣登《财富》杂志世界 500 强榜首及当选最具价值品牌。目前，沃尔玛在全球 27 个国家开设了超过 1 万家的商场，下设 69 个品牌，全球员工总数达到 200 多万人，每周光顾沃尔玛超市的顾客超过 2 亿人次。

家乐福是另一家世界著名的超市，它成立于 1959 年，是大卖场业态的首创者，家乐福是欧洲第一大零售商，也是世界第二大零售连锁集团。它现在拥有 1 万多家门面店，业务范围遍布世界 30 多个国家与地区。2004 年，家乐福超市的员工超过 40 万人，在《财富》杂志发布的世界 500 强企业中排名第 22 位。现在市民的日常消费越来越离不开超市，只要有空闲的时间，市民们就习惯性地逛逛超市，一方面是为了消费购物，另一方面超市成为市民休闲的去处。

在城市族群方面，现代城市趋向于多元化，不同的种族、族群以及不同的文化相互碰撞与融合，使得城市市民的概念发生了很大的变化。城市多元化的一个体现是城市移民的增加。在美国，20 世纪最后 20 年，人口增长一个最突出的现象就是外来移民的增加。20 世纪 80 年代，美国的移民人数达到 700 多万；20 世纪 90 年代，移民人数达到 900 多万；21 世纪以来，美国

图5－14　城市多元文化：Notting Hill嘉年华

的移民人数每年都以百万以上的数量增长。20世纪80年代以来的移民绝大多数是亚裔和西裔。西裔移民主要来自拉丁美洲、加勒比海地区和墨西哥等地，在20世纪的最后20年中，总共有400万墨西哥移民。如果再加上那些非法偷渡的移民，数目实在难以统计。亚裔移民主要来自亚洲和大洋洲地区的一些国家，在20世纪八九十年代，大约有500多万亚裔移民进入美国。

随着亚裔、西裔移民的大量涌入，美国的民族和种族构成发生了重大的变化，白人在美国人口中的比重已不到80%。伴随着移民的加入，移民文化逐渐成为城市文化的一个重要方面，它与治安、教育、种族问题交织在一起，深刻地影响着城市市民的生活方式与态度。美国最大的城市纽约一直以来都是外来移民的入境点，有相当多外来种族就在此落地生根。1892—1924年，有超过1200万的欧洲移民经由艾里斯岛入境美国。“大熔炉”一词就是形容许多族群人种居住的街区。纽约市约有36%的人口在国外出生，虽然比例上较洛杉矶和迈阿密低，但是这两个城市外来人口的国籍较少，而纽约市外来人口的国籍非常多。在纽约，各国籍的比例较为平均，主要移民来源国家有多米尼加、中国、牙买加、墨西哥、巴西、俄罗斯。从20世纪80年代中叶之后，白人已经不再是该城市民的主要构成了，纽约市最多的人种为非

图 5-15 市民新年游行

洲裔美国人、意大利人、犹太人和爱尔兰人。在纽约，大部分的移民生活艰辛，生存状态恶劣，他们处于社会的最底层。美国的人权纪录显示：美国有色人种普遍贫困，生存状况远不如白人。据英国《卫报》报道，2002 年，白人家庭净资产是 8.8 万美元，是拉美裔家庭的 11 倍，接近非裔家庭的 15 倍。移民除了生活贫困之外，他们还受到许多的种族歧视。在今天美国的城市中，种族歧视是新旧并存。一方面，种族主义势力仍然存在，尽管人数不多，但是在美国社会中总可以掀起大浪。波士顿大学的一位黑人研究生约翰·史利文森说，即使在他就读的中学与大学里，都有许多种族歧视的影子存在。一次约翰·史利文森和同伴到大学的一个俱乐部里玩，刚进门就感觉到许多白人投来鄙视的目光。俱乐部的服务生很不客气地说："这里是私人场所，请你们这些黑鬼离开。"另一方面，美国的种族歧视在新的领域呈现出新的现象，简单的单一种族歧视被文化上的隐性歧视所代替。美国国会曾公布一份调查报告，较为详细地披露了美国社会流行的种族歧视现实。该报告指出："我们的国家正在分裂为两个社会，一个黑人社会，一个白人社会——分开的、不平等的两个社会。"1992 年 4 月，洛杉矶 4 名白人警察殴打一名违章驾驶的黑人青年，由白人占多数的陪审团宣判这 4 名警察无罪。

这一宣判在社会上引起了轩然大波，上千名洛杉矶的非洲裔和拉丁裔人走上街头，很快演变成一场城市暴动，持续了 4 天，有 53 人死亡，财产损失约 10 亿美元。1993 年，设在华盛顿的一个基金会发表了一份长达 350 页的报告，报告列举了 90 年代初期盛行于美国的种族歧视现象。该基金会的结论是：美国各种族之间的不平等不仅没有改善，反而是“进一步加剧了”。

在英国，种族歧视也是一个令人关注的问题。1993 年 4 月发生的黑人青年劳伦斯遭种族主义分子谋杀事件，引发了全国上下对英国种族歧视，特别是政府和公务员队伍中种族歧视问题的激烈辩论。劳伦斯是一名 18 岁的大学预科生，他在伦敦东南部的公共汽车站被几名白人青年无端杀害。事后 5 名嫌疑人被拘捕，但没有人被定罪。英国政府组织委员会进行了调查，调查报告认为，大伦敦警察局在调查这个案件的过程中严重失职，并表现出“机构性的种族主义”。后来，大伦敦警察局同意向劳伦斯的父母赔偿 32 万英镑。

余论　城市，让生活更美好？

2010年，第41届世博会在中国上海举行，这次世博会的主题是“城市，让生活更美好”。是啊，公元前3000年，城市在两河流域出现，照射出人类第一缕文明的曙光。历经了5000多年的发展，现代的城市是古人无法想象也无法理解的。一方面，城市确实让人类的生活变得美好，它是先进生产力的代表，产生了巨大的社会财富，也是人类文明的发动机和加速器。另一方面，在城市的发展历程中，产生了诸多的社会问题，有些问题还在继续发展之中，我们现在也没有找到解决的办法。

法国启蒙思想家卢梭说过：“大城市耗尽国家的活力，使它衰弱：大城市创造的财富是表面的、虚幻的财富；花钱很多，收效甚微。有人说巴黎城对于法国国王来说抵得上一个省；我以为法国国王为巴黎付出的代价等于好几个省。巴黎在许多方面由外省供养，外省的大部分收入流入巴黎以后就留在那里，从不回到人民和国王身边。在这个凡事精打细算的世纪，不能想象没有一个人看到，如果巴黎不存在，法国将比现在强大得多。”[1] 我们在这里无法全部列举城市面临的问题，只是选取几个热点进行讨论，或许对中国的城市化进程有所启示。

第一，城市的污染问题。20世纪以来，全世界发生了多起城市污染事件，造成了巨大的人员伤亡。1948年10月，在美国宾夕法尼亚州的工业城镇多诺拉发生了空气污染事件。多诺拉是工业聚集区，有居民1.4万人，这里有钢铁厂、硫酸厂、炼锌厂，平时浓烟笼罩城镇。1948年10月26日至31日，由于空气无法散开，而工厂的烟囱却没有停止废气的排放，大量的烟雾

1　布罗代尔. 15至18世纪的物质文明、经济和资本主义：第一卷［M］. 顾良，施康强，译. 北京：生活·读书·新知三联书店，1992：663.

笼罩在封闭的山谷之中，使得该镇受到极度的污染，直到6天后的一场降雨才将烟雾驱散。这次空气污染使得6000人生病，症状表现为咽喉痛、流鼻涕、咳嗽、头晕、胸闷、腹泻等，随后有20人去世，年龄多在65岁之上。在美国工业重镇洛杉矶也发生过光化学烟雾事件。光化学烟雾是大量碳氢化合物在阳光的作用下，与空气中其他成分起化学反应而产生的。洛杉矶位于美国的西南海岸，三面环山，一面临海，自然地理环境优越。随着美国西进运动的进行，丰富的自然资源以及优越的自然环境，使得洛杉矶很快发展成为西部大都市。洛杉矶在20世纪40年代就已经拥有了250万辆汽车，这些汽车每天排出大量的尾气，还有炼油厂等重化工产业产生的废气，使得洛杉矶成为一座污染严重的城市。1952年12月，洛杉矶发生了光化学烟雾事件，城市内65岁以上的老人死亡400多人。1955年，洛杉矶又发生了同样的悲剧，在短短两天时间内，有400多位老人因为空气污染去世，更多的人表现为眼睛痛、头痛或者呼吸困难。在人类历史上，城市污染最为著名的事例是伦敦烟雾事件。1952年12月5日至8日，伦敦一直处在烟雾的笼罩之下。在冬季，伦敦市民取暖大多采用燃烧煤炭的方式，煤炭燃烧之后产生了大量的二氧化碳、一氧化碳以及粉尘。由于伦敦连续数天无风，这些灰尘和污染物聚集在城市上空无法散去。当时伦敦正在举办一场牛展览会，许多牛严重中毒，甚至有一头牛当场窒息而死。伦敦市民们也无法忍受如此严重的空气污染，感到呼吸困难与眼睛难受，患呼吸道疾病的人急剧增多。在这4天之内，烟雾导致伦敦市民死亡4000多人。之后两个月内，又有近8000人死于呼吸道疾病，对这些尸体进行解剖后发现，死者的肺中含有许多重金属成分。1956年、1957年和1962年，伦敦又多次发生严重的烟雾事件。一直到1965年，经过多年的环境治理之后，这种污染才销声匿迹。

第二，城市的交通拥堵问题。针对交通拥堵，世界各国城市当局都采取了诸多的措施，伦敦的经验最为著名，也极具争议性。作为有着2000多年发展历史的世界大城市，伦敦市中心的街道可能是世界各大都市中最狭窄和最不规则的街道之一。伦敦中心区绝大部分干道是双向两车道或单行线；因为严格的私有财产保护和无法进行强制的政府规划，伦敦市区的许多街道弯弯曲曲，有时为了避让一栋建筑不得不绕一个陡弯。除此之外，为了保护行人的权利，红绿灯、人行道数十米一个；为了保障残障人士的权益，盲人残疾人专用道遍布大街小巷；为了保护骑车人的权利，自行车专用线随处可见。伦敦解决拥堵问题的第一个方案就是大力发展公共交通。伦敦市内的地铁网络非常发达，共有 12 条线路，运营里程达 400 千米，大伦敦城市圈还拥有 300 千米的市郊铁路，75% 在中心城区上班的人可以通过铁路网络抵达目的地。此外，伦敦还大力发展公交车专线。目前在伦敦拥有近 300 千米的公交车专线，公交车的票价便宜，可以有效地吸引市民公交出行。第二项有创造性的解决方案是提出“为拥堵买单”的计划，在交通最繁忙的路段，驾驶者需要支付一定的费用，他们才有权在这些路段驾车行驶。通过实施这一计划，伦敦中心区特别路段的交通量减少了约三成。从 2003 年 2 月开始，伦敦对工作日时段进入市中心规定区域内的车辆征收每天 5 英镑的进城拥堵费，收费所得用于投资公共交通设施。2007 年 2 月，收费区域向西区延伸，并逐步对环保、低能耗车辆实行减免。当然，社会各界对于此项收费政策褒贬不一。英国广播公司（BBC）在收费实施第一天做的调查显示：有近七成的人反对，特别是收费区周围的居民尤其不满，他们担心许多人会为了避免交费绕道，这会增加本地区的噪声和环境污染，并加重周边地区的交通堵塞情况。有评论说，这可能是伦敦自成为国际大都市以来，在交通管理方面新的转折点，预示着英国的交通管理将走向新的阶段。

第三，城市发展的另一个隐患是高楼林立。现代城市的一个显著外部特征就是建筑的高度不断被刷新，摩天大楼比比皆是。这些摩天大楼一方面造成城市的光污染，另一方面也存在着严重的消防隐患，一旦发生火灾，后果不堪设想。摩天大楼首先出现在美国的芝加哥。19 世纪中叶以来，芝加哥城市发展迅速，1910 年，芝加哥超过波士顿与费城，成为美国第二大城市。凭借着雄厚的经济实力，芝加哥的城市发展进入新的阶段，立志要超过纽约。与此同时，随着芝加哥零售业、办公区以及金融设施的发展，市区的地租日益上涨，为了扩展城市空间，芝加哥开始建造摩天大楼。19 世纪后半叶之前，城市中的高层建筑非常少，除了一些重要的教堂之外，很少有高层建筑，这主要受制于当时的技术条件和建筑材料。随着钢铁技术、钢筋混凝土与高压抽水技术的发展，特别是电梯的发明，高层建筑的建造成为可能。1871 年 10 月 8 日，芝加哥发生大火，灾后重建时为了节约市中心用地，高层建筑应运而生。城市的重建计划广泛地采用了新的建筑技术与新的建材，包含电梯的使用。1887 年，芝加哥的一家房地产公司修建了真正意义上的现代化摩天大楼，即家庭保险大厦，采用了先进的钢架结构，不再使用传统技术的承重墙。随后芝加哥的高层建筑纷纷涌现，城市形成了摩天大楼群。面对芝加哥咄咄逼人的气势，纽约也开始修建摩天大楼。1902 年，由丹尼尔·伯恩罕设计的熨斗大厦建成，该建筑高度达 87 米，采用钢结构框架，成为纽约的新地标。到了 20 世纪后半叶，世界范围内各国都纷纷建立城市地标。据相关的统计，进入 21 世纪，中国目前共有 470 座摩天大楼，正在兴建的摩天大楼有 332 座，另有 516 座已完成设计招标或奠基，10 年后将增至 1318 座，成为全球“第一摩天大国”。2013 年完工的上海中心大厦，高达 632 米，它将成为中国第一高楼、全球第二高楼。目前，全球第一高楼是迪拜的哈里发塔，高度为 828 米。如此众多的摩天大楼面临着诸多的隐患，如消防安全、如何抵御恐怖袭击等，这些问题应该引起中国城市建设决策者的思考。

城市问题的另一个表现是贫民区的存在。光鲜的摩天大楼与低矮的贫民区并存是现代城市一个独特的现象。在英国，穿过著名的伦敦金融城东部边界，多层建筑慢慢转变成众多排列紧密、颜色黯淡的低矮平房，这里就是伦敦东区的贫民区。在工业革命期间，伦敦东部是从农村涌入城市的人聚居的地方，房租相对便宜，但是东部是下风区，每天受着来自市中心污浊空气的污染。20 世纪以来，伦敦东区成为英国少数族裔的聚居区，居住着很多穆斯林。这些穆斯林始终未能真正地融入英国社会，他们保持着自己的风俗习惯和严格的行为准则，穆斯林社区之间联系紧密，甚至内部通婚，抵制外来文化的进入。一项调查显示，英国穆斯林对自己的定位是首先是穆斯林，而非英国人。美国城市面临的贫民区问题也十分严重。20 世纪六七十年代，种族歧视在许多城市引发了大规模的冲突，城市有机体进一步分裂，数百万白人居民搬离纽约、芝加哥等大城市中心区，搬到郊区居住，而贫穷人口多居住在城中，形成了难以改变的贫民区。史蒂文·克莱恩教授曾分析过这种现象：“六七十年代城市的一个忧患是所谓的‘炸面包圈’效应。城市中心出现了空洞化，中产阶级都离开了城市，搬到周围的小镇和郊区去住。结果城市得不到他们的税收，留在城里的是那些贫穷和没有工作的人，因为连工作机会都转移到郊区去了。城市和郊区出现巨大差距。”在美国，大部分拉美裔美国人都生活在特定聚居区和大城市的贫民社区中，很多面临生存压力的移民选择靠生孩子维持生计，因为美国的福利政策鼓励生育，母亲生孩子可以得到数目可观的“奶粉费”，如果按照低标准养孩子，就能省下不少的抚养费。

第四，城市问题还表现为恐怖主义威胁的增加。由于密集的人口，人与人之间的陌生感，城市成为恐怖主义者的首选地。2005 年 7 月 7 日早晨，正是伦敦上班早高峰时间，却连环发生了 7 起爆炸案。系列爆炸案造成 52 人死亡，伤者逾百，使得伦敦市民处于惊恐状态，英国政府确认这一系列爆炸案为恐怖主义袭击，一个自称“欧洲圣战基地秘密小组”的组织宣称对伦敦发生的连环爆炸事件负责。据路透社报道，这个自称为“欧洲圣战基地秘密小组”的组织在网站上发布声明，称这起事件是为报复英国参与对阿富汗及伊拉克的军事行动。该恐怖组织同时警告意大利和丹麦，让他们从伊拉克和阿富汗撤军，否则，他们也会受到袭击。伦敦警察厅厅长表示，他相信此次连环爆炸案“可能是大型恐怖主义组织发动的袭击”。伦敦系列爆炸案冲击了英国的股市，伦敦股市 7 日一开盘一度重挫近 3%，其他欧洲股市也受到拖累同声下挫。伦敦布伦特原油创纪录地下跌到每桶 57. 71 美元，美国原油价格也下跌至 59. 6 美元。爆炸事件也拖累了美股期货，标准普尔 500 指数期货跌 17. 6 点，报 1181 点，纳斯达克 100 指数期货跌 29. 5 点，报 1479 点，道琼斯指数期货则跌 135 点，报 10135 点。人类有史以来最为严重的恐怖袭击事件发生在美国。美国东部时间 2001 年 9 月 11 日早晨 8：40，四架美国民航航班几乎被同时劫持，其中两架撞击位于纽约曼哈顿的世界贸易中心，一架袭击了美国国防部所在地五角大楼。第四架被劫持飞机在宾夕法尼亚州坠毁，据事后调查，失事前机上乘客试图从劫机者手中夺回飞机控制权，这架被劫持飞机目标不明，很有可能劫机者的撞击目标是美国的白宫。纽约世界贸易中心的两幢 110 层摩天大楼在遭到飞机撞击后相继倒塌；五角大楼遭到局部破坏，部分结构坍塌。在“9・11”事件中共有 2998 人遇难，其中 2974 人被官方证实死亡，另外 24 人下落不明。“9・11”对全世界产生了巨大的影响，也对美国经济和世界经济产生了重要的影响。设在世界贸易中心的众多跨国公司丧失了大量财产、员工与数据；全球许多股票市场受到影响，纽约证券交易所直到“9·11”事件后的第一个星期一才重新开市；道琼斯平均工业指数开盘第一天下跌 14.26%。

20 世纪以来，在古老的东方大地之上，中国的城镇化进程日益加快，人类历史上最大规模的城市化进程已经悄然开启。2012 年，国务院总理温家宝称，中国城镇化率已经超过了 50%，取得了重大的成就，但是有经验和教训要总结。最重要的有三点：一是必须推进体制改革，消除对农民进城和择业的歧视和限制。二是在中国这样的发展不平衡、人口众多的国家，城镇化必须大中小城市并行，同时发展小城镇；三是推进城镇化不可忽视农业现代化和农村电气化。温家宝总理同时指出了中国的城镇化发展过程中存在的问题。一是现在的城镇化是不完全的城镇化。有相当多的农民并没有实现与城市人口相等的待遇，这些进城的农民面临着就业保障、社会保障、子女入学以及就医等各种问题。二是城镇建设缺乏科学规划，大多数中国城市只注重地上高楼大厦，忽视地下管网建设，一遇到大雨等自然灾害，城市就面临着内涝等危险。三是忽视了生态环境和土地的保护，像北京等大城市，城市的污染情况非常严重。温家宝强调：“如果在一二十年前，扩大城市规模，建设一个工厂，当地居民可能是欢迎的。但现在人们可能要问，做这些对我们有什么益处，会不会破坏生态环境，会不会侵占农民耕地？现在社会存在许多问题，许多突发群体事件与此有关。政府必须树立新的执政观念，改革管理方法。要负责地把所有问题向群众讲清楚，坚持公开透明，并广泛征求群众的同意。”温家宝称，在中国这样一个农民占有绝大多数的国家，必须尊重农民的意愿，农民离乡进城，来去都要自由，自主选择，不能强迫命令。“中国的城市发展，第一，要多用公交车，减少私人汽车；第二，一定不能形成新的贫民窟。这是重要的，也是难以做到的。”2013 年 1 月 15 日，李克强同志表示：工业化、信息化、城镇化、农业现代化是实现我国现代化的基本途径；其中城镇化蕴含着巨大的内需潜力，是现代化建设的载体。他强调：推进城镇化核心是人的城镇化，关键是提高城镇化质量，目的是造福百姓和富裕农民。中国的城镇化要走集约、节能、生态的新路子，着力提高内在承载力，不能人为“造城”，要实现产业发展和城镇建设融合，让农民工逐步融入城镇。李克强指出：现在城镇化过程中，不少地方对城镇化概念有误解，认为城镇化就是在农村建新城，就是把农民引进城。这不是真正的城镇化，而仅是大兴土木、人口迁徙罢了。真正的城镇化必须以人为本，让广大农民能够享受教育的城镇化、医疗的城镇化、社会保障的城镇化、公共服务的城镇化等。

我们希望通过本书的简要介绍，让读者对城市化与市民生活有一个初步的了解，西方城市发展的历程无疑对我们的城镇化具有一定的借鉴价值。假如能够做到这一点，本书的目的就达到了。

参考文献

一、中文书目

1. 乔尔·科特金. 全球城市史［M］. 王旭，译. 北京：社会科学文献出版社，2010.

2. 亨利·皮雷纳. 中世纪的城市［M］. 陈国樑，译. 北京：商务印书馆，2006.

3. 王旭. 美国城市史［M］. 北京：中国社会科学出版社，2000.

4. 日知. 古代城邦史研究［M］. 北京：人民出版社，1989.

5. 贝纳沃罗. 世界城市史［M］. 薛钟灵，译. 北京：科学出版社，2000.

6. 科林·琼斯. 巴黎城市史［M］. 董小川，译. 长春：东北师范大学出版社，2008.

7. 布鲁克尔. 文艺复兴时期的佛罗伦萨［M］. 朱龙华，译. 上海：上海三联书店，1986.

8. 约翰·里德. 城市［M］. 郝笑丛，译. 北京：清华大学出版社，2010.

9. 王挺之，刘耀春. 欧洲文艺复兴史·城市与社会生活卷［M］. 北京：人民出版社，2008.

10. A. E. J. 莫里斯. 城市形态史——工业革命以前：上册［M］. 成一农，等译. 北京：商务印书馆，2011.

11. 保罗·霍恩伯格. 都市欧洲的形成［M］. 阮岳湘，译. 北京：商务印书馆，2009.

二、英文书目

12. C. Abbott. How Cities Won the West［M］. UNM Press，2008.

13. M. Binelli. Detroit City is the Place to be [M]. Metropolitan Books, 2012.

14. P. Booth. Planning by Consent: The Search for Public Interest in the Control of Urban Development [M]. Spon Press, 2003.

15. D. Brook. A History of Future Cities [M]. W. W. Norton, 2013.

16. D. Cannadine, D. Reeder (ed). Exploring the Urban Past: Essays in Urban History by H. J. Dyos [M]. Cambridge University Press, 1982.

17. M. Crinson. Urban Memory: History and Amnesia in the Modern City [M]. Routledge, 2005.

18. S. R. Epstein. Town and Country in Europe, 1300—1800 [M]. Cambridge University Press, 2004.

19. M. Girouard. The English Town [M]. Yale University Press, 1999.

20. T. Hall. Planning Europe's Capital Cities [M]. Rputledge, 2009.

21. L. M. Harris. In the Shadow of Slavery African Americans in New York, 1626—1863 [M]. University of Chicago Press, 2004.

22. C. Heap. Slumming: Sexual and Racial Encounters in American Nightlife, 1885—1940 [M]. University of Chicago Press, 2009.

23. D. B. Hunt. Blueprint for Disaster: the Unraveling of Chicago Public Housing [M]. University of Chicago Press, 2009.

24. A. Isenberg. Downtown America: A History of the Place and the People Who Made It [M]. University of Chicago Press, 2005.

25. H. Jansen. The Construction of an Urban Past [M]. Oxford, 2001.

26. R. Jones. Walking Dickensian London [M]. Interlink Books, 2005.

27. K. L. Kusmer, J. W. Trotter. African American Urban History Since World War Ⅱ [M]. University of Chicago Press, 2009.

28. B. Ladd. The Ghosts of Berlin [M]. University of Chicago Press, 1997.

29. R. Lewis. Chicago Made [M]. University of Chicago Press, 2008.

30. G. A. McKee. The Problem of Jobs [M]. University of Chicago

Press, 2008.

31. T. McIntosh. Urban Decline in Early Modern Germany [M]. University of North Carolina Press, 1997.

32. E. H. Monkkonen. Police in Urban America, 1860—1920 [M]. Cambridge University Press, 2004.

33. E. J. Owens. The City in the Greek and Roman World [M]. Routledge, 1992.

34. D. M. Palliser. The Cambridge Urban History of Britain [M]. Cambridge University Press, 2000.

35. D. L. Parsons. A Cultural History of Madrid [M]. Berg Publishers, 2003.

36. G. Radford. Modern Housing for America [M]. University of Chicago Press, 1997.

37. S. Reynolds. An Introduction to the History of English Medieval Towns [M]. Oxford, 1977.

38. K. P. Siena. Venereal Disease, Hospitals and the Urban Poor [M]. University of Rochester Press, 2004.

39. A. Verhulst. The Rise of Cities in North - West Europe [M]. Cambridge University Press, 1999.

40. S. B. Warner. The Urban Wilderness [M]. University of California Press, 1972.

41. E. Weiner. Urban Transportation Planning in the United States [M]. Greenwood Publishing Group, 1999.